"一带一路"沿线国家教育政策法规研究丛书

乌克兰、白俄罗斯
教育政策法规

主编 / 张德祥 李枭鹰

编译 / 李枭鹰 甘孝波 苗荟 孙媛媛 李淑涵 高振平 安琪 邱雯

大连理工大学出版社
Dalian University of Technology Press

图书在版编目(CIP)数据

乌克兰、白俄罗斯教育政策法规 / 李枭鹰等编译. — 大连：大连理工大学出版社，2020.11
（"一带一路"沿线国家教育政策法规研究丛书 / 张德祥，李枭鹰主编）
ISBN 978-7-5685-2660-9

Ⅰ.①乌… Ⅱ.①李… Ⅲ.①教育政策－乌克兰②教育法－白俄罗斯③教育政策－乌克兰④教育法－白俄罗斯 Ⅳ.①D9511.321.6②D9511.421.6

中国版本图书馆 CIP 数据核字（2020）第 157544 号

WUKELAN BAIELUOSI
JIAOYU ZHENGCE FAGUI

大连理工大学出版社出版
地址：大连市软件园路 80 号　邮政编码：116023
发行：0411-84708842　邮购：0411-84708943　传真：0411-84701466
E-mail：dutp@dutp.cn　URL：http：//dutp.dlut.edu.cn
上海利丰雅高印刷有限公司印刷　　大连理工大学出版社发行

幅面尺寸：185mm×260mm	印张：14.25	字数：301 千字
2020 年 11 月第 1 版		2020 年 11 月第 1 次印刷

责任编辑：邓　颖　　　　　　　　　　　　责任校对：鲁　宏
　　　　　　　　　封面设计：奇景创意

ISBN 978-7-5685-2660-9　　　　　　　　　　定　价：99.00 元

本书如有印装质量问题，请与我社发行部联系更换。

总 序

共建"一带一路"是中国提出的伟大倡议,也是中国与"一带一路"沿线国家的共同愿望。"一带一路"倡议出自中国,却不只属于中国,而属于"一带一路"沿线所有国家,乃至全世界。中国是"一带一路"的倡导者和推动者,沿线所有国家是"一带一路"的共商者、共建者和共享者。

为推进共建"一带一路"伟大倡议,让古丝绸之路焕发新的生机与活力,以新的形式使亚欧非各国联系更加紧密,互利合作迈向新的历史高度,中国政府于2015年3月28日发布了《推动共建丝绸之路经济带和21世纪海上丝绸之路的愿景与行动》,强调"一带一路"是促进共同发展、实现共同繁荣的合作共赢之路,是增进理解信任、加强全方位交流的和平友谊之路。中国政府倡议,秉持和平合作、开放包容、相互借鉴、互利共赢的理念,全方位推进务实合作,打造政治互信、经济融合、文化包容的利益共同体、命运共同体和责任共同体。

为贯彻落实《推动共建丝绸之路经济带和21世纪海上丝绸之路的愿景与行动》,2016年7月13日中华人民共和国教育部牵头制定了《推进共建"一带一路"教育行动》。该文件指出,推进共建"丝绸之路经济带"和"21世纪海上丝绸之路",为推动区域教育大开放、大交流、大融合提供了大契机。"一带一路"沿线国家教育加强合作、共同行动,既是共建"一带一路"的重要组成部分,又为共建"一带一路"提供人才支撑。中国愿与沿线国家一道,扩大人文交流,加强人才培养,共同开创教育的美好明天。

自共建"一带一路"倡议提出至2019年8月底,已有136个国家和30个国际组织与中国签署了195份共建"一带一路"合作文件。"一带一路"是一个多极的和多文化的世界,无论是政治、经济、文化、教育、生态还是种族、民族、宗教、习俗等,不同国家或地区之间存在这样或那样的差异。因此,只有全面了解民间需求与广泛民意,消除误解误判,只有国家的学者、企业家、政府部门、民间组织和民众充分理解各国的国际关系、宗教信仰、历史文化、风俗习惯、法律法规和民心社情,才能更好地推动"一带一路"建设。也就是说,"一带一路"沿线国家建立政治互信、经济融合、文化包容的利益共同体、命运共同体和责任共同体,必须根基于沿线国家间的"文化理解或认同",而这又与教育尤其是高等教育的交流合作密切相关。

教育政策法规是了解一个国家教育发展状况和治理水平的重要窗口，是各国之间教育合作交流的基本依据。为此，教育部牵头制定的《推进共建"一带一路"教育行动》呼吁沿线国家"加强教育政策沟通"，即通过开展"一带一路"教育法律、政策协同研究，构建沿线各国教育政策信息交流通报机制，为沿线各国政府推进教育政策互通提供依据与建议，为沿线各国学校和社会力量开展教育合作交流提供政策咨询；积极签署双边、多边和次区域教育合作框架协议，制定沿线各国教育合作交流国际公约，逐步疏通教育合作交流政策性瓶颈，实现学分互认、学位互授联授，协力推进教育共同体建设。

大连理工大学切实贯彻《推进共建"一带一路"教育行动》的精神，精心谋划和大力支持"一带一路"教育研究。该校原党委书记张德祥教授带领课题组成员克服文本搜集、组建团队、筹措经费等多重困难，充分发挥学校高等教育研究院、"一带一路"高等教育研究中心、中俄暨独联体合作研究中心以及教育部国别和区域研究中心"独联体国家研究中心"的优势和特色，积极参与和服务于"一带一路"的推进和共建，编译"一带一路"沿线国家教育政策法规，并在国内率先开展"一带一路"沿线国家教育政策法规研究，具有很好的教育发展战略意识和强烈的服务国家发展战略的责任感和使命感。中国高等教育学会大力支持这项工作，将"'一带一路'国家高等教育政策法规研究"立项为 2016 年高等教育科学研究"十三五"规划重大攻关课题，并建议课题组首先聚焦于编译"一带一路"沿线国家的教育法、高等教育法以及教育中长期发展规划等，及时为国家推进共建"一带一路"教育行动搭建教育政策沟通桥梁。该课题组根据中国高等教育学会专家组的意见，组织力量，编译了这套《"一带一路"沿线国家教育政策法规研究丛书》。作为中国高等教育学界的一名老兵，看到自己的学生们带领国内一批青年学者甘于奉献、不辞辛劳、不畏艰难，率先耕耘在"一带一路"沿线国家教育研究这片土地上，我由衷地感到欣慰。同时，大连理工大学出版社全力支持这套丛书的出版，不遗余力地为丛书的出版工作提供支持，使这套丛书能及时出版发行。最后，我真诚地希望参与这项工作的师生们努力工作，高质量、高水平地把编译成果呈现给"一带一路"的教育工作者。

是为序。

潘懋元于厦门大学高等教育研究中心
2019 年 9 月 10 日

前　言

2015年3月28日《推动共建丝绸之路经济带和21世纪海上丝绸之路的愿景与行动》和2016年7月13日《推进共建"一带一路"教育行动》的相继颁布，将"政策沟通"置于"五通"之首，让我们意识到编译《"一带一路"沿线国家教育政策法规研究丛书》的重要性和紧迫性。对我们来说，承担这一艰巨任务是一种考验，更是一种使命。

2016年中国高等教育学会组织申报高等教育科学研究"十三五"规划课题，将"'一带一路'背景下我国高等教育国际化研究"列入重大攻关课题指南。我们在这个框架之下组织申报的"'一带一路'国家高等教育政策法规研究"，获得了中国高等教育学会专家组的认可和支持，这对我们是极大的鞭策和鼓励。2016年11月，我们认真筹备和精心谋划，参加了中国高等教育学会组织的开题论证工作，汇报了课题的研究设想。听取了专家组的宝贵意见后，我们及时调整了课题研究重心。我们考虑首先要聚焦于编译"一带一路"沿线国家教育政策法规，因为，我们对许多国家的高等教育政策法规还不了解，国内也缺乏这方面的资料。编译这些资料既可以为我们日后的研究打下基础，也可以为其他研究者和部门进行相关研究、制定政策提供基础性的资料和参考。于是，我们调整了工作思路，即先编译，然后再进行研究。同时，考虑到许多国家的高等教育政策法规常常包括在教育政策法规中，我们的编译从"高等教育政策法规"拓展到"教育政策法规"，这种转变正好呼应了《推进共建"一带一路"教育行动》中的"政策沟通"。

主编《"一带一路"沿线国家教育政策法规研究丛书》，是一项相当繁重和极其艰辛的工作，其中的酸甜苦辣只有经历了才能体会到。第一，参与共建"一带一路"的国家相当多，截至2019年8月底，已有136个国家和30个国际组织与中国签署了共建"一带一路"合作文件。这套教育政策法规研究丛书虽然只涉及其中的69个国家，但即使是选择性地编译这些国家的教育法、高等教育法以及中长期教育发展规划等，也需要大量的人力、财力等的支持。第二，不少"一带一路"沿线国家的教育本身不够发达，与之密切关联的教育政策法规通常还在制定和健全之中，我们只能找到和编译那些现已出台的政策法规文本，抑或某些不属于政策法规却比较重要的文献。编译这类教育政策法规时，我们根据实际需要对某些文本进行了适当删减。由于编译这套丛书的工作量很大、历时较长，我们经常刚编译完某些国家旧有的教育政策法规，新的教育政策法规又出台了,我们不得不再次翻译最新的文本而舍弃旧有的文本。如此反反复复,做了不少"无用功"。即便如此,我们依然不敢担保所编译的教育政策法规是最新的。第三,"一带一路"沿线国家或地区的官方语言有 80 多种,涉及非通用语种 70 种(这套教育政策法规研究丛书涉及的 69 个国家,官方语言有 50 多种),我们竭尽全力邀请谙熟非通用语种的人士加盟,但依然还很不够。由于缺乏足够的谙熟非通用语种的人士加盟,很多教育政策法规被迫采用英文文本。在编译过程中,我们发现那些非英语国家的英文文本的表达方式与标准英文经常存在很大的出入,而且经常夹杂着这样或那样的"官方语言"或"民族语言"。这对编译工作是一个极大的挑战和考验,我们做到了尽最大努力去克服和处理。譬如,新西兰是一个特别注重原住民及其文化的国家,其教育政策法规设有专门的毛利语教育板块,因而文本中存有大量的毛利语。为了翻译这些毛利语,编译者查阅了大量有关毛利文化的书籍和文献,有时译准一个毛利语词语要花上数十天甚至更长的时间。类似的情况经常碰到,编译者们付出了难以计量的劳动,真诚地希望这套丛书的出版能给他们带来足够的精神上的慰藉。

为了顺利推进研究工作,我们围绕研究目标和研究重点,竭尽全力组建结构合理的研究团队,制订详尽的研究计划,规划时间表和线路图,及时启动研究工作,进入研究状态。大连理工大学积极参与"一带一路"建设,高度重视"一带一路"沿线国家教育研究工作,成立了"'一带一路'高等教育研究中心"、"中俄暨独联体合作研究中心"和教育部国别和区域研究中心"独联体国家研究中心"。大连理工大学、大连外国语大学、大连民族大学、杭州师范大学、广西民族大学、广西财经学院、广西职业技术学院、广西桂林市委党校、南开大学、海南大学、重庆大学、赤峰学院、天津市教育科学研究院等单位的有关专家、学者、教师、学生积极参与此项工作,没有他们的艰辛付出和辛勤劳动,编译工作将举步维艰。这项工作得到了大连理工大学出版社的大力支持,出版社的同志们不畏艰辛、不厌其烦、不计回报,为这套丛书的出版付出了难以想象的汗水和精力。对此,课题组由衷地表示感谢。

张德祥　李枭鹰
2019 年 9 月 8 日

目 录

乌克兰 / 1

乌克兰教育法 / 3

白俄罗斯 / 23

白俄罗斯共和国教育法 / 25

附　录 / 203

附录一　推动共建丝绸之路经济带和 21 世纪海上丝绸之路的愿景与行动 / 205

附录二　教育部关于印发《推进共建"一带一路"教育行动》的通知 / 213

后　记 / 219

乌 克 兰

乌克兰位于欧洲东部,黑海、亚速海北岸。北邻白俄罗斯,东北接俄罗斯,西连波兰、斯洛伐克、匈牙利,南同罗马尼亚、摩尔多瓦毗邻。面积60.37万平方公里。人口4203万(2019年12月,不含克里米亚地区)。首都是基辅。有110多个民族,乌克兰族占77%,俄罗斯族占17%。官方语言为乌克兰语,俄语广泛使用。

旧石器时代早期,乌克兰现疆域内就存在古代人类活动的痕迹。"乌克兰"一词最早见于《罗斯史记》(1187年),意为"边陲之地"。1237—1241年蒙古金帐汗国(拔都)西征占领基辅。之后立陶宛大公国和波兰先后统治乌克兰。1654年乌克兰哥萨克首领赫梅利尼茨基与俄罗斯沙皇签订《佩列亚斯拉夫合约》,乌俄正式合并。此后,乌克兰虽曾有过自己的政府,但未起过实质性作用。1922年加入苏联(西部乌克兰1939年加入)。1990年7月16日,乌克兰最高苏维埃通过《乌克兰国家主权宣言》。1991年8月24日,乌克兰宣布独立。

2019年,乌国内生产总值1420亿美元,同比增长3.2%。人均GDP为3378美元,通胀率4.1%。2019年乌外贸额为1108亿美元,其中出口501亿美元、同比增长5.8%,进口607亿美元、同比增长6.3%。

注:以上资料数据参考依据为中国外交部官方网站乌克兰国家概况(2020年5月更新)。

乌克兰教育法

教育是社会发展的基础,是国家文化、精神、社会、经济发展的基础。

教育的目标是促进人格的全面发展和社会最大价值的实现,促进人的才能、精神和体能的发展,培养高尚的品德和理性选择的能力,并在此基础上提高人的智力、艺术和文化潜力,全面提高教育水平,为国民经济的建设培养合格的专业人才。

乌克兰教育应以人道主义、民主、民族意识、国家和民族间相互尊重为基础。

第一章 总则

第一条 教育立法

乌克兰教育立法以乌克兰宪法为基础,由本法和乌克兰的其他立法组成。

第二条 教育立法的目标

乌克兰教育立法应实现以下目标:对乌克兰公民在教育、教养、专业、科学等方面的公共关系进行监管。

第三条 公民受教育的权利

1. 乌克兰公民无论性别、种族、国籍、社会和经济地位、活动的类型和性质、世界观、党派、宗教态度、宗教信仰、健康状况、居住地点和其他情况,均有权在所有公共教育机构接受义务教育。该权利通过以下几点来保障:

1.1 拥有建立在国家和其他形式所有制的教育机构、科研机构、研究生教育机构基础上的广泛的教育机构网络。

1.2 扩大教育机构的开放性,为基于个人能力和兴趣选择教育创造条件。

1.3 教育形式多样化,包括全日制、夜校、函授以及教育资助等。

2. 不管公民接受何种教育形式或在何种类型的教育机构学习,国家都应对其进行社会保护,协助其在国内接受教育。

3. 公民有权要求国家出具证明,以证明其获得了相关的教育证书。

4. 外国公民、无国籍人员,应按照适用的法律和国际协议在国家教育机构接受教育。

第四条 国家教育政策

1. 乌克兰应将教育视为社会经济、知识和文化发展的优先领域。

2.教育领域的国家政策由乌克兰内阁根据乌克兰宪法确定,并由行政机关和地方当局实施。

第五条 政府对教育机构活动的管控

为了确保教育领域执行统一的国家政策,无论教育机构的所有权形式如何,政府都要对教育机构的活动实行管控。政府管控由中央和地方政府教育管理部门及乌克兰教育部国家教育机构执行。中央政府和乌克兰教育部国家教育机构监察局关于管理教育部门的条例,由乌克兰内阁审定。

第六条 教育基本原则

乌克兰教育的基本原则包括以下内容:

国家为每一位公民提供各种形式的教育服务。

平等对待每一位公民,实现其能力、才能的全面发展。

人文主义、民主、人类文化财富的优先地位。

与世界和本国历史、文化、传统的有机联系。

政党、公众和宗教组织的独立性。

教育的科学性、民主性和社会性。

与科研、生产相结合。

与其他国家间的关系。

教育制度的灵活性和可预测性。

教育制度的统一性和条理性。

教育的连续性和多样性。

政府管理与公共自治相结合。

第七条 教育语言

从2012年8月起,乌克兰开始实施新的语言法——《国家语言政策基本法》。正式确认俄语等18种语言为乌克兰的"区域语言",此后这些区域语言在其分布区域内可以同国语——乌克兰语一起同等地用于诸多领域。

第八条 教育机构的教育培训

1.教育机构的教育培训不受政党、公众和宗教组织的干涉。

2.禁止学生在教育培训过程中参加政党和宗教组织的活动。

3.根据乌克兰宪法,不应因任何政党、公众或宗教组织的成员身份而拒绝其接受教育培训。

4.教育领域的学生和职工,可在教育机构建立初级公共组织中心,并作为其成员。

第九条 教育机构和教会(宗教团体)

不论其所有权形式如何,由宗教组织建立的教育机构除外,乌克兰具有社会性质的教育机构应与教会(宗教团体)分开。

第十条 教育管理

1. 乌克兰应建立政府当局和公共自治机构体制,以管理教育。
2. 教育管理机构和公共自治机构应依照法律规定行使职权。

第十一条 教育管理机构

乌克兰政府教育管理机构包括：

乌克兰教育部。

乌克兰政府教育管理机构的部委和部门。

乌克兰最高学位委员会。

地方行政机关、地方自治机构和教育管理机构下属机构。

第十二条 教育与科学部和教育管理机构的部委和部门

1. 乌克兰教育与科学部是政府在教育领域行使行政权力和管理的中心机构。乌克兰教育与科学部应：

1.1 在科学、专业人才培养、教育领域的发展项目和国家标准方面,参与政策的制定。

1.2 确定每个学科的国家标准。

1.3 确定教育机构的物质条件、技术和财务的最低标准。

1.4 对教育方法实行管理,并按国家教育和政府检查标准进行管控。

1.5 在其职权范围内,确保与其他国家的教育机构和政府部门保持联系。

1.6 对各种所有权形式和从属形式的高等教育机构、高等职业技术教育机构进行认证,颁发许可证和证书。

1.7 制订和分配国家招生计划,培育高等教育领域的专家。

1.8 制定教育机构的招生条款和条件。

1.9 确保教科书、手册等的出版。

1.10 拟定有关教育机构的规章草案,呈交乌克兰内阁审定。

1.11 进行教育科技工作者的认证工作,确认其等级和学术地位。

地方行政机关、地方自治机构、隶属于这些机构的教育管理部门,以及各种所有权形式的教育机构,乌克兰教育与科学部在职权范围内制定的法案对其具有强制性。

乌克兰教育与科学部应确保各级各类教育机构开展与体能训练、娱乐等有关的工作,为其提供科学指导。

2. 乌克兰教育与科学部以及教育管理机构,应在教育、科研、专业技术人员培训、国家监察和教育机构认证等方面,参与政策的实施;履行管控职能,提高教育质量;与其他国家的教育机构和政府有关部门就其职权范围内的问题进行交流。

3. 乌克兰教育与科学部、乌克兰政府部门和教育管理机构的其他权力应依法执行。

第十三条 最高学位委员会的权力

乌克兰最高学位委员会应组织和执行教育和科研从业人员认证,监督高级研究员学位和科学学位的授予。

乌克兰最高学位委员会的决议须经乌克兰内阁审定。

第十四条 地方行政机关和地方自治机构的教育权力

1.地方行政机关和地方自治机构应在教育领域及其职权范围内实施国家政策：

1.1 为地方所有的教育机构和教育组织制定不低于乌克兰教育部规定的最低预算拨款标准和范围，并确保为维持这一标准和范围筹措经费。

1.2 确保教育机构和教育系统各组织的网络发展，加强其物质基础和经费支撑。

1.3 实行教育领域社会保障，根据物质、技术和经费标准，为学生成长、学习和工作创造条件。

1.4 实行学龄前儿童及学龄儿童的登记，监督教育机构对儿童教育的实施情况。

1.5 按照既定程序解决与监护相关的问题，保护孤儿和无父母抚养的儿童的权利，为其提供物质和其他援助。

1.6 在儿童和青少年居住的地方创造适宜的条件，发展他们的能力，满足他们的需求。

1.7 在农村，确保学龄前儿童、中小学生、教师往返学习地点的免费交通。

1.8 组织青年就业咨询，组织学生参与生产性工作。

1.9 确定一个地区的劳动力需求、范围以及提供培训建议。

2.地方行政机关和地方自治机构应设立相关的教育管理机构，主要包括以下方面：

2.1 市属教育机构的管理。

2.2 根据乌克兰教育与科学部的规定，组织教育机构对教育工作者再培训和认证，提升教职员工的职业资格。

2.3 协调与生产集体、家庭和社区间关于教育和养育子女的问题。

2.4 根据地方需求提出有关国家教育计划的改进建议，保障区域教育秩序良性运行，缔结关于其培训的协议。

2.5 监控市属教育机构的认证及教育内容、教育水平和教育范围。

地方教育管理机构应按照乌克兰内阁制定的规范，对地方行政机关、地方自治机构和相应的政府教育管理机构行使职权。

第十五条 国家教育标准

1.国家教育标准制定乌克兰各种形式的教育和职业培训的内容、范围和水平要求。以上为公民受教育水平和资格的评估基础。

国家教育标准应分别制定教育标准和资格标准，并经乌克兰内阁审定。国家教育标准至少每10年进行一次修订和重新审定。

2.与国家教育标准和要求相对应的教育服务，应由教育机构的创始人、乌克兰教育与科学部、各级教育机构和部门、地方教育管理机构，根据乌克兰内阁制定的要求，许可、检查和认证决定。

3.乌克兰教育与科学部和地方教育管理机构在其职权范围内设立各种所有权形式的教育机构。根据规定,相关机构有权开展教学活动,确定教学范围内的人员、科学方法和物质技术的资格等级,并列入教育机构登记表。

如果违反教育许可条款和规则,递交和散布相关虚假信息,将扣留或取消许可证。

4.乌克兰教育与科学部和各级教育管理机构和部门应该:

4.1 按照一定方向(专业)的国家教育质量标准,确定教育服务是否符合国家规定的等级标准,授权颁发国内普遍认可的教育证书。

4.2 确定教育机构的认证水平。

4.3 根据其资质为教育机构提供一定的自治权。

4.4 向社会公布高等教育机构的教育和科技活动水平。

4.5 按照既定程序确定高等教育机构的重组问题,并规定各自的资质或清算方式。

5.根据学前教育、中等教育、校外教育和专业技术培训机构的认证结果,乌克兰教育与科学部、地方教育管理机构应在其职权范围内:

5.1 核实教育机构所提供的服务是否符合国家教育及教育质量标准。

5.2 决定设立专门的教育机构——学校、体育馆等。

5.3 提出关于向专业技术培训机构提供相应资质认定的建议。

5.4 决定设立、重组或清算教育机构。

6.乌克兰总统根据教育机构在其活动中取得的成果,授予相应地位。

第十六条 教育公共自治机构

1.教育公共自治机构应包括:

1.1 教育机构员工大会。

1.2 乌克兰国会教育工作者大会。

2.教育公共自治机构可将教育培养的参与者、专业领域的专家联合起来。

3.教育公共自治机构应对教育领域的国家政策制定提出建议,并在其职权范围内确定教育培养、科学研究、经济和金融活动等问题。

教育领域的公共自治机构应由乌克兰教育与科学部根据适用的乌克兰立法确定,立法由工会、乌克兰教育协会的代表参与制定。

第十七条 教育机构自治

教育机构自治应考虑以下权力:

独立规划工作,解决与教育、科学研究、方法论、经济和金融活动有关的问题。

根据国家合同(订单)和企业、机构、组织、个人协议,参与制订招生计划。

确定教育机构超出国家规定的教育内容。

聘用科研教育工作者、工程教育工作者和其他教育工作者,以及国外专家,包括合同制员工。

在规定的经费范围内,独立使用各项拨款,规定人员结构和人员安排。

执行社会对教育机构饮食、卫生保健和劳动保护的监督条例。

第十八条 教育机构的条款和细则

1.各种所有权形式的教育机构应由地方行政机关和地方自治机构、企事业单位和组织机构建立。在考虑经济、社会、文化、教育发展需求的基础上,应具备必要的物质、科学技术、学科基础、师资队伍等条件。

2.国家或地方设立的教育机构应具备公办教育的资质。

3.各种属性、类型的教育机构应按照国家教育标准保证其教育质量。

4.无论是何种所有权形式,高等教育机构的必要性和其内部体系构成由乌克兰内阁审定。

专业技术培训机构的必要性同样由乌克兰内阁审定,内部体系构成由乌克兰教育与科学部审定。

市属教育机构的必要性由地方行政机关和地方自治机构审定。

教育机构的设立、重组和清算由乌克兰内阁审定。

5.教育机构具备营业执照后方能从事各级各类专门人才的教育服务。该执照应按照乌克兰内阁制定的程序签发。

6.教育机构应按照章程行事,章程经由以下批准:

6.1 建立在国家所有权基础上及其体制内的教育机构。

6.2 建立在国家所有权基础上的乌克兰教育管理机构的部委和部门。

6.3 建立在其他所有权基础上的高等教育机构。

6.4 建立在城市所有权基础上的教育机构和建立在其他所有权基础上的教育机构(不包括高等教育机构)。

7.教育机构应有自己的名称,对其类型和法律组织形式应加以说明。

第十九条 科学的教育方法论

科学的教育方法论应由乌克兰教育与科学部、乌克兰国家科学院、乌克兰教育科学院、教育行政管理机构、高等教育机构、科研机构、研究生教育机构、其他科学方法论机构以及与企业、创新性协会、社团、合股公司、公共科学组织等机构共同制定。

第二十条 教育机构负责人

1.教育机构应由其负责人(校长、主任、院长、主席等)领导。

2.国家直属或隶属于乌克兰教育与科学部的教育机构负责人,应通过招聘、选举的方式产生,根据乌克兰内阁审批流程,经调查研究后由乌克兰教育与科学部任命。

3.隶属于国家和乌克兰其他部委和部门的教育机构负责人,应通过招聘、选举的方式产生,经调查研究后由乌克兰各部委和部门任命。

4.其他所有权形式的教育机构负责人由其创始人或由其授权的机构任命,并与地方行政机关和地方自治机构的教育管理机构达成协议。

5.高等教育机构的负责人应每年向教育机构的员工大会报告。

第二十一条 教育系统的心理服务机构

国家心理服务机构应在教育系统中发挥作用。教育机构在教育培养过程中的心理服务应由在职心理学家提供。在职心理学家归属于教育工作者。

第二十二条 教育系统的社会教育资助

教育系统的社会教育资助应促进教育机构和家庭在教养儿童、使其适应社会方面进行合作，并向父母或监护人提供咨询援助。教育资助应由社会教师实施。社会教师归属于教育工作者。

第二十三条 科学文化工作者及其他领域的代表

根据教育机构的决定，科学文化工作者及其他领域的代表，可参与教育工作，按个人意愿参与学生和学生协会的管理，促进其智力和文化发展，为教师提供咨询援助。

第二十四条 教育系统的医护机构

教育系统的医护机构应由地方行政机关和地方自治机构提供保障，由乌克兰公共卫生部及各级卫生保健部门根据适用的法律实施。

第二十五条 教育机构的餐饮配置

教育机构的餐饮配置应由地方行政机关、地方自治机构、国家教育主管部门、各教育机构负责人负责，经费由预算支持。

其他所有权形式教育机构的餐饮配置应由该机构的创始人和负责人负责。

国家卫生保健机构负责监控餐饮质量。

第二十六条 提供安全、健康的学习、工作和培训条件

为教育机构提供安全、健康的学习、工作和培训条件，应由该机构的负责人或获授权机构的管理者负责。

第二十七条 教育证书

国家或其他经认证的教育机构的毕业生，按照规定应取得相应的教育证书。

教育证书的样本应经乌克兰内阁审定。

第二章 教育系统

第二十八条 教育系统的组成

教育系统由教育机构、学科组织、科研机构、国家和地方教育管理机构及教育自治机构等组成。

第二十九条 教育结构

教育结构应包括：

学前教育。

普通中等教育。

课外教育。

职业教育。

高等教育。

研究生教育。

自我教育。

第三十条　教育程度和学历

1.乌克兰教育程度分为以下几种类型：

初级的普通教育；基础的普通中等教育；完整的普通中等教育；专业技术培训；基础的高等教育；完整的高等教育。

2.乌克兰学历分为以下几种类型：

合格劳动者；初级专家；本科生；专家；研究生。

教育程度和学历(学位)的规定由乌克兰内阁审定。

第三十一条　科学学位

1.科学学位包括：

科学候选人；科学博士。

2.科学候选人和科学博士的学术资质应由高等教育机构、科研机构的专业学术委员会根据由乌克兰内阁制定的章程授予。

第三十二条　学术身份

1.学术身份包括：

高级研究员；高级讲师；教授。

2.高级研究员、高级讲师和教授的学术资质，由高等教育机构、科研机构的专业学术委员会根据由乌克兰内阁制定的章程授予。

第三十三条　学前教育

学前教育应在家中进行，学前教育机构应与家庭合作，旨在确保儿童身心健康、全面发展、获得生活经验和进一步接受教育所必需的能力。

第三十四条　学前教育机构

1.学前教育机构包括托儿所、幼儿园、保育学校、为需要纠正身心发展的儿童服务的短期或全日制的综合型儿童机构，以及寄宿学校、儿童之家等。

2.儿童进入何种学前教育机构应由其父母或监护人决定。

第三十五条　普通中等教育

1.普通中等教育应确保儿童作为个体的全面发展，如天赋，才能，劳动训练，职业自主权,基本道德观的形成,公众和国家文化所需的自然、人类、社会、生产知识,以及生态文明,体育等。

2.国家赋予青少年接受完整的普通中等教育的权利,并为其支付费用。乌克兰完整的普通中等教育是义务教育。普通中等教育可在不同类型的教育机构进行。

3.超过国家教育水平规定增设课程的,费用可由企事业单位、家长或其他组织自愿捐助。

第三十六条 中等教育机构

1.中等教育机构的主要类型为三级普通教育:

第一级,提供初级的普通教育的初级学校。

第二级,提供基础的普通中等教育的初级中学。

第三级,提供完整的普通中等教育的高级中学。

2.三个等级的学校可联合或独立运作。

3.应从六七周岁开始在普通中等教育学校学习。

4.农村地区第一级学校的建立,不受现有学生人数的限制。学校及年级的开设由地方行政机关和地方自治机构决定。

5.根据地方行政机关和地方自治机构的决定,为了满足教育需求,可建立幼儿园、学校等教育基地。

6.为了发展学生的能力、天赋和才华,应建立分级档案(通过某些学科的深入学习或基础性职前训练)、特长学校、体育馆以及各类教育培训机构和协会。

7.普通中等教育学校可设立夜班(轮班)、年级制、班级制、全日制和函授等教育形式,实行普通中等教育。

8.针对有意愿参加学习,却有特殊情况者,可制定相应的规章制度,允许其提前毕业或通过自学课程(考试)获准毕业。

第三十七条 为需要社会援助和康复治疗的个人提供教育的机构

1.应为没有条件接受家庭教育的儿童设立普通教育寄宿学校。

2.应为孤儿和无父母抚养的儿童建立寄宿学校、儿童之家等,包括国家全额资助的家庭式机构。

3.应为需要长期治疗的儿童设立学前教育机构、寄宿学校、疗养寄宿学校和儿童之家。对此类儿童的普通教育也应在医院或家庭中进行。

4.应为不能在大型普通教育机构学习的身心残障人士设立特殊性寄宿学校、疗养寄宿学校、儿童之家、学前教育机构等。此类教育机构的运营应由国家资金支持。

5.应为需要特殊抚养条件的儿童和青少年建立普通教育学校和康复性职业学校。

第三十八条 校外教育

1.校外教育和培训作为教育结构的组成部分,应以培养学生的能力、才能,满足他们的兴趣、精神需求和专业选择需求为导向。

2.校外教育和培训由教育机构、家庭、劳动组织、公共组织、协会和基金会提供。机构和活动类型以自愿为原则。

3.国家要为学生接受校外教育和培训提供相应的法规和条件保障。

第三十九条　校外教育机构

1.校外教育机构包括少年宫、儿童之家、儿童活动中心、儿童和青少年创新中心、中小学生俱乐部、儿童体育学校、艺术学校、工作室、图书馆、健康医疗中心和其他相关机构。

2.应为校外教育机构开展教育教学工作免费提供或优惠提供体育用品、文化用品、卫生保健用品及其他帮助。资助内容及程序应由地方行政机关和地方自治机构制定。

第四十条　职业教育

1.职业教育应保障公民根据自己的意愿、兴趣、能力以及职业发展规划就职。

2.公民的职业教育应在完成完整的普通中等教育或基础的普通中等教育,且已取得进入完整的普通中等教育资格后进行。

3.需要社会援助和康复治疗的公民,以及经乌克兰内阁特批的某种职业的公民,可在接受基础的普通中等教育的情况下获得一份职业。

第四十一条　职业教育机构

1.职业教育机构包括职业艺术学校、康复职业学院、农业职业学院、职业种植学院、高等职业学校、实践研究中心、员工培训和再培训中心、教育培训中心和其他职业培训机构等。

2.职业教育机构可设立日班培训部和夜班培训部,建立和参与多种类型的联合体和协会。

3.职业教育机构应根据国家合同(订单)和企业、协会、机构、组织、个人协议,开展培训和再培训,提高公民的技能。

4.职业教育机构可拥有一个或多个用于职业培训的基地企业、协会、组织,应与基地企业、协会、组织建立协议关系,并按协议规定运行。

5.国家应全额资助职业教育机构的孤儿、没有父母抚养的儿童和需要特殊教育的儿童;同时,国家应为相关教育机构的其他特殊学生提供免费的伙食和奖学金。对特殊学生的全额资助、免费伙食提供以及奖学金资助的程序,由乌克兰内阁审定。

6.根据职业教育机构毕业生的职业教育水平,应按所学专业的相应年级(班)授予他们"合格劳动者"的称号。高等职业教育机构的毕业生可被授予"初级专家"的称号。

7.公民也可通过工作提高自身资质或在工作中直接接受再培训。

第四十二条　高等教育

1.高等教育应提供基本的、科学的、专业的和实际的培训,确保公民可根据自己的意愿、兴趣和能力获得教育资格,以及参加科学职业技能培训、再培训和技能提升培训。

2.高等教育应建立在普通中等教育的基础上。高等教育机构培训初级专家,可接收完成基础的普通中等教育的人员。

3.高等教育机构的专家培训,可通过脱产(全日制)和非脱产(夜间授课、函授形式)进行,或综合以上两种形式。某些特定专业可以课外研究的形式进行。

国家为乌克兰公民创造条件,以实现其接受高等教育的权利。

本法第四章第六十一条规定的事项以及其他非国家所有权形式(法律实体和个人)的高等教育机构除外,国家所有权形式的高等教育机构研究经费由国家提供。

公民的高等教育机构入学资格应按照个人能力确定,与教育机构的所有权形式和教育资金来源无关。

对高等教育的公平合法性原则的维护由本法授权的机关执行。

4.应为特殊资质学生提供个人学习计划、国家奖学金、出国留学条款方面的教育和审核。

第四十三条 高等教育机构

1.高等教育机构包括技术学校、学院、研究所、音乐学院、研究院、大学等。

2.根据高等教育机构的地位,应建立四级认证:

第一级:技术学校和其他高等教育机构。

第二级:学院和其他高等教育机构。

第三级和第四级(取决于认证的结果):研究所、音乐学院、研究院、大学。

3.高等教育机构应按照下列教育资格等级培训专家:

3.1 初级专家由第一级认证的技术学校和其他高等教育机构进行培训。

3.2 本科生由第二级认证的学院和其他高等教育机构进行培训。

3.3 专家和研究生由第三、第四级的高等教育机构进行培训。

4.更高级别的高等教育机构同时具有下一级教育机构在人员培训上的资格。

5.按照既定程序,高等教育机构可建立各种类型的教育-科研-生产联合体、协会、中心、研究所、分支机构、学院、学会和体育馆。

第四十四条 高等教育机构的活动

1.高等教育机构的主要活动应包括:

1.1 不同资格水平的专家培训。

1.2 科研、科学教育人员的培训和认证。

1.3 科学研究工作。

1.4 专业训练、高级培训、人员再培训。

1.5 文化教育、方法论的研究、出版,金融商业活动,职业商业活动。

1.6 对外活动。

2.作为教育机构和企业、机构、组织和个人间的主要监管形式,高等教育机构活动应按照国家合同(订单)和协议进行。

第四十五条　高等教育的科学活动

1.高等教育的科学活动应包括开展科学研究工作,培养具有高水平的科学人才和科学教育人才。

2.国家应承认教育系统中基础性研究工作的优先地位。

第四十六条　高等教育机构的自主权

1.高等教育机构可根据其认证等级被授予自治权,自治权应包括该机构所享有的各项权力:

1.1 教育内容的确定。

1.2 根据国家合同(订单)和企业、机构、组织、个人协议,制订大学生、研究生和攻读博士学位人员的招生计划。

1.3 认定和授予第四级认证的高等教育科学学位。

1.4 教育主管部门根据高等教育机构的地位授予其权力。

2.高等教育机构可将其部分权力委托给教育主管部门。

第四十七条　研究生教育

1.研究生教育应在原受教育机构的基础上,结合本专业或本专业的实践工作经验、知识技能,取得新的教育资质。

2.研究生教育应由研究生教育机构与企事业单位和组织,结合国家合同(订单),实行合作办学。

3.研究的形式、条款和内容,研究方法和科学研究活动,由研究生教育机构与客户达成的协议确定。

第四十八条　研究生教育机构

1.研究生教育机构包括:

1.1 研究院、高级培训研究所(中心)。

1.2 再培训和发展教育课程中心。

1.3 高等教育机构的分部(分支机构、系部、部门等)。

1.4 职业教育机构。

1.5 组织和企业各自的分支机构。

2.研究生教育机构可采取日班、夜班、函授形式进行教学,可设立分支机构,开展科学研究活动。

第四十九条　公民自我教育

为了助推公民自我教育,政府部门、企业、组织机构和个人应建立开放的公民大学,以及学术中心、图书馆、学习中心等。

第三章　培训和教育过程

第五十条　培训和教育过程

培训和教育过程的参与者包括：

中小学生、大学生、学员、实习生、临床实习医师、研究生、攻读博士学位人员。

管理、教育、科学、科教人员和专业人士。

父母或监护人、家长——家庭或儿童之家的教师。

参与培训和教育过程的企业、机构、公共合作组织的代表。

第五十一条　中小学生、大学生、学员、实习生、临床实习医师、研究生、攻读博士学位人员的权利

1. 中小学生、大学生、学员、实习生、临床实习医师、研究生、攻读博士学位人员应分别享有国家保障的下列权利：

1.1　学习已达到一定的教育水平并获得相应的学历学位。

1.2　选择教育机构、学习类型、教育专业、个人项目和课外学习。

1.3　有额外的假期，缩短工作时间，以及法律规定的适用于兼顾工作和学习的人员的其他特权。

1.4　在取得学历学位的基础上，按职业或专业继续学习，且与教育机构达成协议，获得额外教育。

1.5　取得其他教育机构（包括国外）的学习任务或实习工作任务。

1.6　使用教育机构的教育、科学、生产、文化、体育和娱乐等设施。

1.7　接触所有知识领域的信息。

1.8　参与科学研究、工程设计和其他类型的科学活动、会议、展览和竞赛。

1.9　亲自参与或通过本人的代表参与公共自治，讨论培训教育过程，解决与改进科学工作研究、奖学金授予、娱乐活动安排、生活条件改善等相关问题。

1.10　加入公民协会。

1.11　拥有安全的学习和工作条件。

1.12　根据乌克兰内阁决议，为其提供奖学金、宿舍等。

1.13　定期在高等教育机构和职业学校中学习。

1.14　享有医护、治疗、疾病预防和保健服务。

1.15　保护其免受任何形式的剥削、身心暴力、教育人员和其他工作人员侵犯其权利或侮辱其名誉和尊严的行为。

2. 乌克兰内阁决议所限定的事务除外，禁止中小学生、大学生、学员、实习生、临床实习医师、研究生、攻读博士学位人员在校期间工作或开展与教育无关的活动。

第五十二条　中小学生、大学生、学员、实习生、临床实习医师、研究生、攻读博士学位人员的义务

1. 中小学生、大学生、学员、实习生、临床实习医师、研究生、攻读博士学位人员应承担以下义务：

1.1　遵守法律、道德和伦理准则。

1.2　系统而深入地掌握知识和实践技能，提升自身综合文化水平。

1.3　遵守教育机构的内部规章制度。

2. 通过国家和地方预算资金接受教育的高等教育毕业生，有义务按照由乌克兰内阁决议，按分配去工作。

3. 其他义务可由有关教育机构及其章程规定。

第五十三条　中小学生、大学生、学员、实习生、临床实习医师、研究生、攻读博士学位人员的其他类型的社会和物质供给

1. 中小学生、大学生、学员、实习生、临床实习医师、研究生、攻读博士学位人员，可按当地预算获得额外的社会和经济资助，或获得各部委、部门、企业、机构和组织，乌克兰以外的公民、法律实体和个人、慈善组织以及其他资金来源的援助。

2. 应在普通教育机构设立全民义务教育经费，为中小学生提供经济资助，安排娱乐活动，实施文化项目，以及提供适用法律规定的其他费用。全民义务教育经费应按当地学校经费预算的百分之三以上拨付，同时通过企业、机构、组织和其他资金来源拨付。

3. 免费定期接送住在离学校 3 千米以上的农村地区的中小学生，或由企业、机构和组织为其提供免费交通。

4. 在工作培训和实习中，应为学生提供安全的工作场所和便利的工作条件。其间所完成的工作报酬支付程序由乌克兰内阁制定。

国家奖学金和免费伙食资助的学生，在工作培训和实习中所获收入的 50% 可转入教育机构的账户，用于改善教育的物质基础，开展大众文化、体验训练和体育活动。

第五十四条　教育工作者的人事规定

1. 接受过相关教育、职业、实践培训，具有较高道德素质，身体健康，能够履行职责的人员，可从事教学活动。

2. 教育机构的教学活动由教育工作者开展；第三、第四等级认证的高等教育机构和研究生教育机构的教学活动，应由教育工作者完成。

教育工作者的职务名单由乌克兰内阁拟定。

3. 教育工作者的雇用应签订劳资协议，包括劳动合同。

4. 教育从业人员应办理认证手续。根据认证结果，确定该员工是否符合所任职的岗位，授予其教学资格、级别。教育工作者的认证程序由乌克兰内阁制定。

教育工作者的教学资格、级别、授予程序由乌克兰内阁决定。

认证委员会可根据适用的法律法规解雇教育工作者。

第五十五条　教育工作者的权利

1.教育工作者享有以下权利：

1.1　维护自己的职业荣誉和尊严。

1.2　有选择教学形式、教学方法和手段，展示教学计划的自由。

1.3　开展个人教学活动。

1.4　参与公共自治。

1.5　长期带薪休假。

1.6　合作机构优先为个人提供住房和贷款优惠。

1.7　按照农业工人（在农村地区工作的教育工作人员）的价格购买食品。

1.8　获得住房保障服务。

1.9　可进行高级培训、再培训，并有自由选择培训的内容、项目、学习形式、教育机构、部门和组织的权利，用以提高资质。

2.适用法律所规定的事件除外，禁止教育工作者偏移其职业职责的重心。

第五十六条　教育工作者的义务

教育工作者应尽的义务：

1.1　不断提高自身的专业水平、教学技能和文化素养。

1.2　按照教育的内容、层次和数量等规范性要求，为中小学生、大学生、学员、实习生、临床实习医师、研究生、攻读博士学位人员提供条件，促进其能力的发展。

1.3　以身作则，加强全人类共有的道德准则，如真理、正义、奉献、爱国、人道、善良、宽容、勤奋、理性和其他美德。

1.4　培养儿童和青少年尊重父母、妇女、老年人，以及民族传统和习俗，了解乌克兰民族、历史和文化价值观，乌克兰的政治制度和社会制度，以及认真对待国家历史、文化和自然环境。

1.5　让学生明白不同国家、种族、宗教团体间相互理解、和平共处的意义。

1.6　遵守教育伦理、道德，尊重儿童和青少年的尊严。

1.7　保护儿童和青少年免受任何形式的身体或心理暴力，防止他们沾染酒精、毒品或养成不良习惯。

第五十七条　教育工作者的国家保障

1.国家应为教育工作者提供以下保障：

1.1　良好的工作条件、福利设施、医疗服务及完善的休假制度。

1.2　每五年至少一次职业培训。

1.3　法律、社会和职业保障。

1.4　在失业或工作性质、组织发生变化的情况下，获得法律规定的赔偿。

1.5　根据适用法律支付其养老金。

1.6 享受相对应的职位薪酬。

1.7 根据教学服务的时长,按月按工资的百分比支付其长期服务奖金,比例如下:超过3年——10%,超过10年——20%,超过20年——30%。

1.8 对先进教育工作者,按工资比例提供年度奖金。

1.9 可带薪休假。

1.10 第三、第四级高等教育机构从业人员的工资水平,按照行业从业人员平均水平的两倍核定。

1.11 第一、第二级高等教育机构和其他高等教育机构的工作人员工资水平,按照行业从业人员的平均工资进行设置。

教育科技工作者的工资,应每年审查两次,并考虑通货膨胀率。

教育工作者工资的审批及提高,应按照乌克兰内阁决议执行。

2. 国家应保证下列情况:

2.1 在教育系统中,专家的额外补贴达到国民经济中社会工作人员的一般工资水平。

2.2 根据乌克兰内阁制定的工资,决定教育后勤人员的平均工资。

3. 如果教育工作者因患病而无法履行其职业职责,并因此限制了其出席教育相关活动,或因上述或其他原因临时调任的,应保留原平均工资。患有疾病或残疾的,应按原平均工资支付,直至其恢复工作能力或被登记为残疾人士。

4. 国家依照有关法律规定,为在农村和乡镇工作的教育工作者以及以前作为教育工作者在以上地区工作并继续生活在那里的退休人员,按照现有标准免费提供住房、供暖和电力。

5. 教育机构可自费为教育工作者提供物质福利,解决其社会和家庭相关的问题。

第五十八条 先进教育工作者的奖励

先进教育工作者可获得国家奖励,包括乌克兰国家奖金、徽章、文凭和其他精神和物质奖励。

第五十九条 父母对儿童发展的义务

1. 家庭教育是培养儿童人格的根本。

2. 父母双方对子女的抚养、教育负有同等的义务。

3. 父母或监护人有义务:

3.1 持续关心儿童的身体健康、心理状况,为他们能力的发展创造条件。

3.2 尊重儿童的尊严,培养儿童勤奋、善良、仁慈的品质,教育其尊重民族语言、父母、妇女、老年人,以及民族传统和风俗习惯。

3.3 培养儿童了解乌克兰和其他国家的民族、历史和文化价值观,培养其认真对待历史文化遗产、环境,热爱祖国。

3.4 协助儿童在教育机构接受教育或按照内容、层次和范围的要求,提供完整的家庭教育。

3.5 培养儿童对法律、权力和自由的尊重。

4. 国家为父母或监护人履行其义务提供保障。

第六十条 父母或监护人的权利

父母或监护人应享有以下权利:

为未成年子女选择教育机构。

选举和当选教育自治机构的代表。

就有关子女教育和培养的问题,向教育主管部门提出申请。

第四章 教育机构的财政支出、经济活动、物质和技术基础

第六十一条 教育机构及教育体系中的企事业单位及组织的财政支出和经济活动

1. 教育机构事业单位、教育组织、教育企业的经费,应由有关预算、国民经济各部门、国有企业、相关组织等进行拨付。

2. 国家对教育经费的预算不低于国民收入的百分之十,并可对重要教学活动另行拨款。

3. 教育、科研机构和相关事业单位的经费,由财政预算全额或部分拨付。按文件要求开展活动的资金所得,不得视为利润,应纳税。

4. 其他资金来源应包括:

4.1 根据订立的协议,进行教育、培训、高级培训和员工再培训而获得的资金。

4.2 提供额外教育服务的报酬。

4.3 教育机构根据企事业单位、组织和公民的要求,提供科研服务等的报酬。

4.4 教育机构所有的生产车间、企业、商店和农场产品的销售收入,出租房屋和设备取得的收入。

4.5 地方预算补贴。

4.6 信贷、证券,临时将预算外资金存入银行所得的利息。

4.7 货币收益。

4.8 企事业单位、组织和公民个人的货币和物质捐赠。

4.9 其他基金。

5. 以不可撤销的经济援助形式获得的资金、物质或法律实体和个人(包括非居民在内)的自愿捐赠,不得视为利润,应纳税。

6. 不得因收到其他来源资金而减少对教育机构、企事业单位、教育组织和分支机构的预算和拨款。

7.教育预算和预算外资金不应被撤回,应专款专用。

第六十二条　科研资金

1.基础科学研究、科学研究项目、高等教育机构的国家重点研究项目、教育系统的科研机构的资金以"申报-竞选"的方式筹措,数额不少于国家拨给高等教育机构维持经费的百分之十。

2.科研经费的筹措应基于预算和其他来源,研究成果应按相关法律的规定投产。

第六十三条　教育机构、教育组织、教育系统的企事业单位的物质和技术基础

1.教育机构、教育组织、教育系统的企事业单位的物质和技术基础,包括建筑物、构筑物、土地、通信系统、交通工具、服务用房及其他资产。相关法律规定,以上财产归属教育机构、教育组织、教育系统的企事业单位。

2.按照《乌克兰土地法》(561-12)的规定,教育机构、教育系统的科研机构的土地应转让给它们永久使用。

3.教育机构可独立支配其经济活动和章程规定的活动收益。

4.教育机构、教育组织、教育系统的企事业单位的固定资产、营运资金和其他财产,法律另有规定除外,不得撤回。

5.由预算资助的教育和科研项目,以及与教育和培训相关的分支机构,应专款专用,除非其活动类型发生改变,否则不得用于其他用途。

6.教育机构、教育组织对物质与技术基础的发展性需要,应以乌克兰内阁审定的标准为主,按事项优先级别予以满足。

第五章　国际合作

第六十四条　国家教育系统的国际合作

1.乌克兰法律规定,教育和科研机构、教育系统的科研机构、教育管理机构等,有权与外国的教育机构、教育系统的科研机构、国际组织、国际基金等签订合作协议。

2.教育和科研机构、教育系统的科研机构、教育管理机构,有权根据适用的法律与外国法律实体或个人签订协议,设立自己的货币账户,创建合资企业,开展对外经济活动。

3.乌克兰教育与科学部、乌克兰最高学位委员会以及其他国家机构和组织,应开展证书和文凭同等认证和培训课程、资格、学术等级、排名等国际互认工作。

4.国家将深化教育机构和教育管理机构的国际合作,向其提供拨款,免除从国外进口的用于教育科研的设备、设施的税费。

5.上述经济活动的货币和物质收益由教育机构、教育系统的科研机构,按照适用的法律确保其特许经营活动。

第六章　国际协议

第六十五条　国际协议

如果《乌克兰国际协议》的规划与乌克兰教育立法有所不同,则以《乌克兰国际协议》为准。

第七章　违反教育立法

第六十六条　违反教育立法

对违反教育立法的官员或公民,应根据适用的乌克兰法律进行制裁。

L．Kravchouk
乌克兰最高拉达主席
基辅,1991年5月23日,第1060-XII号

白俄罗斯

白俄罗斯共和国位于东欧平原西部,东邻俄罗斯,北、西北与拉脱维亚和立陶宛交界,西与波兰毗邻,南与乌克兰接壤。面积20.76万平方公里。人口939.78万(2020年4月)。首都是明斯克。有100多个民族,其中白俄罗斯族占81.2%,俄罗斯族占11.4%,波兰族占3.9%,乌克兰族占2.4%,犹太族占0.3%,其他民族占0.8%。官方语言为白俄罗斯语和俄语。

白俄罗斯人是东斯拉夫族的一支。白俄罗斯("白色罗斯")一词始见于1135年编年史。公元862年,白俄罗斯土地上建成波洛茨克城堡。9—12世纪,以该城堡为中心形成波洛茨克公国。13世纪上半叶形成白俄罗斯语言文字。13世纪中期—18世纪末,先后归属立陶宛大公国和立陶宛—波兰王国等。18世纪起并入俄罗斯帝国。1918年3月,亲德的白俄罗斯全体会议执行委员会在德占区宣布成立白俄罗斯人民共和国。1919年1月,白俄罗斯苏维埃社会主义共和国成立,并于1922年12月30日与俄罗斯联邦、外高加索联邦、乌克兰一道成立苏维埃社会主义共和国联盟(苏联)。1990年7月27日,白最高苏维埃通过国家主权宣言。1991年9月19日改名为白俄罗斯共和国,简称白俄罗斯,12月8日作为创始国加入独联体。

白工农业基础较好。机械制造业、冶金加工业、机床、电子及激光技术比较先进;农业和畜牧业较发达,马铃薯、甜菜和亚麻等产量在独联体国家中居于前列。苏联解体后,白经济一度陷入危机。1996年起,白经济开始恢复性增长。2002年3月,卢卡申科提出"白俄罗斯发展模式",推行渐进改革,摒弃全盘私有化和休克疗法,建立可调控的市场经济体系,加强社会保障。2011年,在诸多内外因素综合作用下,爆发严重经济金融危机,白卢布贬值近200%,外汇储备急剧减少、物价大幅上涨,居民实际收入锐减。2018年,白国内生产总值约597亿美元,同比增长3%。2019年,白国内生产总值同比增长1.2%。

注:以上资料数据参考依据为中国外交部官方网站白俄罗斯国家概况(2020年5月更新)。

白俄罗斯共和国教育法[①]

（2011年1月13日第243-3号）
2010年12月2日代表院通过
2010年12月22日共和国院批准

（根据白俄罗斯共和国2011年12月13日第325-3号、2012年5月26日第376-3号、2014年1月4日第126-3号、2016年7月18日第404-3号法律文件修订。）

总　则

第一编　教育法的基本原则

第一章　基本规定

第一条　在本法中使用的主要术语及其定义

1.在本法中使用的主要术语及其定义如下：

1.1　培育——一个有针对性的过程，受教育者形成心智和情感价值观的过程。

1.2　毕业生——在教育机构和实施研究生教育大纲的组织中接受过教育的个体。

1.3　假期——在接受全日制教育过程中的计划性休息日。

1.4　教育质量——符合教育标准和相关教育大纲等教学纲领性文件的要求。

1.5　身心发展障碍个体——如不为有身心障碍的个体创造特殊条件，这些障碍会使其社会活动和接受教育能力受限。

1.6　教育——一种有益于个人、社会和国家的教学和教养活动，旨在使受教育者掌握一定的知识、技能和习惯，成长为全方面均衡发展的个体。

1.7　教学活动——由国家教育机构（实施研究生教育大纲的组织、依法有权开展教学活动的组织和个人教育机构）开展的其他教学和教养活动。

1.8　教育大纲——规定教育过程（为取得某一阶段基础教育或某一类型补充教育预期结果所必需的）教育条件的文件的总称。

[①] 本文件由"顾问加"公司（КонсультантПлюс）提供，是白俄罗斯共和国国家法律注册文件，注册于2011年1月17日，注册号为 N 2/1795。

1.9 教育过程——由国家教育机构（实施研究生教育大纲的组织、依法有权开展教学活动的组织和个人教育机构）组织的其他教学和教养活动，目的是让受教育者掌握教育大纲。

1.10 教育标准——规定教育大纲的技术性法规条例，是对教育过程和教育内容掌握情况相关要求的规定。

1.11 受教育者——教育大纲的学习者。

1.12 教学——组织和促进受教育者掌握知识、技能、习惯及发展其创造力的有目的性的过程。

1.13 白俄罗斯共和国"专业和技术等级"分类标准——一种技术性法规条例，既规定教育专业、教育方向、专业类别、专业、专业方向、具体专业的代码和名称，还规定技术等级以及根据白俄罗斯共和国"工人（职员）技术等级"分类标准划分出的工人（职员）初级技术等级。在实施职业技术教育大纲、中等专业教育大纲、高等教育大纲，为受过高等教育（中等专业教育）的管理人员和专家制定的再培训教育大纲以及管理人员和专家技术等级提升教育大纲时，必须采用白俄罗斯共和国"专业和技术等级"分类标准。

1.14 人员培训委托机构——通过签订相关协作合同，或签订高级科学工作者（专家、工人、职员）培训合同，或提交专家、工人、职员培训需求的方式，提出本单位在人员培训方面需求的机构。

1.15 接受教育——掌握教育大纲以及本法所规定的、经批准的教育文件或培养文件的内容。

1.16 在家中接受教育——暂时或长期无法前往教育机构的受教育者在家中学习普通中等教育大纲、职业技术教育大纲、特殊教育大纲、儿童和青少年补充教育大纲、工人（职员）职业培训教育大纲的教育过程。

1.17 教育层次——基础教育阶段内的某一完成的教学和培养阶段。

1.18 基础教育阶段——掌握基础教育大纲的完整周期。

1.19 教育过程的参与者——受教育者、未成年受教育者的法定代理人以及教育工作者。

1.20 教育教学方法协会——义务性质的协商机构，创立目的是编制与"完善教育科学教学方法保障，以及专家、工人、职员培训"相关的提案。

1.21 教育机构——以法律组织形式存在的法人，主要职能是开展教学活动。

1.22 专家、工人、职员的定向培训——利用国家和地方预算资金对受过高等教育的专家、受过中等专业教育的专家、受过中等专业教育的工人、受过职业技术教育的工人和受过职业技术教育的职员在特定地区（人口低于两万的居民点、放射性污染地区居民点和农村地区）的机构所进行的培训，以及利用国家和地方预算资金对受过职业技术教育的职员在其他居民区内的机构所进行的培训。

2. 其他术语在本法个别条款中的界定。

第二条 国家教育政策的基本原则

1. 国家的教育政策基于以下原则：

1.1 教育优先。

1.2 人权优先、人文教育优先。

1.3 保障人人享有受教育的权利。

1.4 保障受教育的权利平等。

1.5 普通基础教育具有强制性。

1.6 在维护和发展传统教育体系的同时，融入世界教育。

1.7 生态。

1.8 在兼顾国家社会经济发展任务的同时，支持和发展教育事业。

1.9 教育管理具有国家和社会性质。

1.10 社会教育。

2. 国家教育政策的主要方向：

2.1 确保公民的受教育权利、自由和合法权益，包括依靠国家和地方预算资金受教育的权利以及自费受教育的权利。

2.2 确保教育准入性公平，包括身心障碍者可根据其健康状况和认知能力接受各阶段的基础教育和补充教育。

2.3 为身心障碍受教育者创造获得教育的特殊条件，并为其提供教育和矫正帮助。

2.4 创造必要的条件以满足个人的教育需求，以及社会和国家对公民人格形成和技术人员培训方面的要求。

2.5 确保国家机构及包括社会团体在内的其他组织参与到教育体系的发展中来。

2.6 向普通中等义务教育过渡。

2.7 对专家、工人等进行专门培训。

2.8 保证基础教育层次以及基础教育阶段某一具体教育层次的延续性和连贯性。

2.9 确保白俄罗斯语与俄语的平等性。

2.10 确保教育机构开展德育活动，包括公民道德价值观、健康生活方式、公民意识、爱国主义、责任性和勤劳等品质的形成。

3. 教育机构内不得创建政党或其他政治团体，不得从事政党或其他政治团体活动，不得建立匿名或其他违法宗教组织。

4. 在德育问题方面，考虑宗教对白俄罗斯共和国人民精神、文化和国家传统形成的影响，教育机构可依据受教育者（未成年受教育者的法定代理人）书面申请，在课外时间与已注册登记的宗教组织开展合作，合作的程序、条件、内容与形式由白俄罗斯共和国政府与总统协商决定。

5. 国家教育政策实行的基础是教育体系发展大纲、学前教育发展大纲、普通中等教育发展大纲、职业技术教育发展大纲、中等专业教育发展大纲、高等教育发展大纲、特殊教育发展大纲、儿童和青少年补充教育发展大纲和成人补充教育发展大纲。上述大纲为期五年,由白俄罗斯共和国政府批准。

第三条　国家教育权利保障

1.每位白俄罗斯共和国公民均享有受教育的权利。

2.白俄罗斯共和国公民有权在国家教育机构及实施研究生教育大纲的组织中,接受免费学前教育、普通中等教育、职业技术教育、特殊教育、儿童和青少年补充教育(儿童和青少年在国家儿童艺术学校接受的补充教育除外)、成人补充教育。其中成人补充教育,是指掌握以下教育大纲的内容:管理人员和专家技能提升教育大纲、工人(职员)技能提升教育大纲、受过高等教育的管理人员和专家再培训教育大纲、受过中等专业教育的管理人员和专家再培训教育大纲、工人(职员)再培训教育大纲、工人(职员)职业培训教育大纲、管理人员和专家进修教育大纲、某些职位岗前职业培训教育大纲。公民有权通过参加选拔,接受免费中等专业教育、高等教育。如果公民的此两项教育享用了国家和地方预算资金,则在获得免费研究生教育时具有优先权。

依靠国家和地方预算资金资助接受过中等专业教育和高等教育并有权依靠国家和地方预算资金资助接受第二教育及随后相应的中等专业教育和高等教育的受教育者名单,由白俄罗斯共和国总统决定。

3.可通过学习其他专业(专业方向、具体专业)接受第二教育及随后的职业技术教育、中等专业教育、高等教育、研究生教育和成人补充教育,包括学习为受过高等教育(中等专业教育)的管理人员和专家制定的再培训教育大纲和工人(职员)再培训教育大纲。

4.为身心障碍受教育者提供矫正帮助,并综合考虑其身心障碍特点,为其接受教育创造特殊条件。

5.长期居住在白俄罗斯共和国的外国公民和无国籍人员、长期居住在外国的白俄罗斯共和国裔外国公民和无国籍人员,以及在白俄罗斯共和国获得难民身份或庇护身份的外国公民和无国籍人员享有与白俄罗斯共和国公民平等的教育权,白俄罗斯共和国加入的国际条约和法规另有规定的除外。暂住在白俄罗斯共和国的未成年外国公民和无国籍人员,以及在白俄罗斯共和国获得难民身份、额外保护或庇护身份的未成年外国公民和无国籍人员享有与白俄罗斯共和国未成年公民平等的接受学前教育、普通中等教育及特殊教育的权利。

(根据白俄罗斯共和国2016年7月18日颁布的第404-3号法律文件修订。以下简称"修订"。)

6.白俄罗斯共和国加入的国际条约另有规定除外,只有白俄罗斯共和国公民可接受以下机构专业(专业方向、具体专业)教育:白俄罗斯共和国武装部队、白俄罗斯共和国其他军队及军事组织、白俄罗斯共和国内务部、白俄罗斯共和国国家监察委员会、白俄罗斯共和国国家司法鉴定委员会、白俄罗斯共和国国家监察委员会金融调查机构、白俄罗斯共和国紧急情况部。

（根据白俄罗斯共和国2011年12月13日颁布的第325-3号、2014年1月4日颁布的第126-3号法律文件修订。）

7.白俄罗斯共和国公民的受教育权通过以下方式得到保障：

7.1 发展教育机构网络。

7.2 为在国家教育机构和实施研究生教育大纲的组织内接受教育创造社会经济条件，包括免费教育。

7.3 从国家和地方预算资金中划拨用来资助国家教育机构和确保教育体系运作的国家教育组织。

7.4 为公民在国家教育机构内保留依靠国家和地方预算资金接受教育的名额。

7.5 依靠国家和地方预算资金的受教育者，由国家教育机构、实施研究生教育大纲的组织创办人确定每年录取人数。

7.6 创造受教育条件时，要考虑国家传统和受教育者个人的需求、能力和要求。

7.7 提供与教育机构、专业、受教育形式、课程研究程度、学科、教育领域和专题相关的选择可能性。

7.8 在组织中创造一定数量的岗位，供受教育者进行实践和生产实习。

7.9 为身心障碍者创造特殊条件，帮助他们接受教育、融入社会并完成社会化。

7.10 发展公民收费教育借贷系统。

第四条 本法调整的关系

1.本法调整的教育领域的社会关系包括：

1.1 调整关于实施公民受教育权的社会关系，目的是使受教育者掌握教育大纲的内容（教育关系）。

1.2 调整与教育关系相关的社会关系，目的是为实施公民受教育权创造条件。

2.本法调整范围之外的教育领域社会关系，适用民法及其他法律。

第五条 教育关系的主体及客体

1.教育关系的主体是指受教育者、未成年受教育者的法定代理人、教育工作者、教育机构、实施研究生教育大纲的组织、依法有权开展教学活动的其他组织和个人教育机构。

2.教育关系的客体是指受教育者的知识、能力、特性和个人品质。

第二章 教育法律及其效力

第六条 教育法的定义

1.教育法是指调整教育领域社会关系的规范性法律体系，包括白俄罗斯共和国宪法、本法及其他法律法规。

2.本法未包含的其他规章,如在白俄罗斯共和国加入的国际条约中有规定,则适用国际条约规章。

第七条 教育法的目的

教育法的目的是保障宪法规定的公民受教育权以及调整教育领域的社会关系。

第八条 教育法的原则

教育法基于以下原则:

符合白俄罗斯共和国宪法。

符合公认的国际法原则。

保障公民的教育权。

保障教育机会。

保证教育质量。

查究不遵守教育法的行为。

第九条 教育法的时间效力、空间效力和对人的效力

1.白俄罗斯共和国宪法及其他依据宪法制定的法另有规定除外,教育法不具有追溯效力,只适用于调整以下关系:

1.1 在教育法生效之后产生的关系。

1.2 在教育法生效之前产生的关系,但其中的某些权利和义务关系是在教育法生效之后产生的。

2.本法及其他调整教育领域社会关系的法律具有强制性,适用于白俄罗斯共和国全境。地方政府和自治机构的规范性法规,适用于其相应管辖范围。

3.白俄罗斯共和国法律及国际条约另有规定除外,教育法适用于白俄罗斯共和国全体公民和组织,以及在白俄罗斯共和国境内活动的外国公民、无国籍人员、外国组织、国际组织以及国家间组织。

第十条 教育法适用中的法律类比

1.如教育领域的社会关系不受教育法直接调整,则适用于调节类似社会关系的法律规范(法律类比)。

2.在不能使用法律类比的情况下,各方在教育领域的权利和义务根据普遍原则、立法意义、权利普遍原则和教育立法普遍原则(法律类比)确定。

3.不得使用限制教育领域权利并规定义务责任的法律类比。

第三章 教育体系

第十一条 教育体系

1.教育体系——为实现教育目的而相互作用的各要素的总和。

2.教育目的——培养受教育者的知识、能力,发展受教育者的智力、道德、创造力和体魄。

3.教育体系的要素包括：

3.1 教育大纲实施过程的参与者。

3.2 教育大纲。

3.3 教育机构。

3.4 实施研究生教育大纲的组织。

3.5 依法有权开展教学活动的其他组织。

3.6 依法有权开展教学活动的个人教育机构。

3.7 确保教育体系运作的国家教育组织。

3.8 教育教学方法协会。

3.9 为受教育者提供实践或生产实习的组织。

3.10 人员培训委托机构。

3.11 派遣员工学习成人补充教育大纲的组织。

3.12 直属或从属于白俄罗斯共和国总统的国家机构、白俄罗斯共和国国家科学院、国家行政机关、白俄罗斯共和国政府直属的其他国家机构、地方行政和管理机构，以及职权范围内涉及教育领域的其他组织和个人。

4.教育分为基础教育、补充教育和特殊教育。

5.教育体系包括学前教育体系、普通中等教育体系、职业技术教育体系、中等专业教育体系、高等教育体系、研究生教育体系、儿童和青少年补充教育体系、成人补充教育体系和特殊教育体系。

第十二条 基础教育

1.基础教育——通过实施基础教育大纲而对受教育者进行教育和培养。

2.白俄罗斯共和国基础教育包括以下层次：

2.1 学前教育。

2.2 普通中等教育。

2.3 职业技术教育。

2.4 中等专业教育。

2.5 高等教育。

2.6 研究生教育。

3.基础教育层次的连贯性和基础教育大纲的一致性，确保了基础教育的统一性与连续性。

第十三条 补充教育

1.补充教育——通过实施补充教育大纲而对受教育者进行教育和培养。

2.补充教育分为以下两种类型：

2.1 儿童和青少年补充教育。

2.2 成人补充教育。

第十四条 特殊教育

1. 特殊教育——通过实施特殊学前教育大纲和特殊中等教育大纲对身心障碍者进行教育和培养。

2. 特殊教育包括根据受教育者身心发育特点为其接受学前教育、普通中等教育创造特殊条件,同时对其身心障碍进行矫正。

接受学前、普通中等特殊教育的特殊条件——通过教育、医疗、社会及其他援助形式来实现教授与培育,如无相关条件,则不可能或难以学习特殊教育大纲。特殊条件包括使用社会康复技术手段、特殊教育教学计划和大纲、特殊教育教科书和教学参考资料、特殊教学方法,创造适应性学习环境。

矫正障碍——矫正和减少身心障碍的心理、教育、医疗和社会措施体系。

3. 身心障碍者如果掌握了特殊中等教育大纲,并在接受普通基础教育或普通中等教育期间顺利通过最终考核,则应为其颁发相应的普通基础教育毕业证书或普通中等教育毕业证书。该类受教育者被承认受过普通基础教育或普通中等教育。

4. 对于学习特殊中等教育大纲并获得普通基础教育毕业证书或普通中等教育毕业证书的身心障碍者,教育机构应按照白俄罗斯共和国教育部批准的形式,向其颁发关于已掌握特殊中等教育大纲的证书。

5. 身心障碍者可凭借国家矫正教学与康复中心出具的鉴定书,行使自己接受特殊教育的权利。

第十五条 身心障碍者接受基础教育及补充教育

1. 身心障碍者所接受的学前或普通中等教育,包括向他们提供矫正教育帮助。

矫正教育帮助——一种教学活动体系,旨在为在学习学前教育大纲或普通中等教育大纲过程中存在长期或短期困难的受教育者提供帮助。矫正教育在各个矫正教育帮助点和国家矫正教学与康复中心均有提供。《关于矫正教育帮助点的规定》由白俄罗斯共和国教育部批准。

2. 身心障碍者所接受的职业技术教育、中等专业教育、高等教育或补充教育,均包括为其接受教育而创造特殊条件,并综合考虑其身心发展特点。

为身心障碍者接受职业技术教育、中等专业教育、高等教育或补充教育创造特殊条件,确保为其提供无障碍环境,并通过为身心障碍者提供必需的社会康复技术设备,以及教育、医疗、社会和其他类型的帮助,使其获得信息资源。身心障碍者在接受职业技术教育、中等专业教育、高等教育或补充教育时,由教育机构向其提供教育、医疗、社会和其他类型的帮助。

3. 身心障碍者可凭借国家矫正教学与康复中心出具的鉴定书或特殊中等教育大纲的证书,行使自己接受矫正教育的权利,以及获得在接受职业技术教育、中等专业教育、高等教育或补充教育时所需特殊条件的权利。

第十六条 教育大纲

1. 教育大纲分为基础教育大纲、补充教育大纲及特殊教育大纲。

2. 基础教育大纲——学前教育、普通中等教育、职业技术教育、中等专业教育、高等教育和研究生教育需要实施的教育大纲。

3. 补充教育大纲——儿童和青少年补充教育和成人补充教育需要实施的教育大纲。

4. 特殊教育大纲——特殊教育需要实施的教育大纲。

5. 基础教育大纲(研究生教育大纲除外)、特殊教育大纲(智力障碍儿童特殊学前教育大纲除外)、为受过高等教育(中等专业教育)的管理人员和专家制定的再培训教育大纲,均包括内容保障(教育科学教学方法保障)及资源保障(人员和物质技术保障)。

6. 研究生教育大纲、智力障碍儿童特殊学前教育大纲、儿童和青少年补充教育大纲、成人补充教育大纲[为受过高等教育(中等专业教育)的管理人员和专家制定的再培训教育大纲除外],均包括内容保障(教育科学教学方法保障)及资源保障(人员和物质技术保障)。

7. 职业技术教育大纲、中等专业教育大纲、高等教育大纲、为受过高等教育(中等专业教育)的管理人员和专家制定的再培训教育大纲,应按照其专业、专业方向和具体专业分别实施,同时应开展针对性专业培训。管理人员和专家技能提升教育大纲,应按其教育专业和教育方向分别实施,同时应开展针对性专业培训。不同教育专业、教育方向、专业、专业方向和具体专业的培训开展程序,由白俄罗斯共和国政府确定。各教育专业、教育方向、专业、专业方向、具体专业的设置,应符合白俄罗斯共和国"专业和技术等级"分类标准。

8. 研究生教育大纲,应按照不同专业和由白俄罗斯共和国最高鉴定委员会批准的白俄罗斯共和国科技工作者专业目录分类实施;不同专业培训的开展程序由白俄罗斯共和国政府决定。

9. 儿童和青少年补充教育大纲,按照本法和《关于儿童和青少年补充教育机构及其形式的规定》中规定的专业分类实施。

10. 基础教育大纲(学前教育大纲除外)、成人补充教育大纲、特殊教育大纲,均按本法中规定的分类进行划分。

第十七条 接受教育的形式

1. 可以通过全日制、函授以及选拔的形式接受教育。

2. 全日制教育形式——由教育机构、实施研究生教育大纲的组织、依法有权开展教学活动的其他组织和个人教育机构实施,受教育者长期参与,在日常课堂上接受教学与培养。

日间教育形式——全日制教育的一种类型,是受教育者接受教育的基本形式。

夜间教育形式——全日制教育的一种类型,受教育者接受夜间教育时通常与其他形式相结合。

3.函授教育形式——受教育者通过自学方式掌握教育大纲的教学和培养形式,函授教育由教育机构、实施研究生教育大纲的组织、依法有权开展教学活动的其他组织和个人教育机构开展,受教育者仅现场参加函授教育机构组织的有限课时与相关测评。

远程教育形式——函授教育形式的一种类型,主要通过使用现代通信和信息技术的方式实施。

4.选拔——受教育者通过自学完成教育大纲的教学和培养形式,现场参与由教育机构和实施研究生教育大纲的组织开展的相关测评。

5.不允许以夜间教育形式、函授教育形式进行教授的专业目录,由白俄罗斯共和国政府批准确定。

第十八条 教育体系中的培育

1.培育的目的是培养受教育者个体全面发展、道德成熟并具有创造力。

2.培育的任务是:

2.1 基于国家意识形态形成公民的自觉性、爱国主义及民族认同感。

2.2 培养独立的生活能力和劳动能力。

2.3 形成在德育、美学、生态方面的文化观念。

2.4 掌握健康生活方式的价值观与技能。

2.5 培养受教育者的家庭文化观。

2.6 为受教育者的社会化及个人发展创造条件。

3.教育要建立在全人类的人文主义价值观、白俄罗斯民族的文化与精神传统、国家意识形态的基础之上,要反映个人利益、社会利益及国家利益。

4.培育的基本要求是:

4.1 契合培育目标与任务的内容、形式及方法。

4.2 教学要求的系统性与一致性。

4.3 考虑受教育者的年龄、个性特点,实现培育内容的传承性、连续性与循序渐进性。

4.4 为受教育者创造条件,以帮助其发展创造力,并鼓励其参与不同类型的具有社会意义的活动。

5.培育的主要组成部分有:

5.1 公民主义培育及爱国主义培育,旨在培养受教育者积极的公民立场、爱国主义,以及法律、政治与信息文化。

5.2 意识形态培育,旨在使受教育者对白俄罗斯共和国国家意识形态有所了解,使年轻一代具备能够体现白俄罗斯共和国国家观念本质的基本价值观、思想及信念。

5.3 道德培育,旨在培养受教育者的普遍价值观及民族价值观。

5.4 美学培育,旨在培养受教育者的审美品位与美感。

5.5 自我认识文化和自我调节文化的培育,旨在使受教育者形成自我发展与社会相互作用的需求,以及形成相应的心理文化。

5.6 健康生活方式的培育,旨在使受教育者掌握健康的生活技能,意识到健康的重要性,从而提高身体素质。

5.7 性别培育,旨在培养受教育者相关观念,明确男性及女性在当今社会中的角色和生活使命。

5.8 家庭培育,旨在培养受教育者的家庭关系价值观和培育孩子的价值观。

5.9 劳动与职业培育,旨在让受教育者意识到,劳动承载着个人价值和社会价值,让受教育者明确职业选择及职业活动的社会意义。

5.10 生态培育,旨在培养受教育者生态观。

5.11 安全文化培育,旨在培养受教育者在社会活动、职业活动、日常生活中的安全行为。

5.12 生活休闲文化培育,旨在培养受教育者的物质观念,养成合理有效地使用时间的能力。

第二编 教育关系的主体

第四章 教育机构、实施研究生教育大纲的组织、依法有权开展教学活动的其他组织和个人教育机构

第十九条 教育机构

1.教育机构分为以下几种类型:

1.1 学前教育机构。
1.2 普通中等教育机构。
1.3 职业技术教育机构。
1.4 中等专业教育机构。
1.5 高等教育机构。
1.6 特殊教育机构。
1.7 儿童和青少年补充教育机构。
1.8 成人补充教育机构。
1.9 教育和康复机构。
1.10 社会教育机构。
1.11 特殊教学机构。
1.12 特殊医疗机构。

2.普通中等教育机构、职业技术教育机构、中等专业教育机构、高等教育机构、特殊教育机构、成人补充教育机构、特殊教学培育机构、特殊医疗培育机构,属于学校体制。

3.对教育机构的类型划分,要充分考虑教育进程的组织特点,按照本法中所规定的类型进行划分。

4.教育机构相应类型及(或)种类的相关条例,由白俄罗斯共和国政府或由其授权的国家机构批准确定;苏沃洛夫陆军学校及其他军校的相关条例,由白俄罗斯共和国总统批准确定。

5.教育机构可实施基础教育大纲、补充教育大纲、特殊教育大纲、培养大纲。在相应形式的教育机构内可实施的教育大纲及培养大纲,由本法确立。

6.教育机构可分为国家型及私人型。

7.教育机构的类型与种类,应在机构建立时根据现行的教育大纲和培育方案确定。

8.教育机构的分支机构、代表处及其他独立机构,应根据相关法律规定建立。建立共和所有制的教育机构分支机构,须经白俄罗斯共和国财政部认可;建立公共所有制的教育机构分支机构,须经地方执行部门与行政部门认可。关于教育机构的分支机构、代表处及其他独立机构的标准条例,由白俄罗斯共和国教育部批准。

9.职业技术教育机构、中等专业教育机构、高等教育机构、成人补充教育机构可被授予教育体系和行业内重点教育机构的地位。教育体系和行业内重点教育机构认可程序的条例由白俄罗斯共和国政府批准。

10.教育机构开展活动时,须遵循本法、相应类型和种类的条例、其他法律条例及章程。

第二十条 教育机构的权利与义务

1.教育机构可独立开展教学活动、学术活动、科技活动、教育科学教学方法保障活动,并在本法规定范围内选拔和安置教育工作者。

2.教育机构依法享有以下权利:

2.1 开展教学活动。

2.2 形成教育机构的结构及人员编制。

2.3 开展创收活动。

2.4 参与学术活动、科技活动、实验与创新活动等。

2.5 招生时如对受教育者资料存疑,可通过向白俄罗斯共和国教育部发送请求验证资料的真实性。

2.6 加入联合会(工会)及其他非营利组织。

2.7 实现教育领域的国际合作,包括外贸活动。

2-1.普通中等教育机构在遵循本法的情况下,可为教学培训进程组织创造条件,或为培养体育后备力量、高水平运动员开展教学训练活动。单独的运动种类为培养体育后备力量、高水平运动员开展教学训练活动,要基于由白俄罗斯体育与旅游部依法确立的教育大纲。

(第二十条第2-1项内容根据白俄罗斯共和国2014年1月4日颁布的第126-3号法律文件修订)

3.教育机构的其他权利由本法、其他法律条例以及教育机构章程确立。

4.教育机构有义务确保：

4.1 教育质量。

4.2 按照规定程序编制、批准并完善相应教育科学教学方法保障的结构要素。

4.3 招聘、雇用和安置人员，提高其技能水平。

4.4 教育过程中的物质技术保障，要符合卫生标准规范、规章及卫生作业定额标准。

4.5 在组织教育过程中创造安全的环境。

4.6 制定和实施受教育者内部手册、教育机构内部劳动规章。

4.7 对受教育者、教育工作者进行精神和物质奖励。

4.8 对受教育者采取社会保护措施。

4.9 为受教育者提供饮食、医疗、住宿（如有必要）。

4.10 控制招生人数。

4.11 组织毕业生的分配、再分配、工作派遣、后续工作派遣，并对其就业情况进行监督。

4.12 受教育者（未成年受教育者的法定代理人）在教育机构入学时，让其了解教育机构的国家注册证书、机构创立文件、教学活动专业许可、国家认证证书及教学纲领性文件。

4.13 在身心障碍者于教育机构接受教育两年内，按照由白俄罗斯共和国教育部批准的《身心障碍者庇护权规定》对其进行庇护。

4.14 协助国家授权机构监督教育质量。

5.教育机构的其他义务由本法、其他法律条例以及教育机构章程确立。

第二十一条 教育机构的建立、改组及停办

1.教育机构的建立、改组及停办，应按照本法和其他立法文件中规定的程序进行。

2.教育机构的创办者，可以是：

2.1 白俄罗斯共和国总统或白俄罗斯共和国政府。

2.2 直属或从属于白俄罗斯共和国总统的国家机构、白俄罗斯共和国国家科学院、国家行政机关、白俄罗斯共和国政府直属的国家其他组织。

2.3 地方执行和管理部门。

2.4 白俄罗斯共和国法人及公民。

2.5 外国政府、外国政府组织、国际组织、外国公民、无国籍人员，白俄罗斯共和国法律条例及国际条约另有规定的除外。

3.中等专业教育机构根据白俄罗斯共和国政府或其授权的国家机构的决议建立和改组，根据白俄罗斯共和国政府或其授权的国家机构及法院的决议停办。

4.苏沃洛夫陆军学校根据白俄罗斯共和国总统决议或其授权的国家机构的决议建立和改组，根据白俄罗斯共和国总统决议或其授权的国家机构及法院的决议停办。

5. 军校根据州(明斯克市)执行委员会的决议建立和改组,根据州(明斯克市)执行委员会及法院的决议停办。

6. 特殊教学培育机构根据白俄罗斯共和国教育部的决议建立和改组,根据白俄罗斯共和国教育部及法院的决议停办。

特殊教学培育机构根据白俄罗斯共和国教育部、州(明斯克市)执行委员会的决议建立和改组,根据白俄罗斯共和国教育部、州(明斯克市)执行委员会及法院的决议停办。

(第二十一条第7项根据白俄罗斯共和国2016年7月18日颁布的第404-3号法律文件修订)

7. 由创办人根据对停办后果的评估做出是否停办国家普通中等教育机构的决议。同时应考虑在相应行政区域单位内接受普通中等教育的人数,以及在此地实施普通中等教育大纲的国家机构的数量。

8. 关于改组和停办国家特殊教育机构的决议,经白俄罗斯共和国教育部许可之后由其创办人实施。

9. 当教育机构开展教学活动的特别许可证[细分为一项或几项属于教学活动的工作和(或)服务的许可]被吊销并终止时,创办人应在征得受教育者、未成年受教育者的法定代理人的同意之后,按照白俄罗斯共和国政府的规定,将受教育者转入实施相应教育大纲的其他教育机构。

第二十二条 教育机构的章程

1. 教育机构根据章程运作。
2. 教育机构章程包括:
2.1 符合立法要求的教育机构名称。
2.2 所处位置。
2.3 教育机构的类型及形式。
2.4 经营活动的对象、目的及任务。
2.5 创办人信息。
2.6 教育所使用的语言(多种语言)、所实施的教育大纲和培养大纲的清单、接受教育的形式、教育专业、教育方向、专业方向、实行教学和提高技能水平的具体专业。
2.7 教育机构的资产来源及筹资程序。
2.8 教育机构经营活动的管理程序,管理部门与自我管理部门的结构和形成程序。
2.9 对教育机构活动的监管程序。
2.10 教育机构结构与人员编制形成的程序。
2.11 创办人的职权范围。
2.12 教育及培育过程的组织程序。
2.13 关于分支机构、代表机构及其他独立教育分支机构的信息。

2.14 教育机构创立和改组的相关信息,须指明该教育机构的转让和重命名的相关资料,同时援引创办人和注册机构的相关许可文件。

2.15 教育机构改组与停办的程序。

2.16 修正、补充章程的程序。

2.17 法律规定的其他信息,创办人确立的其他信息。

第二十三条 教育机构的结构

1.教育机构可拥有独立分支机构和内设分支机构。

2.教育机构的独立分支机构,包括分部、代表处等其他独立分支机构。

3.教育机构的内设分支机构,包括图书馆、宿舍、教学示范试点(产业)、学校实习工厂、实验室、科学研究部门、筹备部、教研室、教育行政部、各部室、教学实验农场、演习场、资源中心、教学咨询处、劳动培训与职业定位的教学生产联合企业、社会孤儿院、特别事务处、身心障碍者职业重建和康复中心等。

4.内设分支机构,可以为独立分支机构。

5.教育机构依照法律及章程形成自己的结构。

第二十四条 教育机构的类型变更

1.教育机构的类型可以变更。

2.教育机构的类型变更决议,下列情况下由创办人个人或教育机构提出倡议:

2.1 具有教育机构的类型变更的必要性根据。

2.2 教育机构符合所申请变更的类型标准。

2.3 国有教育机构应取得白俄罗斯共和国财政部、白俄罗斯共和国经济部的同意,公有教育机构应取得相关地方行政和管理机构同意;不隶属于白俄罗斯共和国教育部的教育机构,应取得白俄罗斯共和国教育部的同意。

第二十五条 教育机构的管理

1.教育机构的管理应符合本法规定,符合教育机构相应类型及(或)形式的条例,符合其他法律条例和教育机构章程,并建立在专责制及自治原则的结合点上。

2.教育机构由机构领导者直接管理,机构领导者的任命及解聘,应按照本法及其他法律条例中规定的程序进行。

3.教育机构领导者在管理该机构时,应与自治机构相互协作。

4.教育机构主要的自治机构是以教育机构负责人为首的委员会。

教育机构委员会的职权、成员及活动组织安排,由白俄罗斯共和国教育部批准的教育机构委员会条例决定。

5.在本法规定的情况下,教育机构可成立其他自治机构:教务委员会、(未成年)监护人理事会、家长委员会、教练员委员会。教育机构的教务委员会、(未成年)监护人理事会及家长委员会条例由白俄罗斯共和国教育部批准。教练员委员会条例由白俄罗斯体育与旅游部批准。

（第二十五条第 5 项根据白俄罗斯共和国 2014 年 1 月 4 日颁布的第 126-3 号法律文件修订）

6.根据白俄罗斯共和国总统决议，在高等教育机构内可建立其他自治机构，自治机构应按照规定的程序开展相关活动。

7.教育机构的自治机构，依照法律及教育机构章程建立并开展活动。

第二十六条　教育机构领导者的职权

1.教育机构的领导者：

1.1　代表教育机构行事，不进行委托，对活动结果负责。

1.2　在自己职权范围内颁布命令，缔结合同，发放委托书，开设银行账户。

1.3　招聘及解聘职员，对职员的职权细则进行批准。

2.在符合白俄罗斯共和国总统批准条件的情况下，国家教育机构领导者有权按照白俄罗斯共和国政府确立的程序及数额，向在接受中等专业教育和高等教育的中专学生、大学生提供学费优惠。国家教育机构领导者有权按照白俄罗斯共和国总统批准和白俄罗斯共和国政府确立的程序，将这些学生由自费教育转为由国家和地方预算资金承担学费的教育。

3.私立教育机构的负责人，可向接受中等专业教育和高等教育的中专学生、大学生提供学费优惠。

4.教育机构负责人的其他职权由本法、其他法律条例及教育机构章程确定。

第二十七条　实施研究生教育大纲的组织、依法有权开展教学活动的其他组织和个人教育机构

1.实施研究生教育大纲的组织是指隶属于白俄罗斯共和国国家科学院及国家行政机关的、实施研究生教育大纲的科学组织和研究生教育科学教学方法保障组织，以及由白俄罗斯共和国总统授权的实施研究生教育大纲的组织。

2.依法有权开展教学活动的其他组织是指依照本法规定的教育大纲，实施学前教育大纲、特殊教育大纲、儿童和青少年补充教育大纲和成人补充教育大纲的组织。

3.依法有权开展教学活动的个人教育机构是指依照本法规定的教育大纲，实施学前教育大纲、特殊教育大纲和成人补充教育大纲的个人教育机构。

4.实施研究生教育大纲的组织、依法有权开展教学活动的其他组织和个人教育机构，依照本法、其他法律条例及章程开展活动。

第二十八条　实施研究生教育大纲的组织、依法有权开展教学活动的其他组织和个人教育机构的权利与义务

1.实施研究生教育大纲的组织、依法有权开展教学活动的其他组织和个人教育机构，可独立开展教学活动、学术活动、科技活动、教育科学教学方法保障活动，并在本法规定范围内选拔和安置教育工作者。

2.实施研究生教育大纲的组织、依法有权开展教学活动的其他组织和个人教育机构，依法享有以下权利：

2.1 开展教学活动。

2.2 参与学术活动、教育科学教学方法保障活动。

2.3 开展教育领域的国际合作，包括对外贸易活动。

3.实施研究生教育大纲的组织、依法有权开展教学活动的其他组织和个人教育机构的其他权利，由本法、其他法律条例及其机构注册文件确立。

4.实施研究生教育大纲的组织、依法有权开展教学活动的其他组织和个人教育机构应当保证：

4.1 教育质量。

4.2 按照规定程序编制、批准并完善相应教育科学教学方法保障的结构要素。

4.3 教育过程中的物质技术保障，要符合卫生标准规范、规章和卫生作业定额标准。

4.4 在组织教育过程中创造安全的环境。

4.5 对受教育者、教育工作者进行精神和物质奖励。

4.6 受教育者（未成年受教育者的法定代理人）在教育机构入学时，让其了解教育机构的国家注册证书、机构创立文件、教学活动专业许可、国家认证证书及教学纲领性文件。

4.7 在身心障碍者于教育机构接受教育两年内，按照由白俄罗斯共和国教育部批准的《身心障碍者庇护权规定》对其进行庇护。

4.8 协助国家授权机构质量教育监督。

5.实施研究生教育大纲的组织、依法有权开展教学活动的其他组织和个人教育机构的义务，由本法、其他法律条例及其机构注册文件确立。

第二十九条　教育机构的国家认证及认证批准

1.教育机构的国家认证——国家机构的一种活动，旨在鉴定教育机构的教学活动是否符合教育法，教育内容和教育质量是否符合标准规范以及教育大纲等教学纲领性文件的要求。

2.根据教育机构的国家认证结果，确定其通过国家认证或未通过国家认证。

3.若教育机构获得认证批准，则被认为是通过国家认证，应颁发国家认证证书。

4.凭借认证批准，教育机构有权向毕业生（学习管理人员和专家专业技能提升教育大纲的人员）发放相关教育文件。

5.教育机构的国家认证，应从以下方面进行：

5.1 对是否符合所申请的形式进行认证——针对普通中等教育机构、职业技术教育机构、中等专业教育机构、高等教育机构、特殊教育机构、[为受过高等教育（中等专业教育）的管理人员和专家制定的再培训教育大纲和管理人员及专家技术等级提升教育大纲]的成人补充教育机构。

5.2 对每种专业进行认证——针对中等专业教育大纲、高等教育大纲、[为受过高等教育(中等专业教育)的管理人员和专家制定再培训教育大纲]的专业。

5.3 对教育专业及教育方向进行认证——针对在依法有权开展教学活动的组织中所实施的管理人员和专家技能提升教育大纲的教育专业和教育方向。

6.教育机构进行国家认证应：

6.1 在教育机构建立或形式变更的第一年、但不迟于第一批毕业生毕业之前的四个月内,对教育机构是否符合所申请的形式进行认证。

6.2 下述专业的认证应在该专业首次开设的第三年进行：为保障获得高等教育专家资质的高等教育第一阶段大纲各专业,综合了中等专业教育大纲的、保障获得高等教育专家资质的第一阶段高等教育大纲各专业。

6.3 下述专业的认证应在该专业培训(再培训)结束之前的四个月内进行：为形成科学教育和科学研究工作的知识、能力,以及保障获得高等教育硕士学位的高等教育第二阶段大纲各专业；为确保获得硕士学位,对专家进行深入培训的高等教育第二阶段大纲各专业；中等专业教育大纲各专业；为受过高等教育(中等专业教育)的管理人员和专家制定的再培训教育大纲各专业。

6.4 教育专业及教育方向的认证应在相应教育专业及教育方向完成技术等级提升开始之前。

7.教育机构须对国家认证资格进行验审。

8.国家认证资格的验审,应符合：

8.1 在获得相应国家认证证书之日起的五年内,至少进行一次针对是否符合所申请形式、教育专业及教育方向的认证验审。

8.2 各专业的认证验审应与验审是否符合所申请的形式同时进行。

9.若教育机构未对国家认证资格进行验审,则撤销其国家认证资格。

10.国家认证资格的验审是维护教育机构向毕业生(学习管理人员和专家技术等级提升教育大纲的人员)发放教育文件权力的基础。

11.教育机构进行国家认证、国家认证资格验审的程序条例及国家认证证书的样本,由白俄罗斯共和国政府批准。

第五章　受教育者、未成年受教育者的法定代理人、受教育者的社会保护

第三十条　受教育者

受教育者包括：

研究生(军校研究生)——通过全日制或函授形式接受教育、学习研究生(军校研究生)教育大纲并获得"研究员"资质的人员。

受培育者——学习学前教育大纲、特殊学前教育大纲、智力障碍儿童特殊学前教育大纲的人员。

博士生——通过全日制形式接受教育、学习博士生教育大纲的人员。

军校学员——为白俄罗斯共和国武装部队、白俄罗斯共和国其他军队及军事组织、白俄罗斯共和国内务部、白俄罗斯共和国国家监察委员会、白俄罗斯共和国国家司法鉴定委员会、白俄罗斯共和国国家监察委员会金融调查机构、白俄罗斯共和国紧急情况部以及民用航空按照特定专业培养的人员,以上人员已掌握某种类型的中等专业教育大纲,或具有高等教育专家资质的第一阶段高等教育大纲,或两者综合。(修订)

硕士生——高等教育第二阶段的学习者。

军事院校学员——白俄罗斯共和国武装部队、白俄罗斯共和国其他军队及军事组织、白俄罗斯共和国内务部、白俄罗斯共和国国家监察委员会、白俄罗斯共和国国家司法鉴定委员会、白俄罗斯共和国国家监察委员会金融调查机构、白俄罗斯共和国紧急情况部的普通士兵及指挥人员,以上人员已获得"健康保健"专业第一阶段高等教育、第二阶段高等教育、特定专业(专业方向、具体专业)的第二份或最后一份高等教育;在白俄罗斯共和国总统管理学院获得第一阶段高等教育的管理人员及管理人员后备军;掌握某种类型的成人补充教育大纲的人员(管理人员和专家的进修教育大纲除外)。(修订)

学位申请人——以选拔形式学习某一种研究生教育大纲的人员。

进修生——学习管理人员及专家进修教育大纲的人员。

大学生——学习某一种高等教育大纲的人员。

学生——学习某种普通中等教育大纲、职业技术教育大纲、中等专业教育大纲或儿童和青少年补充教育大纲的人员,或学习普通中等教育阶段的特殊教育大纲的人员,或学习为智力障碍者设立的普通中等教育阶段的特殊教育大纲的人员。

第三十一条 受教育者的基本权利

1. 在本条第3项和第4项列举的受教育者除外,按照本法及其他法律条例,受教育者依法享有以下权利:

1.1 按教育大纲接受教育。

1.2 按照白俄罗斯共和国政府规定的程序,转学至其他教育机构或实施研究生教育大纲的组织。

1.3 按照白俄罗斯共和国政府规定的程序,转入其他专业(专业方向、具体专业)接受教育,包括在有医疗证明的情况下,以证明身体条件适合所学专业(专业方向、具体专业)的就业和相关职业技能,可以另外一种形式接受教育。

1.4 按照白俄罗斯共和国政府规定的程序,恢复在教育机构及实施研究生教育大纲的组织中接受教育。

1.5 在教育大纲范围内,接受个性化教学。

1.6 根据其身心发展特点,创造接受教育的特殊条件。

1.7　在教育过程中保护生命健康。

1.8　在国家矫正教学与康复中心接受免费的心理、医疗、教学检查。

1.9　在实施特殊教育大纲的国家教育机构免费进行身心障碍矫正。

1.10　使用教科书及教学参考书。

1.11　享有奖学金及其他津贴保障。

1.12　享有住宿保障。

1.13　如未住宿,则享有房屋租赁补偿。

1.14　为支付高等教育第一阶段费用而进行贷款时,享有优惠条件。

1.15　假期。

1.16　享有教育领域有偿服务的权利。

1.17　免费使用教育机构及实施研究生教育大纲的组织的图书馆,以及教学、生产、科学、文化、体育基地。

1.18　获得教育机构专家的社会教育及心理帮助。

1.19　在教学、大众体育、社会、学术、科技、实验、创新活动中获得成就,可获得相应的奖励。

1.20　参与教育机构的管理。

1.21　参加各种奥林匹克竞赛、节日活动、代表会议、国际性会议、研讨会及其他教学活动,大众体育活动、社会活动、学术活动、科技活动、实验活动及创新活动。

1.22　了解教育机构的国家注册证书、机构创立文件、教学活动专业许可、国家认证证书及教学纲领性文件。

1.23　参与不违反法律规定的工会、青年协会及其他社会协会活动。

2.受教育者的其他权利由本法、其他法律条例、机构创立文件以及下列机构的规范性法令进行规定:教育机构、实施研究生教育大纲的组织、依法有权开展教学活动的其他组织和个人教育机构。

3.特殊教学培育机构与特殊医疗培育机构受教育者的权利,由本法、预防儿童和青少年犯罪的法律确立。

4.白俄罗斯共和国内务部刑事系统管权机构、白俄罗斯共和国内务部惩戒系统的生产部门、白俄罗斯共和国内务部劳动疗养所的职业技术学校的受教育者,依照本法及其他法律条例享有以下权利:

4.1　按教育大纲接受教育。

4.2　按照白俄罗斯共和国政府规定的程序,转入其他专业(专业方向、具体专业)接受教育,包括在有医疗证明的情况下,以证明自身条件适合所学专业(专业方向、具体专业)的就业和相关职业技能,可以另外一种形式接受教育。

4.3　按照白俄罗斯共和国政府规定的程序,恢复其在教育机构接受教育。

4.4　在教育大纲范围内,接受个性化教学。

4.5 根据其身心障碍特点,创造接受教育的特殊条件。

4.6 在教育过程中保护生命健康。

4.7 获得教育机构专家的社会教育及心理帮助。

4.8 假期。

4.9 免费使用教育机构的图书馆,以及教学、生产、科学、文化、体育基地。

4.10 使用教科书及教学参考书。

4.11 参加大众体育、社会和实验活动。

4.12 在教学、大众体育、社会及实验活动中获得成就,可获得相应的奖励。

4.13 了解教育机构的国家注册证书、机构创立文件、教学活动专业许可、国家认证证书及教学纲领性文件。

5.为白俄罗斯共和国武装部队、白俄罗斯共和国其他军队及军事组织、白俄罗斯共和国内务部、白俄罗斯共和国国家监察委员会、白俄罗斯共和国国家司法鉴定委员会、白俄罗斯共和国国家监察委员会金融调查机构、白俄罗斯共和国紧急情况部进行定向培养(特定专业、专业方向、具体专业)的受教育者,根据所属机构的相关法律,可享有特殊权利。(修订)

第三十二条 受教育者的基本义务

1.受教育者有义务:

1.1 认真学习教育大纲和培养大纲的内容。

1.2 关心自我健康,致力于德治、精神、身体的发展与完善。

1.3 履行注册文件、受教育者内部条例及宿舍住宿规定的要求。

1.4 尊重教育过程中其他参与者的名誉。

1.5 爱护教育机构、实施研究生教育大纲的组织、依法有权开展教学活动的其他组织和个人教育机构的财产。

2.受教育者的其他义务由本法、其他法律条例、注册文件及其他教育机构、实施研究生教育大纲的组织、依法有权开展教学活动的其他组织和个人教育机构的地方性法规规定。

3.白俄罗斯共和国武装部队、白俄罗斯共和国其他军队及军事组织、白俄罗斯共和国内务部、白俄罗斯共和国国家监察委员会、白俄罗斯共和国国家司法鉴定委员会、白俄罗斯共和国国家监察委员会金融调查机构、白俄罗斯共和国紧急情况部专业(专业方向、具体专业)的受教育者,根据相关法律可确定其义务的特殊性。

第三十三条 未成年受教育者的法定代理人

1.未成年受教育者的法定代理人为其父母、养父母、监护人及照管人。

2.未成年受教育者的法定代理人在教育领域的社会关系中代表未成年受教育者的合法权益,无须特别委托。

第三十四条　未成年受教育者的法定代理人的权利

1.未成年受教育者的法定代理人根据本法及其他法律条例依法享有以下权利：

1.1　了解教育机构的国家注册证书、机构创立文件、教学活动专业许可、国家认证证书及教学纲领性文件。

1.2　参与教育机构的管理。

1.3　保护受教育者的合法权益。

1.4　了解教育过程的进程和内容，以及受教育者的教育结果。

1.5　获取受教育者所有的检查信息（医疗、心理、教学）。

2.未成年受教育者的法定代理人的其他权利，由本法、其他法律条例、注册文件及其他教育机构、依法有权开展教学活动的其他组织和个人教育机构的地方性法规规定。

第三十五条　未成年受教育者的法定代理人的基本义务

1.未成年受教育者的法定代理人的义务有：

1.1　为受教育者接受与发展教育提供条件。

1.2　尊重教育过程中其他参与者的名誉。

1.3　履行注册文件、受教育者内部条例的要求。

2.未成年受教育者的法定代理人的其他义务，由本法、其他法律条例、注册文件及其他教育机构、依法有权开展教学活动的其他组织和个人教育机构的地方性法规规定。

第三十六条　受教育者的社会保护

1.受教育者的社会保护是国家制定的一系列措施，旨在为受教育者提供物质保障，提供由本法及其他法律条例规定的国家社会福利、权利与保障。

2.受教育者的社会保护支出依靠国家和地方预算资金以及其他合法来源资助。

第三十七条　受教育者社会保护原则

受教育者社会保护的基本原则有：

接受教育，物质保障，国家社会福利、权利等保障。

第三十八条　受教育者社会保护措施

1.受教育者社会保护措施有：

1.1　使用教科书及教学参考书。

1.2　保护健康。

1.3　奖学金及其他津贴。

1.4　提供衣服、鞋类及其他必要工具，以及生活必需品。

1.5　为寄宿中学、孤儿和失依儿童寄宿学校、疗养寄宿学校及智力障碍儿童寄宿学校的受教育者提供住宿，为专门学校、苏沃洛夫陆军学校及其他军校、孤儿和失依儿童寄宿学校、疗养寄宿学校、奥林匹克后备人才学校、特殊教育寄宿学校、智力障碍儿童寄宿学校及国家矫正教学与康复中心提供饮食。

1.6　为支付高等教育第一阶段学费的受教育者按优惠条件提供贷款。

1.7　交通保障[①]。

1.8　对毕业生的援助。

1.9　假期。

2.其他受教育者社会保护措施可依法确立。

第三十九条　教科书及教学参考书的使用

1.受教育者在教育机构的教科书及教学参考书可有偿使用,也可免费使用。

2.学习学前及普通中等教育大纲者,在接受教育期间由教育机构、依法有权开展教学活动的其他组织和个人教育机构承担教科书及教学参考书的费用,支付金额及程序由白俄罗斯共和国政府确立。

免费教科书及教学参考书适用于:

疗养寄宿学校、特殊教学培育机构及特殊医疗培育机构的受教育者。

身心障碍者。

孤儿和失依儿童,以及属于孤儿和失依儿童的受教育者。

十八周岁以下残疾儿童、自幼残疾者。

学习学前教育大纲并患有肿瘤疾病及结核病者。

依法获得三周岁以上儿童国家补助金的家庭的受教育者。

父母一方或双方为Ⅰ类或Ⅱ类残疾人士家庭的受教育者。

属于2007年6月14日颁布的白俄罗斯共和国法律《关于个别类别公民的国家社会福利、权利与保障》第三条第3项第3.2、3.4、3.7分项,第10项,第12项第12.2和第12.3分项(白俄罗斯共和国国家法律注册文件,注册于2007年,注册号为N147,2/1336)中列举的家庭类型的受教育者。

来自多子女家庭的受教育者使用教科书及教学参考书的费用为固定费用的50%。

3.学习职业技术大纲、中等专业教育大纲及高等教育大纲者,在接受教育过程中由教育机构免费提供教科书及教学参考书。

第四十条　饮食保障

1.国家教育机构应为受教育者饮食提供必要条件。

2.受教育者饮食由法人及专门提供公共饮食服务的个人教育机构、自己组成单位的其他组织提供,或由教育机构、依法有权开展教学活动的其他组织和个人教育机构依法提供。

3.饮食要符合卫生标准、规章及规范,并根据相应类别的受教育者,制定饮食标准及饮食费用标准。如有需要,可提供营养餐(清淡饮食)。饮食标准和饮食费用标准由白俄罗斯共和国政府或其授权机构批准。

[①]　关于受教育者的交通费用问题,请参见白俄罗斯共和国部长会议2011年2月16日第202号法令。

4.受教育者的饮食费用依靠自费、未成年受教育者的法定代理人出资、国家和地方预算资金及其他合法来源。

5.依靠国家和地方预算资金提供及保障受教育者饮食的条例、饮食收费的金额及程序,由白俄罗斯共和国政府批准。

第四十一条 健康保护

1.国家教育机构依法为受教育者提供健康保护。

2.对受教育者的健康保护包括:

2.1 提供医疗帮助。

2.2 确定最佳学习负荷、课时(课程)制度以及假期长度。

2.3 在参与生产实习(进修)期间,为其购买意外险、职业病险或健康险。

2.4 保持健康的生活方式,并向受教育者做好宣传工作。

2.5 改善卫生条件。

2.6 创造必要条件,进行体育锻炼及文化课的学习。

2.7 预防并制止在教育机构、依法有权开展教学活动的其他组织和个人教育机构内吸烟,饮用酒精、低度酒精饮料、啤酒,使用毒品、精神药物以及其他麻醉药物。

(根据白俄罗斯共和国2014年1月4日颁布的第126-3号法律文件修订)

3.对受教育者的医疗帮助,应按照相关法律规定进行。

4.普通中等教育机构、职业技术教育机构、中等专业教育机构以及高等教育机构的受教育者的医疗帮助,由教育机构所在地的国家卫生保健机构依法提供。

5.有权开展医疗活动的学前教育机构、寄宿中学、专门学校、苏沃洛夫陆军学校及其他军校、孤儿和失依儿童寄宿学校、疗养寄宿学校、奥林匹克后备人才学校、特殊教育机构、培育康复机构、特殊教学培育机构、特殊医疗培育机构、儿童福利院的受教育者,由上述教育机构的医疗工作者为其提供医疗帮助,白俄罗斯共和国总统另有规定除外。可由职业技术教育机构、中等专业教育机构和高等教育机构的在编医疗工作者提供医疗援助,前提是该机构有权开展医疗活动。

6.高等教育机构受教育者的保健活动,可在大学生卫生疗养院(所)中进行。

第四十二条 奖学金及其他津贴

1.奖学金——为全日制优秀受教育者每月提供津贴的国家社会支持手段[①],激励学习职业技术教育大纲、中等专业教育大纲、高等教育或研究生教育大纲、工人(职员)职业培训教育大纲、为受过高等教育的管理人员和专家制定的再培训教育大纲的受教育者。

2.奖学金分为下列类型:

2.1 学业奖学金。

---

① 关于受教育者的社会支持,请参见白俄罗斯共和国总统2011年9月6日签署的第398号法令。

2.2 研究生(博士生)奖学金。

2.3 社会奖学金。

2.4 白俄罗斯共和国总统奖学金。

2.5 特殊奖学金。

2.6 冠名奖学金①。

2.7 高等教育机构委员会个人奖学金。

2.8 管理人员的奖学金。

3.学业奖学金是为学习职业技术教育大纲、中等专业或高等教育大纲者设置的。第一学期(半学年)的奖学金数额为学业奖学金的最小额度,第二学期的奖学金数额取决于学业成果。学习中等专业大纲或高等教育大纲者,奖学金数额还取决于其所学的专业。学业奖学金的金额由白俄罗斯共和国总统决定。受教育者的学习成绩标准、学业奖学金的授予条件和发放程序,由白俄罗斯共和国政府决定。

4.研究生(博士生)奖学金是为研究生(博士生)设置的。金额由白俄罗斯共和国总统决定。授予条件和发放程序由白俄罗斯共和国政府决定。

5.社会奖学金是奖励给学习职业技术教育大纲、中等专业或高等教育大纲的、未获得学业奖学金且属于以下类型之一的受教育者:

孤儿和失依儿童、属于孤儿和失依儿童者,以及在接受相关教育过程中失去父/母的单亲家庭儿童。

白俄罗斯共和国宪法中的《关于个别类别公民的国家社会福利、权利与保障》第三条第3项第3.2分项列举的儿童。

白俄罗斯共和国宪法中的《关于个别类别公民的国家社会福利、权利与保障》第三条第10项及第12项第12.2、12.3分项列举的儿童。

十八周岁以下残疾儿童、Ⅰ类或Ⅱ类残疾人士,因沉迷酒精、麻醉品、毒品或自残等违法行为而致残的人员除外。

根据白俄罗斯共和国2009年1月6日颁布的法律文件《关于对遭受切尔诺贝利核电站或其他核辐射的公民进行社会保护》(白俄罗斯共和国国家法律注册文件,注册于2009年,注册号为N17,2/1561)第十八至二十三条而享受优待的人员。

怀孕女性。

十八周岁以下未成年人的抚养人。

患有结核病者。

生活困难者。

社会奖学金金额由白俄罗斯共和国总统决定,授予条件和发放程序由白俄罗斯共和国政府决定。

---

① 关于在高等、中等、特殊、职业技术教育大纲的教育机构间分配冠名奖学金的事项,请参见白俄罗斯共和国教育部2011年9月23日第262号法令。

6. 白俄罗斯共和国总统奖学金是颁发给在国家高等教育机构或白俄罗斯共和国消费合作社高等教育机构接受教育且学习成绩优秀的大学生，在科研和创造性活动中有杰出成就的大学生，以及有模范行为的大学生，也颁发给在国家教育机构或实施研究生教育大纲的组织中通过竞赛选拔出来的研究生。白俄罗斯共和国总统奖学金的金额、授予条件和发放程序，由白俄罗斯共和国总统决定。

7. 特殊奖学金是在整个受教育期间颁发给符合白俄罗斯共和国《退伍军人法》（1992年4月17日颁布，白俄罗斯共和国最高委员会1992年第15号法令，共249页，白俄罗斯共和国国家法律注册文件，注册于2001年，注册号为N67,2/787）中下列条款规定的人员：第十二条第24项、第十八条第1项第1.19分项、第二十三条第2项第2.9分项。特殊奖学金的数额由白俄罗斯共和国总统规定，授予条件和发放程序由白俄罗斯共和国政府决定。

8. 冠名奖学金是发放给学习职业技术、中专或高等教育大纲且成绩优异并在社会工作中取得高效指标的人员，以及学习高等教育大纲且在科技活动中取得高效指标的人员。冠名奖学金设立的目的在于纪念杰出教育家或科学、文化、工业、建筑、运输及农业领域的活动家。冠名奖学金金额由白俄罗斯共和国总统决定，授予条件和发放程序由白俄罗斯共和国政府决定。

9. 高等教育机构委员会的个人奖学金是发放给单科课程学习成绩优异及在科技创新中有突出成绩的人员。高等教育机构委员会个人奖学金的金额由白俄罗斯共和国总统决定，授予条件和发放程序由白俄罗斯共和国政府决定。

10. 管理人员的奖学金是指发放给在国家定向培养框架下被派送至白俄罗斯共和国总统管理学院以全日制形式进修的管理人员和储备型管理人员。管理人员奖学金金额由白俄罗斯共和国总统决定，授予条件和发放程序由白俄罗斯共和国政府决定。

11. 对于学习中等专业教育大纲、高等教育大纲、（可保障获得"研究员"资质的）研究生教育大纲、高等军事院校研究生教育大纲等内容并已获得奖学金的人员，可为之增设奖学金津贴，对其在学业、科研和社会工作中的成绩给予奖励。

12. 对于以全日制的方式学习职业技术教育大纲、中等专业教育大纲、高等教育大纲，或学习可获得"研究人员"职称的研究生（军事研究机构）教育大纲的人员，可向其提供物质帮助。不向自费接受教育的人员提供国家和地方预算资金。

13. 为奖励在学业、科研和社会工作中取得成绩而增设的奖学金津贴，如果其来源是国家和地方财政预算，则其授予条件和发放程序由白俄罗斯共和国政府决定，用于此目的的资金数额由白俄罗斯共和国总统决定。

14. 按照白俄罗斯共和国国际条约接受教育的人员，具体指的是学习职业技术教育大纲、中等专业教育大纲、高等教育大纲及研究生教育大纲的外国公民和无国籍人员。如果白俄罗斯共和国国际条约中有相关规定，则可根据招录人员接受教育的具体规定，对其发放学业奖学金、研究生（博士生）奖学金。

第四十三条　提供衣服、鞋类及其他生活必需品

1. 对于学习职业技术教育大纲、中等专业教育大纲、高等教育大纲的人员，在生产培训和实践过程中应按照相关法律规定，向其提供专用服装、专业用鞋以及用于清洗、消除危害的其他必要劳保用品。

2. 对于服务于白俄罗斯共和国武装部队、白俄罗斯共和国其他军队及军事组织、白俄罗斯共和国内务部、白俄罗斯共和国国家监察委员会、白俄罗斯共和国国家司法鉴定委员会、白俄罗斯共和国国家监察委员会金融调查机构、白俄罗斯共和国紧急情况部，以及专门学校、苏沃洛夫陆军学校的受教育者，根据专业（专业方向、具体专业）向其提供制服。（修订）

3. 对于孤儿和失依儿童，以及属于孤儿和失依儿童的受教育者，应根据相关法律条文和白俄罗斯共和国政府规定的程序，向其提供衣服、鞋类及其他生活必需品。

第四十四条　提供宿舍住宿

1. 普通中等教育机构、职业技术教育机构、中等专业教育机构、高等教育机构、特殊教育机构以及实施研究生教育大纲的组织的受教育者，在学习过程中依法享有在宿舍住宿的权利。

2. 宿舍分为付费型及免费型。

3. 国家教育机构可向以下受教育者免费提供宿舍：

3.1　孤儿和失依儿童，以及属于孤儿和失依儿童的受教育者。

3.2　十八周岁以下残疾儿童、Ⅰ类或Ⅱ类残疾人士，因沉迷酒精、麻醉品、毒品或自残等违法行为而致残的人员除外。

3.3　肿瘤疾病患者或结核病患者。

3.4　本人或家庭成员中符合白俄罗斯共和国法律《关于个别类别公民的国家社会福利、权利与保障》第三条第 10 项，第 3 项第 3.2、3.4、3.7 分项以及第 12 项第 12.2、12.3 分项列举情况的受教育者。

3.5　专业高校、苏沃洛夫陆军学校及其他军校、奥林匹克后备人才学校、特殊教育学校，以及明斯克国立高等航空专科学校教育机构的受教育者。

3.6　住在农村的普通中等教育机构的受教育者。

4. 假期及实习期间受教育者若不住在宿舍，则不向其收取费用。

5. 针对依靠国家和地方预算资金接受全日制教育的外地学生和大学生，以及享受国家保障接受全日制职业技术教育、中等专业教育或高等教育的孤儿和失依儿童，如未向以上人员提供住宿，则应给予其租房补偿，相关程序及数额由白俄罗斯共和国政府决定。

6. 白俄罗斯共和国武装部队、白俄罗斯共和国其他军队及军事组织、白俄罗斯共和国内务部、白俄罗斯共和国国家监察委员会、白俄罗斯共和国国家司法鉴定委员会、白俄罗斯共和国国家监察委员会金融调查机构、白俄罗斯共和国紧急情况部按特定专业

(专业方向、具体专业)培养的受教育者,以及苏沃洛夫陆军学校的受教育者,对以上人员提供住宿的程序及条件由法律规定。(修订)

第四十五条 免费提供住宿与饮食

1. 孤儿和失依儿童寄宿学校、疗养寄宿学校、特殊教育寄宿学校及智力障碍儿童寄宿学校的受教育者,在学习过程中由以上教育机构免费提供住宿。

2. 孤儿和失依儿童寄宿学校、疗养寄宿学校、奥林匹克后备人才学校、特殊教育寄宿学校、智力障碍儿童寄宿学校及国家矫正教学与康复中心的受教育者,在学习过程中由以上教育机构免费提供饮食。

受教育者饮食按照白俄罗斯共和国政府制定的程序组织,饮食制定规范要考虑教育机构的类型以及受教育者的群体范畴。

第四十六条 为高等教育第一阶段费用提供优惠贷款

在国家高等教育机构、白俄罗斯共和国公私合办高等教育机构及白俄罗斯共和国联邦工会高等教育机构付费接受全日制高等教育第一阶段的白俄罗斯共和国公民,有权获得用于支付高等教育第一阶段费用的优惠贷款,优惠条件由白俄罗斯共和国总统决定,贷款程序由白俄罗斯共和国政府决定。

第四十七条 交通保障

1. 受教育者的交通保障,包括依法为其提供乘坐公共交通的优惠或提供免费交通。

2. 在为住在农村的普通中等教育机构的受教育者提供免费交通时,可使用公交、郊区及当地火车、农用交通工具等。

3. 针对位于农村居民点的学前教育机构(在该教育机构未提供住宿的情况下)以及普通中等教育机构的受教育者,如果从其所在地到学习地间往返没有常规公共交通,则由地方行政和管理机构予以解决。

4. 针对在学前教育机构、普通中等教育机构及特殊教育机构学习的身心障碍者,应为其配备特殊交通工具,从所在地到学习地点的往返交通由地方行政和管理机构予以解决。

5. 受教育者的交通组织程序由白俄罗斯共和国政府决定。

第四十八条 对毕业生的援助

1. 对毕业生的援助是指向其提供首份工作以及关于工作分配的保障和补偿。

2. 按照白俄罗斯共和国劳动法中相关要求,以工作分配以及白俄罗斯共和国就业法中的岗位预留的方式为毕业生提供首份工作保障。

3. 通过分配的方式获得工作的毕业生,可获得以下保障与补偿:

3.1 根据其所学专业(专业方向、具体专业)及掌握的技能安排工作。

3.2 休息时间为31个工作日,师范专业的毕业生休息时长为45个工作日。根据毕业生的倡议,可以减少休息时间。

3.3 若工作单位变换,则根据白俄罗斯共和国劳动法享有相关补偿。

3.4 现金援助、资金数额、来源和支付程序由白俄罗斯共和国政府决定。

4. 为白俄罗斯共和国武装部队、白俄罗斯共和国其他军队及军事组织、白俄罗斯共和国内务部、白俄罗斯共和国国家监察委员会、白俄罗斯共和国国家司法鉴定委员会、白俄罗斯共和国国家监察委员会金融调查机构、白俄罗斯共和国紧急情况部按特定专业(专业方向、具体专业)培养的受教育者,首份工作的提供及前往服役地点相关的保障与补偿,由所服役部门的相关法律确定。(修订)

第四十九条 休假

1. 学习基础教育大纲、特殊教育大纲,以及(为受过高等教育或中等专业教育的管理人员和专家制定的)再培训教育大纲的人员,享有以下休假待遇:

1.1 休学。

1.2 照顾孩子至三周岁的休假。

1.3 兵役休假。

2. 出现疾病、应征入伍或有其他合理原因的受教育者,可批准休学。受教育者在学习相应教育大纲的过程中,休学时间不超过一年(不包括受教育者由于服兵役而休学的情况,以及在本条第3项规定的休学情况)。

如受教育者出现以下疾病,可批准休学:

由于慢性疾病恶化导致受教育者身体功能受损,学习能力下降。

受教育者患有长期性、频繁性的疾病或创伤。

正常妊娠24周以上及所有病理性妊娠。

受教育者因其他合理原因提出休学,须与教育机构负责人达成相关协议。

3. 休完产假之后,如有意愿休假照顾孩子至三周岁,应给予批准。

如在教育机构就读的孩子由父亲实际照料,则父亲享有照顾其至三周岁的休假,而非母亲。

照顾孩子至三周岁的休假,可一次性休完或分几次休完,但分休时每次时长不少于一学年。如照顾孩子至三周岁的休假在一学年内到期,则教育机构的负责人必须根据孩子母亲及实际照料孩子的父亲的申请,为其在该学年结束前办理休学。

4. 兵役休假,为应征入伍及服务于白俄罗斯共和国武装部队、白俄罗斯共和国其他军队及军事组织的受教育者享受。兵役休假时长,为兵役时长。在完成休假或部分休假之后,以及自退伍之日起一年内作为后备军或退役时,受教育者有权在之前的教育机构以同等条件继续就读。

5. 受教育者休假要依据其书面申请,并由教育机构的负责人签署。

6. 为白俄罗斯共和国武装部队、白俄罗斯共和国其他军队及军事组织、白俄罗斯共和国内务部、白俄罗斯共和国国家监察委员会、白俄罗斯共和国国家司法鉴定委员会、白俄罗斯共和国国家监察委员会金融调查机构、白俄罗斯共和国紧急情况部按特定专业(专业方向、具体专业)培养的受教育者,根据服务部门的相关法律规定,享有由于疾病及其他合理原因的休学待遇,以及照顾孩子至三周岁的休假。(修订)

第六章 教育工作者、教育机构的其他工作人员

第五十条 教育工作者

1. 教育工作者是指开展教学活动的人员。

2. 实施高等教育大纲和成人补充教育大纲的教育工作者,以及高等教育机构、研究生教育学院、技能提升和进修学院、教育发展学院的领导管理人员,都属于教授教师群体。

教授教师群体的教学活动,包括教学工作、培育工作以及教学法研究工作。

3. 教育工作者的职务任命(免职)程序,依据本法及其他法律条例实施。

第五十一条 对教育工作者的要求

1. 对教育工作者的基本要求是教育工作者的技术等级,该技术等级是按照相关法律规定进行批准的。

2. 以下人员不得从事教学活动:

2.1 已被剥夺从事教学活动权利的。

2.2 有犯罪记录的。

2.3 在法律上被认为是无行为能力或行为能力受限的。

2.4 法律规定无权从事教学活动的。

3. 在开展教学活动时,如出现妨碍教学活动开展以及本条第2项规定的情况,应依法终止相关教学活动。

第五十二条 教育工作者的权利

1. 教育工作者依法享有以下权利:

1.1 职业荣誉及尊严受保护。

1.2 教学活动的条件应有保障。

1.3 创造主动性,可以自由选择教学形式、教学和培育方法、教育出版物和教具。

1.4 可以获取教育大纲、教学方法文件和信息分析材料。

1.5 参与更新、研究和确立教育科学教学方法保障的结构要素。

1.6 参与教育机构的学术、科技、实验、创新及国际活动。

1.7 参与教育机构的管理。

1.8 提升技术等级。

1.9 教学活动成绩优异,享有获得精神和物质奖励的权利。

1.10 加入工会及其他不违反法律的社会团体。

1.11 按照白俄罗斯共和国政府规定的程序,每月获得购买教学及方法文献的补贴费用。

2.教育工作者的其他权利由相关法律和教育机构、实施研究生教育大纲的组织、依法有权开展教学活动的其他组织和个人教育机构的创立文件和其他地方性法规,以及劳动合同或民事合同进行规定。

第五十三条　教育工作者的义务

1.教育工作者的义务有:

1.1　完成本职工作,确保实施教育和培养大纲。

1.2　遵守法律、道德和伦理规范。

1.3　尊重受教育者和其他教育过程参与者的荣誉与尊严。

1.4　提高自己的职业技能并通过认证。

1.5　保持健康的生活方式,并向受教育者做好宣传工作。

1.6　遵守身心障碍者接受教育所必需的特殊规定。

1.7　在就业时要经过初步的医疗检查,并根据白俄罗斯共和国卫生部的要求定期做体检。

2.教育工作者的其他义务由相关法律和教育机构、实施研究生教育大纲的组织、依法有权开展教学活动的其他组织和个人教育机构的创立文件和其他地方性法规,以及劳动合同或民事合同进行规定。

3.禁止教育工作者将教育和培育过程用于政治目的或煽动受教育者采取违反白俄罗斯共和国宪法和法律的行为。

第五十四条　教育机构的其他工作人员

1.从事行政管理、工程技术、生产及其他辅助功能的人员,属于教育机构的其他工作人员。

2.教育机构其他工作人员的权利与义务由法律法规、教育机构的其他地方性法规及其劳动合同确定。

第三编　教育关系

第七章　教育关系的产生、改变和终止

第五十五条　在教育机构和实施研究生教育大纲的组织中的教育关系的产生

1.教育关系在教育机构(实施研究生教育大纲的组织)产生的依据为合同;当不需要签订合同时,教育机构负责人的接收(录取)决定为教育关系产生的依据。

2.教育关系在教育机构产生的程序包括:

2.1　提交文件以及本法和其他法规中规定所要提交的清单和手续。

2.2　白俄罗斯共和国总统指定的部分高等教育专业需要进行职业心理面试或测试。

2.3 白俄罗斯共和国总统指定的部分高等、中等教育专业需要进行职业选拔。

2.4 在本法和其他法规规定的情况下，进行入职测评。

2.5 由教育机构负责人或录取委员会审查提交的文件和入职测评的结果。

2.6 在本法和其他法规规定的情况下，采纳教育机构录取委员会接收（录取）的决定。

2.7 在本法规定的情况下签订合同。

2.8 颁布关于教育机构与实施研究生教育大纲的组织开展录取工作的命令，包括根据合同何时产生教育关系。

3.在为白俄罗斯共和国武装部队、白俄罗斯共和国其他军队及军事组织、白俄罗斯共和国内务部、白俄罗斯共和国国家监察委员会、白俄罗斯共和国国家司法鉴定委员会、白俄罗斯共和国国家监察委员会金融调查机构、白俄罗斯共和国紧急情况部等按照特定专业（专业方向、具体专业）进行定向培养的教育机构，教育关系产生的程序和条件是根据所服务部门的相关法律进行规定的。

（根据白俄罗斯共和国 2011 年 12 月 13 日第 325-3 号、2014 年 1 月 4 日第 126-3 号法律文件修订）

第五十六条　依法开展教学活动的其他组织和个人教育机构教育关系的产生

1.在依法开展教学活动的其他组织和个人教育机构，教育关系产生的依据为合同；当不需要签订合同时，依法开展教学活动的其他组织和个人教育机构负责人的接收（录取）决定为教育关系产生的依据。

2.在依法开展教学活动的其他组织和个人教育机构教育关系产生的程序包括：

2.1 提交文件以及本法和其他法规规定所要提交的清单和手续。

2.2 在本法和其他法规规定的条件下进行入职测评。

2.3 由依法开展教学活动的其他组织和个人教育机构的负责人或录取委员会负责审查提交的文件以及入职测评的结果。

2.4 在本法规定的条件下签订合同。

2.5 颁布依法有权开展教学活动的其他组织和个人教育机构开展录取工作的命令，包括根据合同何时产生教育关系。

第五十七条　对教育机构和实施研究生教育大纲的组织中接受教育的录取程序的一般要求

1.白俄罗斯共和国公民均有权在任一教育机构或实施研究生教育大纲的组织中接受教育。上述机构和组织须按照规定的程序，审查受教育者的资格。

2.关于教育机构和实施研究生教育大纲的组织中的人员录取工作，如果教学活动专业许可证上有相关规定，则须在教学活动专业许可证所规定的最大招生范围内进行；如果教学活动专业许可证对此没有相关规定，则应按照卫生标准和规章来控制录取人数。

3.依靠国家和地方预算资金接受普通教育、专业教育、儿童和青少年补充教育和成人补充教育的受教育者的录取人数,由教育组织的创办人决定。

4.职业技术教育、中等专业教育、高等教育的入学录取人数应由教育机构创办人确定。高等教育第二阶段的录取人数,应综合考虑确保研究生教育第一阶段入学竞争的必要性。职业技术教育、中等专业教育、高等教育的录取人数,须征求白俄罗斯共和国教育部的同意。

5.接受研究生教育的录取人数由白俄罗斯共和国国家科学技术委员会按照关于计划、资助和监督培养高级科研人才的法律确定。

6.若法律未另行规定,被录取人在第一阶段(水平)基础教育大纲内接受的所有教育形式与教育机构和实施研究生教育大纲的组织的所有权和隶属权无关,都执行统一的形式。

7.为了选拔学习教育大纲和完成个别类型运动学习大纲最有准备的人员,应依据本法和其他法规规定举行竞赛和能力测试,从而选拔能够在个别类型的运动中取得良好成绩的人员。

(根据白俄罗斯共和国2011年12月13日颁布的第325-3号法律文件修订)

8.研究生教育的人员录取工作,须按照白俄罗斯共和国总统所确定的录取规定进行。

9.高等教育第一阶段、中等专业教育的人员录取工作,须按照白俄罗斯共和国总统所确定的录取规定进行。

隶属于白俄罗斯共和国国家安全委员会的高等教育机构第一阶段人员的录取工作,须按照本法和白俄罗斯共和国国家安全委员会确定的录取规定进行。

按照国家指令进入隶属于白俄罗斯共和国总统管理学院接受高等教育第一阶段的管理人员、储备管理人员的录取工作,须按照本法和管理人员录取规定进行;因培育、进修和技术等级提升进入隶属于白俄罗斯共和国总统管理学院的人员的录取工作,须经国家行政机关同意之后,按照管理学院确定的录取规定进行。

10.接受高等教育第二阶段、职业技术教育的人员录取工作,须按照本法和白俄罗斯共和国政府确定的录取规定进行。

11.学前教育、普通中等教育、职业教育的人员录取工作,须按照本法实行,按照相关类型或形式的教育机构条例中确定的程序进行。

12.儿童和青少年、成年人补充教育的人员录取工作,须按照本法实行,按照相关类型或形式的教育机构条例中确定的程序进行。

根据国家定向培养,进入隶属于白俄罗斯共和国总统管理学院接受成人补充教育的人员录取工作,须按照管理人员录取规定进行。

13.培育和康复教育机构的人员录取工作,须按照本法实行,按照相关类型或形式的培育和康复机构条例中确定的程序进行。

14.进入社会教学、专门教学培养和专门医疗培养的教育机构的人员录取工作,须按照预防未成年无人监护和犯罪的相关法律所规定的程序实行。

15. 在录取人员进入白俄罗斯共和国武装部队、白俄罗斯共和国其他军队及军事组织、白俄罗斯共和国内务部、白俄罗斯共和国国家监察委员会、白俄罗斯共和国国家司法鉴定委员会、白俄罗斯共和国国家监察委员会金融调查机构、白俄罗斯共和国紧急情况部等按特定专业(专业方向、具体专业)接受教育时,人员录取特点由所服务部门的相关规定确定。

(根据白俄罗斯共和国2011年12月13日第325-3号、2014年1月4日第126-3号法律文件修订)

第五十八条　对依法有权开展教学活动的其他组织和个人教育机构的人员录取程序的要求

1. 在白俄罗斯共和国,任何公民均有权利在任何依法有权开展教学活动的组织和个人教育机构内接受教育,相关组织和个人教育机构有义务按照规定的程序考虑所有的录取候选人。

2. 依法有权开展教学活动的其他组织和个人教育机构的人员录取工作,如果教学活动专业许可证上有相关规定,则按其最大招生人数范围进行;如果教学活动专业许可证对此没有相关规定,则应按照卫生标准和规章来控制录取人数。

3. 依靠国家和地方预算资金在(依法有权开展教学活动的)其他教育组织中接受教育的录取人数,由该组织创办人确定;由该组织出资资助的接受教育的录取人数,由该组织创办人确定或按照组织规定的程序进行确定;依法有权开展教学活动的个人教育机构的录取人数,由该机构自行确定。

4. 为了选拔出对接受教育最有准备的人员,应该按照本法和其他法规举行竞赛和能力测试。

5. 接受依法有权开展教学活动的其他组织和个人教育机构接受学前教育、特殊教育、儿童和青少年补充教育以及成人补充教育的人员录取工作,应按照本法进行。

第五十九条　教育合同

1. 为了接受研究生教育、高等教育、中等专业教育、职业技术教育(包括在定向培养的条件下接受教育)、成人补充教育,在学习管理人员和专家技术等级提升教育大纲、工人(职员)技术等级提升教育大纲、(为受过高等教育/中等专业教育的管理人员和专家制定的)再培训教育大纲、工人(职员)再培训教育大纲、工人(职员)职业培训教育大纲、管理人员和专家进修教育大纲时,以及为提供教育领域付费服务时,需要签订合同。

2. 教育关系的产生,基于:

2.1　依靠国家预算资金的高级科研人才培训合同。

2.2　自费形式的高级科研人才培训合同。

2.3　依靠国家和地方预算资金的专家(工人、职员)培训合同。

2.4　专家(工人、职员)的定向培养合同。

2.5　自费形式的专家(工人、职员)培训合同。

2.6 依靠国家和地方预算资金的管理人员(专家)再培训合同。
2.7 自费形式的管理人员(专家)再培训合同。
2.8 依靠国家和地方预算资金的工人(职员)再培训合同。
2.9 自费形式的工人(职员)再培训合同。
2.10 依靠国家和地方预算资金的管理人员(专家)技术等级提升合同。
2.11 自费形式的管理人员(专家)技术等级提升合同。
2.12 依靠国家和地方预算资金的工人(职员)技术等级提升合同。
2.13 自费形式的工人(职员)技术等级提升合同。
2.14 依靠国家和地方预算资金的工人(职员)职业培训的合同。
2.15 自费形式的工人(职员)职业培训合同。
2.16 依靠国家和地方预算资金的管理人员(专家)进修合同。
2.17 自费形式的管理人员(专家)进修合同。
2.18 教育领域的付费服务相关合同。
3.合同的通用样式由白俄罗斯共和国政府确定。
4.与未成年人的法定代理人以书面的形式签订合同。

第六十条 依靠国家预算资金的高级科研人才培训合同

1.依靠国家预算资金对高级科研人才进行培训,应根据依靠国家预算资金的高级科研人才培训合同进行。

2.依靠国家预算资金的高级科研人才培训合同,应该在国家教育机构与公民或与有培养高级科研人才需求的组织签订。

3.依靠国家预算资金的高级科研人才培训合同的基本条款包括:

3.1 合同对象。
3.2 培训专业。
3.3 接受教育的期限。
3.4 学习费用及费用变更程序。
3.5 就业和义务工作的期限。
3.6 偿还国家培养高级科研人才所花费的资金。
3.7 双方的责任。

第六十一条 自费形式的高级科研人才培训合同

1.由法人、个人教育机构、自然人或公民自有资金出资对高级科研人才进行培训,应根据高级科研人才自费培训合同实行。

2.自费形式的高级科研人员培训合同,由教育机构与公民以及支付培训费用的法人实体(个人教育机构、自然人)签订。

3.自费形式的高级科研人才培训合同的基本条款包括:

3.1 合同对象。

3.2　培训专业。

3.3　接受培训的期限。

3.4　学习费用及费用变更程序。

3.5　学费支付程序。

3.6　双方的责任。

第六十二条　依靠国家和地方预算资金的专家(工人、职员)培训合同

1.依靠国家和地方预算资金对专家(工人、职员)进行培训,应按照依靠国家和地方预算资金的专家(工人、职员)培训合同实行。

2.依靠国家和地方预算资金的专家(工人、职员)培训合同,应由国家教育机构和公民个人签订。

3.依靠国家和地方预算资金的专家(工人、职员)培训合同的基本条款包括:

3.1　合同对象。

3.2　培训专业(专业方向、具体专业)。

3.3　技术等级(工人的职业、职员的岗位)。

3.4　接受教育的期限。

3.5　学习费用及费用变更程序。

3.6　按照培训专业(专业方向、具体专业)和所掌握的技能为公民安排就业。

3.7　必修工作的期限。

3.8　偿还国家用于培养专家(工人、职员)所花费的资金。

3.9　双方的责任。

第六十三条　专家(工人、职员)的定向培养合同

1.对专家(工人、职员)的定向培养,应依据专家(工人、职员)的定向培养合同实行。

2.专家(工人、职员)的定向培养合同,应由国家教育机构与公民及有培训(工人、职员)需求的组织签订(如有)。

3.定向培养专家(工人、职员)合同的基本条款包括:

3.1　合同对象。

3.2　培训专业(专业方向、具体专业)。

3.3　技术等级(工人的职业、职员的岗位)。

3.4　接受教育的期限。

3.5　学习费用及费用变更程序。

3.6　人员培训委托机构应提供生产实习、实践和进行实践课程的条件。

3.7　按照培训专业(专业方向、具体专业)和所掌握的技能为公民安排就业。

3.8　必修工作的期限。

3.9　偿还国家用于培养专家(工人、职员)所花费的资金。

3.10　双方的责任。

第六十四条 自费形式的专家(工人、职员)培训合同①

1.由法律主体、个人教育机构、自然人和公民自有资金出资对专家(工人、职员)的培训,应依据自费形式的专家(工人、职员)培训合同实行。

2.自费形式的专家(工人、职员)培训合同,应由国家教育机构与公民及支付教育费用的法律主体(个人教育机构、自然人)签订(如有)。

3.自费形式的专家(工人、职员)培训合同的基本条款包括:

3.1 合同对象。

3.2 将要进行培训的专业(专业方向、具体专业)。

3.3 技术等级(工人的职业、职员的岗位)。

3.4 接受教育的期限。

3.5 学习费用及费用变更程序。

3.6 学费支付程序。

3.7 双方的责任。

第六十五条 依靠国家和地方预算资金的管理人员(专家)再培训合同

1.依靠国家和地方预算资金对管理人员(专家)的再培训,应依据依靠国家和地方预算资金的管理人员(专家)再培训合同实行。

2.依靠国家和地方预算资金的管理人员(专家)再培训合同,应由国家教育机构与公民及有再培训管理人员(专家)需求的组织签订(如有)。

3.依靠国家和地方预算资金的管理人员(专家)再培训合同的基本条款包括:

3.1 合同对象。

3.2 将要进行再培训的专业。

3.3 技术等级。

3.4 接受教育的期限。

3.5 双方的责任。

第六十六条 自费形式的管理人员(专家)再培训合同

1.由法律主体、个人教育机构、自然人和公民自有资金出资以自费形式对管理人员(专家)进行的再培训,应依据自费形式的管理人员(专家)再培训合同实行。

2.自费形式的管理人员(专家)再培训合同,应由国家教育机构与公民及支付教育费用的法律主体(个人教育机构、自然人)签订(如有)。

3.自费形式的管理人员(专家)再培训合同的基本条款包括:

3.1 合同对象。

3.2 将要进行再培训的专业。

---

① 白俄罗斯共和国教育部在2011年7月29日颁布的第210号法令批准了关于在实施自费形式的高等和中等专业教育大纲的国家教育机构内学费确定程序。

3.3 技术等级。

3.4 接受教育的期限。

3.5 学习费用及费用变更程序。

3.6 学费支付程序。

3.7 双方的责任。

第六十七条　依靠国家和地方预算资金的工人（职员）再培训合同

1. 依靠国家和地方预算资金对工人（职员）的再培训，应依据依靠国家和地方预算资金的工人（职员）再培训合同实行。

2. 依靠国家和地方预算资金的工人（职员）再培训合同，应由国家教育机构与公民及有工人（职员）再培训需求的组织签订（如有）。

3. 依靠国家和地方预算资金的工人（职员）再培训合同的基本条款包括：

3.1 合同对象。

3.2 将要进行再培训的专业。

3.3 技术等级（职业资格技术等级）。

3.4 接受教育的期限。

3.5 双方的责任。

第六十八条　自费形式的工人（职员）再培训合同

1. 由法律主体、个人教育机构、自然人和公民自有资金出资以自费形式对工人（职员）的再培训，应依据自费形式的工人（职员）再培训合同实行。

2. 自费形式的工人（职员）再培训合同，应由国家教育机构与公民及支付教育费用的法律主体（个人教育机构、自然人）签订（如有）。

3. 自费形式的工人（职员）再培训合同的基本条款包括：

3.1 合同对象。

3.2 将要进行再培训的专业。

3.3 技术等级（职业资格技术等级）。

3.4 接受教育的期限。

3.5 学习费用及费用变更程序。

3.6 学费支付程序。

3.7 双方的责任。

第六十九条　依靠国家和地方预算资金的管理人员（专家）技术等级提升合同

1. 依靠国家和地方预算资金对管理人员（专家）技术等级的提升，应依据依靠国家和地方预算资金的管理人员（专家）技术等级提升合同实行。

2. 依靠国家和地方预算资金的管理人员（专家）技术等级提升合同，应由国家教育机构与公民及有提升管理人员（专家）技术等级需求的组织签订（如有）。

3. 依靠国家和地方预算资金的管理人员（专家）技术等级提升合同的基本条款包括：

3.1　合同对象。

3.2　进修项目。

3.3　接受教育的期限。

3.4　双方的责任。

第七十条　自费形式的管理人员(专家)技术等级提升合同

1.由法律主体、个人教育机构、自然人和公民自有资金出资以自费形式进行的对管理人员(专家)技术等级的提升,应依据自费形式的管理人员(专家)技术等级提升合同实行。

2.自费形式的管理人员(专家)技术等级提升合同,应由国家教育机构与公民及支付教育费用的法律主体(个人教育机构、自然人)签订(如有)。

3.自费形式的管理人员(专家)技术等级提升合同的基本条款包括:

3.1　合同对象。

3.2　进修项目。

3.3　接受教育的期限。

3.4　学习费用及费用变更程序。

3.5　学费支付程序。

3.6　双方的责任。

第七十一条　依靠国家和地方预算资金的工人(职员)技术等级提升合同

1.依靠国家和地方预算资金对工人(职员)技术等级的提升,应依据依靠国家和地方预算资金的工人(职员)技术等级提升合同实行。

2.依靠国家和地方预算资金的工人(职员)技术等级提升合同,应由国家教育机构与公民及有工人(职员)技术等级提升需求的组织签订(如有)。

3.依靠国家和地方预算资金的工人(职员)技术等级提升合同的基本条款包括:

3.1　合同对象。

3.2　将要进行再培训的专业。

3.3　技术等级(职业资格技术等级)。

3.4　接受教育的期限。

3.5　双方的责任。

第七十二条　自费形式的工人(职员)技术等级提升合同

1.由法律主体、个人教育机构、自然人和公民自有资金出资以自费形式对工人(职员)技术等级的提升,应依据自费形式的工人(职员)技术等级提升合同实行。

2.自费形式的工人(职员)技术等级提升合同,应由国家教育机构与公民及支付教育费用的法律主体(个人教育机构、自然人)签订(如有)。

3.自费形式的工人(职员)技术等级提升合同的基本条款包括:

3.1　合同对象。

3.2 将要进行再培训的专业。

3.3 技术等级(职业资格技术等级)。

3.4 接受教育的期限。

3.5 学习费用及费用变更程序。

3.6 学费支付程序。

3.7 双方的责任。

第七十三条 依靠国家和地方预算资金的工人(职员)职业培训合同

1. 依靠国家和地方预算资金对工人(职员)进行的职业培训,应依据依靠国家和地方预算资金的工人(职员)职业培训合同实行。

2. 依靠国家和地方预算资金的工人(职员)职业培训合同,应由国家教育机构与公民及有对工人(职员)进行职业培训需求的组织签订(如有)。

3. 依靠国家和地方预算资金的工人(职员)职业培训合同的基本条款包括:

3.1 合同对象。

3.2 将要进行再培训的专业。

3.3 技术等级(职业资格技术等级)。

3.4 接受教育的期限。

3.5 双方的责任。

第七十四条 自费形式的工人(职员)职业培训合同

1. 由法律主体、个人教育机构、自然人和公民自有资金出资以自费形式对工人(职员)进行的职业培训,应依据自费形式的工人(职员)职业培训合同实行。

2. 自费形式的工人(职员)职业培训合同,应由国家教育机构与公民及支付教育费用的法律主体(个人教育机构、自然人)签订(如有)。

3. 自费形式的工人(职员)职业培训合同的基本条款包括:

3.1 合同对象。

3.2 将要进行再培训的专业。

3.3 技术等级(职业资格技术等级)。

3.4 接受教育的期限。

3.5 学习费用及费用变更程序。

3.6 学费支付程序。

3.7 双方的责任。

第七十五条 依靠国家和地方预算资金的管理人员(专家)进修合同

1. 应依据依靠国家和地方预算资金的管理人员(专家)进修合同派遣管理人员(专家)进修。

2. 依靠国家和地方预算资金的管理人员(专家)进修合同应由国家教育机构与公民及有派遣管理人员(专家)进修需求的组织签订(如有)。

3.依靠国家和地方预算资金的管理人员（专家）进修合同的基本条款包括：

3.1　合同对象。

3.2　接受教育的期限。

3.3　双方的责任。

第七十六条　自费形式的管理人员（专家）进修合同

1.由法律主体、个人教育机构、自然人和公民自有资金出资以自费形式派遣管理人员（专家）进行进修，应依据自费形式的管理人员（专家）进修合同实行。

2.自费形式的管理人员（专家）进修合同，应由国家教育机构与公民及支付教育费用的法律主体（个人教育机构、自然人）签订（如有）。

3.自费形式的管理人员（专家）进修合同的基本条款包括：

3.1　合同对象。

3.2　接受教育的期限。

3.3　学习费用及费用变更程序。

3.4　学费支付程序。

3.5　双方的责任。

第七十七条　教育领域的付费服务合同

1.教育机构、依法有权开展教学活动的其他组织和个人教育机构所提供的教育领域付费的相关服务[不包括自费形式的高级科研人才（专家、工人、职员）培养、自费形式的管理人员（专家、工人、职员）再培训、自费形式的管理人员（专家、工人、职员）技术等级提升培训、自费形式的工人（职员）职业培训、自费形式的管理人员（专家）进修]，通过教育领域的付费服务合同实行。

2.付费教育合同的基本条款包括：

2.1　合同对象。

2.2　接受教育的期限。

2.3　学习费用及费用变更程序。

2.4　学费支付程序。

2.5　双方的责任。

第七十八条　教育关系的变更

1.教育机构负责人的相关决定是教育关系改变的依据基础。

若教育关系的产生需要签订合同，则教育机构负责人在做出相应决定之前，应对合同进行适当的修改、补充。

2.教育关系可能因以下因素变更：

2.1　接受教育方式的变更。

2.2　转到另一个专业（专业方向、具体专业）。

2.3　给予休假。

2.4 由自费形式的学习转变为依靠国家和地方预算资金形式的学习。

2.5 教育机构、实施研究生教育大纲的组织和依法有权开展教学活动的其他组织的重组。

2.6 法律变更。

3. 如受教育者本人、未成年受教育者的法定代理人、教育机构、实施研究生教育大纲的组织、依法有权开展教学活动的其他组织和个人教育机构提议,教育关系可能发生变更。

第七十九条 教育关系的终止

1. 教育机构实施研究生教育大纲的组织、依法有权开展教学活动的其他组织和个人教育机构负责人做出开除的决定是教育关系(解除)终止的依据基础。

如果教育关系的生效需要签订合同,那么在受教育者(未成年受教育者的法定代理人)提出提前结束教育关系时,教育机构负责人应在做出开除决定之前终止合同。

2. 教育关系终止的原因:

2.1 由于接受教育结束而终止。

2.2 提前终止。

3. 下列情况下,教育关系的提前终止:

3.1 由受教育者、未成年受教育者的法定代理人主动提出。

3.2 由教育机构、实施研究生教育大纲的组织、依法有权开展教学活动的其他组织和个人教育机构主动提出。

3.3 不取决于受教育者、教育机构、实施研究生教育大纲的组织、依法有权开展教学活动的其他组织和个人教育机构的意志的情况下。

4. 由受教育者、未成年受教育者的法定代理人主动提议,在以下情况下教育关系可提前终止:

4.1 受教育者转入另一所教育机构(实施研究生教育大纲的组织)。

4.2 根据个人意愿。

5. 下列情况下,根据教育机构、实施研究生教育大纲的组织、依法有权开展教学活动的其他组织和个人教育机构主动提出,教育关系可提前终止:

5.1 三科及以上学科(课程、实践)不合格者,下列人员除外:学习初级教育大纲、基础教育大纲、智力障碍者学习特殊中等教育大纲的人员;在接受普通基础教育期间未通过最终考核就学习特殊中等教育大纲的人员。

5.2 未完成个别运动种类的教学计划、违反运动规则、健康状况恶化以及妨碍继续从事所选运动类型(针对学习普通中等教育大纲的奥林匹克预备中学受教育者以及苏沃洛夫陆军学校体育班的专业受教育者)。

(第七十九条5.2分项根据白俄罗斯共和国2014年1月4日第126-3号法律文件修订)

5.3 未完成本科(研究生、研究人员、博士研究生、学位申请人)阶段的个人学习计划。

5.4 未在规定的期限内完成需补考的课程。

5.5 在没有充分理由情况下未通过最终考核。

5.6 一学年内没有充分理由缺勤超过30天,对于学习成人补充教育大纲者来说,则为超过3天［为受过高等教育(中等专业教育)的管理人员和专家制定的再培训教育大纲除外］。

5.7 在法律条令规定或双方协议规定的期限内未缴纳学费。

5.8 受教育者在受到教育处分后,仍经常性地(在一学年内重复)不履行或不适当履行自己的职责。

5.9 在进入预备军或退伍解除兵役之日起缺勤(课程)一年。

6. 与受教育者、教育机构、实施研究生教育大纲的组织、依法有权开展教学活动的其他组织和个人教育机构的意志无关的情况下,教育关系提前终止的情况包括:

6.1 停办教育机构、实施研究生教育大纲的组织、依法有权开展教学活动的其他组织和个人教育机构的教学活动。

6.2 开展教学活动的特殊准许(许可证)被撤销或终止,其中也包括其独立部门或分支机构的许可证被撤销或终止,如果其涉及所开展的教学活动相关的一种或多种工作和服务。

6.3 在未经受教育者允许继续保持教育关系的情况下,取缔单独的机构,重组教育机构、实施研究生教育大纲的组织和依法有权开展教学活动的其他组织。

6.4 受教育者受到法院判决且判决生效,不包括判决其继续接受教育。

6.5 受教育者死亡。

7. 在教育关系提前终止的情况下,按照白俄罗斯共和国政府规定的程序,发放教育证明。

8. 在教育机构和学习普通中等教育大纲、智力障碍者特殊中等教育大纲的未成年受教育者的提议下,教育关系的提前终止只有根据相应的地方未成年行政管理机构的规定才能生效。只学习普通中等教育大纲的其中一种而未学习基础教育大纲的未成年受教育者,教育机构如提议提前终止教育关系,只有经相关地方未成年行政管理机构同意才能生效。

9. 依据本条第5项第5.2分项的规定,在教育关系终止的情况下,中学、奥林匹克预备学校(苏沃洛夫陆军学校)的负责人有义务采取保障措施,将受教育者转入另外一所实施普通中等教育大纲的教育机构。

(根据白俄罗斯共和国2014年1月4日第126-3号法律文件修订)

10. 受教育者从一个教育机构或实施研究生教育大纲的组织转到另外一个教育机构或实施研究生教育大纲的组织的程序和依据,以及教育机构或实施研究生教育大纲的组织开除受教育者的程序和依据,由白俄罗斯共和国政府确定。

若受教育者有意转入其他教育机构或实施研究生教育大纲的组织,且已经得到该机构或组织的同意,则教育机构、实施研究生教育大纲的组织无权阻止其转学。

11. 开除在白俄罗斯共和国武装部队、白俄罗斯共和国其他军队及军事组织、白俄罗斯共和国内务部、白俄罗斯共和国国家监察委员会、白俄罗斯共和国国家司法鉴定委员会、白俄罗斯共和国国家监察委员会金融调查机构、白俄罗斯共和国紧急情况部等接受专业(专业方向、具体专业)教育的人员,应该按照所在部门相关法律规定和程序进行。

(根据白俄罗斯共和国 2011 年 12 月 13 日第 325-3 号、2014 年 1 月 4 日第 126-3 号法律文件修订)

第八十条 恢复继续接受教育

1. 被教育机构、实施研究生教育大纲的组织开除且尚未完成教育大纲的人员,有权在教育机构、实施研究生教育大纲的组织中恢复其接受教育的权利,但以下人员除外:

1.1 学习职业技术教育大纲、中等职业教育大纲、高等教育大纲时,没有通过上半年(学期)测试的人员;在白俄罗斯共和国武装部队、白俄罗斯共和国其他军队及军事组织、白俄罗斯共和国内务部、白俄罗斯共和国国家监察委员会、白俄罗斯共和国国家司法鉴定委员会、白俄罗斯共和国国家监察委员会金融调查机构、白俄罗斯共和国紧急情况部等接受专门(专业和专门化方向)教育的人员;由于所在部门法律规定阻碍其继续学习而被开除的人员。

(根据白俄罗斯共和国 2011 年 12 月 13 日第 325-3 号、2014 年 1 月 4 日第 126-3 号法律文件修订)

1.2 在白俄罗斯共和国武装部队、白俄罗斯共和国其他军队及军事组织、白俄罗斯共和国内务部、白俄罗斯共和国国家监察委员会、白俄罗斯共和国国家司法鉴定委员会、白俄罗斯共和国国家监察委员会金融调查机构、白俄罗斯共和国紧急情况部等按特定专业(专业方向、具体专业)学习中等专业教育大纲、高等教育大纲的人员,若由于其受到法院判决,被剥夺军官或准尉的军衔(特殊军衔),而被从军役(兵役)开除,因此未能完成所学专业(专业方向、具体专业)的教育大纲。

(根据白俄罗斯共和国 2011 年 12 月 13 日第 325-3 号、2014 年 1 月 4 日第 126-3 号法律文件修订)

1.3 由于其《关于本科(研究生、研究人员、博士研究生、学位申请人)阶段个人学习计划完成情况的学年总结报告》未被批准的原因,而未完成研究生教育大纲学习的人员。

2. 在教育机构和在白俄罗斯共和国武装部队、白俄罗斯共和国其他军队及军事组织、白俄罗斯共和国内务部、白俄罗斯共和国国家监察委员会、白俄罗斯共和国国家司法鉴定委员会、白俄罗斯共和国国家监察委员会金融调查机构、白俄罗斯共和国紧急情况部等接受特定专业(具体专业和专门化方向)教育的人员,若其被开除,有权自被开除之日起三年内,恢复相关专业继续接受教育,但不能早于自被开除之日起10个月内。

(根据白俄罗斯共和国2011年12月13日第325-3号、2014年1月4日第126-3号法律文件修订)

3.被教育机构、实施研究生教育大纲的组织开除且未完成研究生教育大纲某项内容学习的人员,有权自被开除之日起三年内继续接受研究生教育。

4.恢复在教育机构(实施研究生教育大纲的组织)继续接受教育的教育关系时,如果其所接受的教育根据本法规定需要签订合同;则教育关系产生的基础是合同;如果不需要签订合同,则教育关系产生的基础是教育机构负责人关于教育关系恢复的决定。在教育机构恢复教育关系的决定是必备的,包括在合同基础上产生的教育关系。

5.恢复在教育机构、实施研究生教育大纲的组织教育关系的程序和条件,由白俄罗斯共和国政府确定。恢复研究生教育的程序和条件,应充分考虑高级科研人才培养计划程序。

第八章 与教育关系相关的社会关系

第八十一条 与教育关系相关的社会关系

与教育关系相关的社会关系包括教育领域的管理和监督,金融、物质技术、科学方法和信息教育保障,经济领域和社会领域对专家、工人和职员的保障、分配,毕业生工作派遣,确定义务工作期限,为受教育者建立和提供社会保护措施,对受教育者采取纪律措施等方面的关系,以及与实现公民接受教育权利相关的其他社会关系。

第八十二条 保障教育体系运转的国家教育组织

1.属于保障教育体系运转的国家教育组织包括:

1.1 提供教育科学教学方法保障的组织。

1.2 提供教育领域信息保障的组织。

1.3 协调教育机构的生产、物质技术和经济保障的组织。

2.协调教育机构的生产、物质技术和经济保障的组织的基本职能是协调教育机构的活动。

3.保障教育体系职能发挥的相关国家教育组织的条例,由白俄罗斯共和国教育部确定。

4.保障教育体系职能发挥的国家教育组织的活动,由本法、相关条例、其他法律条令和相关组织的章程来调整。

第八十三条 毕业生的分配[①]

1.毕业生的分配——为毕业生提供社会保护、满足经济和社会对专家、工人和职员

---

① 由国家和地方预算资金资助完成学业的公民,若其拒绝分配工作,拒绝安置工作或在教育法规定的工作期限内脱离分配的工作单位,则其不得被登记为失业(白俄罗斯共和国教育法2006年6月15日修订版第125-3条)

的需求,进而确定毕业生工作单位的程序,该程序由国家教育机构实施(如白俄罗斯共和国政府另有规定,则由国家机构实施)。

2.获得以下学历的人员,按照毕业生所学专业(专业方向、具体专业)和完成的技能来分配工作单位:

定向培养的受教育者除外,依靠国家和地方预算资金接受全日制高等教育、中等专业教育和职业技术教育的受教育者;

以夜校形式和函授形式获得专业(专业方向、具体专业)、定向培养的人员除外,以全日制形式,在读期间至少有一半时间获得国家和地方预算资金资助,完成中等专业教育或高等教育第一阶段的人员。

下列毕业生不分配工作:

被国家体育和旅游局录取进入白俄罗斯共和国某一运动类型国家队的毕业生。

属于白俄罗斯共和国内务部刑事系统管权机构的职业技术学校和白俄罗斯共和国内务部惩戒系统的生产部门、国家统一生产企业以及白俄罗斯共和国内务部劳动疗养所的毕业生。

属于白俄罗斯共和国内务部刑事系统管权机构的职业技术学校和白俄罗斯共和国内务部惩戒系统的生产部门、国家统一生产企业以及白俄罗斯共和国内务部劳动疗养所等分支机构的毕业生。

特殊教学教育和特殊医疗教育的毕业生。

3.被分配工作的毕业生必须在所分配工作单位完成本条款中规定的工作期限。

获取以下学历的毕业生,必须从事所分配工作满两年:

已获得中等职业教育学历的人员。录取进入由国家财政出资接受第一阶段高等教育的教育机构却接受中等职业教育一年,并以全日制形式获得相应学历的人员,以及接受职业教育之后在分配工作单位工作至少一年的人员除外。

已获得第一阶段高等教育学历的人员。录取进入由国家财政出资接受第二阶段高等教育的教育机构却接受第一阶段高等教育一年,并以全日制形式获得相应学历或接受相应教育的人员除外。

已获得第二阶段高等教育的人员(为接受第二阶段高等教育,被录取进入教育机构,依靠国家财政出资学习一年第一阶段高等教育)。录取进入白俄罗斯共和国教育机构接受第二阶段高等教育一年,以及进入白俄罗斯共和国实施研究生教育大纲的组织接受第一阶段研究生教育或接受相应教育一年的人员除外。

获取以下学历的毕业生,必须从事所分配工作满一年:

已获得职业技术教育学历的人员。为获得中等职业教育或第一阶段高等教育而依靠国家和地方预算资金进入教育机构接受一年职业技术教育,并以全日制形式获得相应学历或接受相应教育的人员除外。

已获得中等职业教育学历的人员,如果已经在分配工作单位工作至少一年。为获得中等职业教育或第一阶段高等教育而依靠国家和地方预算资金进入教育机构接受一年中等职业教育,并以全日制形式获得相应学历和接受相应教育的人员除外。

已获得高等教育第二阶段学历的人员。为了接受第一阶段研究生教育而进入白俄罗斯共和国教育机构、实施研究生教育大纲的白俄罗斯共和国教育组织内接受一年第二阶段高等教育且获得相应学历的人员,以及第二阶段高等教育而依靠国家财政出资录取进入教育机构接受一年第一阶段高等教育的人员除外。

在必须从事所分配工作(根据毕业生需求分配工作)期间,应召入伍的时间,进入白俄罗斯共和国武装部队、白俄罗斯共和国其他军队及军事组织服役的时间,将孩子抚养至三周岁的假期时间,以及由白俄罗斯共和国政府确定的其他时间,也应计算在必须履行的所分配工作的时间之内。

4.本条第3项关于必须从事所分配工作的期限,从毕业生和雇主签订就业合同之日算起。学习医疗保健专业高等教育的毕业生必须履行的工作期限,从签订专业医生就业合同之日算起。

5.从事所分配工作的毕业生在工作期间,属于青年专家或青年工人(职员)。

6.毕业生工作单位由教育机构和国家机构综合考虑现有的申请和签订的相互协作合同独立确定,而对于以下类别的毕业生来说应根据具体情况确定:

6.1 孤儿和失依儿童,以及属于孤儿和失依儿童的受教育者,工作单位根据为其分配的住房所在地、或在将其列入需更好居住条件名单的地方、或在初次获得孤儿身份的地方/无父母照顾的地方、或征得其同意的其他居民点安排。

6.2 十八周岁以下残疾儿童、Ⅰ类或Ⅱ类残疾人士,考虑此类人群的健康状况,根据其父母、配偶生活所在地情况,通过再分配或后续派遣为其安排工作。

6.3 单亲、配偶是Ⅰ类或Ⅱ类残疾人士或孩子是残疾人的,工作单位根据其父母、配偶以及残疾儿童的所在地安排。

6.4 身体条件不适合所学专业(专业方向、具体专业)的就业和相关职业技能的人员,工作单位根据其健康状况安排。

6.5 怀孕的妇女,以及至决定再分配、后续派遣工作之日时孩子在三周岁以下的,工作单位根据其家庭所在地安排。

6.6 毕业生的配偶或在国家机构工作,或在外交代表机构工作,或在白俄罗斯共和国领事机构工作,或属于白俄罗斯共和国武装部队、白俄罗斯共和国其他军队及军事组织、白俄罗斯共和国内务部、白俄罗斯共和国国家监察委员会、白俄罗斯共和国国家司法鉴定委员会、白俄罗斯共和国国家监察委员会金融调查机构、白俄罗斯共和国紧急情况部、白俄罗斯共和国国家安全机构、海关机构、检察机关的工作人员,工作单位根据其配偶所在地分配。

(根据白俄罗斯共和国2011年12月13日第325-3号、2014年1月4日第126-3号法律文件修订)

6.7 配偶在白俄罗斯共和国境内工作并永久居住,工作单位根据其配偶所在地安排。

6.8 配偶需要同时提供工作的,工作单位要按照本人意愿将其安排在同一居民点。

6.9 属于白俄罗斯共和国法律《关于个别类别公民的国家社会保护、权利和保障》第三条第3项第3.2、3.4和3.7分项,以及第10项,第12项第12.2和12.3分项中所列的人员,工作单位根据其父母、配偶所在地或经本人同意安排在其他居民点。

7.已安排工作的毕业生,毕业证书和工作派遣证明同时发放。

8.若白俄罗斯共和国总统未另行规定,安排就业以及国家教育机构毕业生的就业程序,在现行法未规定的方面由白俄罗斯共和国政府确定。

在白俄罗斯共和国武装部队、白俄罗斯共和国其他军队及军事组织、白俄罗斯共和国内务部、白俄罗斯共和国国家监察委员会、白俄罗斯共和国国家司法鉴定委员会、白俄罗斯共和国国家监察委员会金融调查机构、白俄罗斯共和国紧急情况部等接受专业(专业方向、具体专业)教育的人员,工作单位的分配程序由所在部门的法规决定。

(根据白俄罗斯共和国2011年12月13日第325-3号、2014年1月4日第126-3号法律文件修订)

第八十四条 毕业生就业派遣

1.毕业生就业派遣——根据签订的合同,确定下列毕业生工作单位的程序:按照全日制形式依靠国家财政(法律主体、个人教育机构)资助接受研究生教育的毕业生,按照全日制形式依靠法人(私人企业家)资助在国家教育机构接受第一阶段高等教育、中等职业教育或定向培养职业技术教育的毕业生,白俄罗斯共和国政府和其他部门规定的其他情况下的毕业生。

2.被就业派遣的毕业生,必须在所派遣工作单位履行完本条款或相关合同规定的工作期限。

由国家财政出资接受第一阶段研究生教育的毕业生,在派遣工作单位必须工作满两年;由国家财政出资接受第二阶段研究生教育的毕业生,在派遣工作单位必须工作满一年。

接受高等教育第一阶段定向培养的毕业生,在派遣工作单位必须履行的工作期限不低于五年,接受中等职业教育定向培养的毕业生,在派遣工作单位必须履行的工作期限不低于三年,接受职业技术教育定向培养的毕业生,在派遣工作单位必须履行的工作期限不低于两年。

由法律个体(个人教育机构)出资接受研究生教育、第一阶段高等教育、中等职业教育或职业技术教育的毕业生,在派遣工作单位必须履行的工作期限由相关合同确定。

由政府出资接受研究生教育和相应定向培养教育的毕业生,在派遣工作单位必须履行的工作期限包括应召入伍的时间,进入白俄罗斯共和国武装部队、白俄罗斯共和国其他军队及军事组织服役的时期,将孩子抚养至三周岁的假期时间,以及由白俄罗斯共和国政府确定的其他时间。

3.本条第 2 项指出的在派遣工作单位必须履行的工作期限,是从毕业生和雇主签订合同之日算起;学习医疗保健专业的高等教育的毕业生,在派遣工作单位必须履行的工作期限,从签订专科医生就业合同之日算起。

4.根据由国家财政资助的高技能科学工作者培养合同以及专家(工人、职员)定向培养合同进行工作派遣的毕业生,在其必须履行所派遣工作期间,属于青年专家或青年工人(职员)。

5.由个人资金或公民自有资金出资接受全日制中等职业教育的毕业生,根据本人意愿,在工作单位分配后还有剩余的情况下,可对其进行工作派遣。

6.本条第 1 项、第 5 项中所指的毕业生,以及被派遣工作的毕业生,适用于本法第四十八条第 3 项第 3.1～3.3 分项规定的保障和赔偿内容。提供给上述人员的资金帮助、数额、资金来源以及支付程序,由白俄罗斯共和国政府确定。

7.被派遣工作的毕业生,在发放学历证书时发放派遣证明。

8.若白俄罗斯共和国总统未另行规定,毕业生派遣工作的程序,在现行法未规定的方面由白俄罗斯共和国政府确定。

第八十五条 毕业生的再分配

1.在以下情况下,教育机构在本法第八十三条第 3 项规定的必须履行被分配工作期间,对毕业生的工作进行后续分配(再分配):

1.1 雇主拒绝聘用根据雇主和毕业生签订的合同或培养专家(工人、职员)合同分配工作的毕业生。

1.2 在白俄罗斯共和国武装部队、其他白俄罗斯共和国军队和军事组织服完兵役后,在毕业生分配工作的意愿下却不能根据所学专业(专业方向、具体专业)以及完成的技能提供工作单位的毕业生。

1.3 根据所学专业(专业方向、具体专业)以及完成的技能,经本人同意后将青年专家、青年工人(职员)从一个雇主转移给另外一个雇主(白俄罗斯共和国劳动法第三十五条第 4 项)。

1.4 在获得职业技术教育、中等专业教育或高等教育学历后,未完成所分配工作必须履行的工作期限,因被录取进入教育机构接受更高级别的教育而被教育机构开除的人员。

1.5 在本法第八十八条第 3 项规定的情况下与毕业生解除劳动合同。

1.6 依据本法第八十三条第 6 项规定的程序,当提供给毕业生工作单位时,青年专家、青年工人(职员)出现状况。

1.7 白俄罗斯共和国政府规定的其他情况。

2.关于对学习医疗保健专业高等教育或中等特殊教育的毕业生的再分配,由教育机构做出决定,但须经白俄罗斯共和国卫生部同意;关于学习农业专业高等教育或中等特殊教育的毕业生的再分配,由教育机构做出决定,但须经毕业生分配所在地的州(明斯克市)行政和管理机关同意。

3.再分配工作必须履行的工作期限,取决于上一次分配的必须履行的工作期限,减去毕业生已履行完成的工作时长。

在必须从事再分配工作(根据毕业生需求再分配工作)期间,应召入伍的时间、进入白俄罗斯共和国武装部队、白俄罗斯共和国其他军队及军事组织服役的时间,将孩子抚养至三周岁的假期时间,以及由白俄罗斯共和国政府确定的其他时间,也应计算在必须履行再分配工作的时间之内。

4.从事再分配工作的毕业生,在必须履行的工作期间属于青年专家或青年工人(职员)。

5.向再分配工作的毕业生发放工作派遣证明。

6.若白俄罗斯共和国总统未另行规定,本法未规定的毕业生再分配工作的程序,由白俄罗斯共和国政府决定。

第八十六条 毕业生的后续派遣

1.根据依靠国家预算资金的高级科研人才培训合同和定向培养专家(工人、职员)合同进行工作派遣的毕业生,在必须履行的工作期间可以重新派遣工作(后续派遣工作)。

后续派遣工作的依据由白俄罗斯共和国政府决定。

2.教育机构关于接受医疗保健方面的高等教育或中等专业教育的毕业生后续派遣工作的决定需经白俄罗斯共和国卫生部同意;关于接受农业方面高等教育或中等专业教育的毕业生后续派遣工作的决定需经毕业生分配所在地的州(明斯克市)行政和管理机关同意。

3.后续派遣工作必须履行的工作期限,取决于上一次派遣的必须履行的工作期限,减去毕业生已履行的在所派遣工作单位的工作时长。

由政府出资接受研究生教育和相应定向培养教育的毕业生,在必须从事后续派遣工作(根据毕业生需求进行后续派遣)期间,应召入伍的时间,进入白俄罗斯共和国武装部队、白俄罗斯共和国其他军队及军事组织服役的时间,将孩子抚养至三周岁的假期时间,以及由白俄罗斯共和国政府确定的其他时间,也应计算在必须履行的后续派遣工作的时间之内。

4.向后续派遣工作的毕业生发放工作派遣证明。

5.白俄罗斯共和国总统另有规定除外,本法未规定的毕业生后续派遣工作的程序,由白俄罗斯共和国政府决定。

第八十七条 给予毕业生自主就业的权利

1.在本条第2项规定的情况下,国家教育机构、实施研究生教育大纲的国家组织和国家机构不给毕业生提供分配、再分配、派遣以及后续派遣的工作单位,而给予毕业生自主就业的权利,该权利由自主就业证明确认。

2.分配、再分配、派遣以及后续派遣的工作单位,不提供给以下毕业生:

2.1 因所学专业(专业方向、具体专业)和完成技能在分配、再分配、派遣以及后续派遣中缺乏相应工作单位而不能获得工作单位的毕业生。

2.2 以夜校和函授形式取得学历的人员,工作单位通过分配和再分配提供的人员除外。

2.3 以全日制自费形式取得学历的人员,工作单位通过派遣和后续派遣提供的人员除外。

2.4 按照本法不予分配工作的人员。

2.5 免于偿还国家和地方预算资金用于培养高级科研工作人才、专家、工人和职员的资金,却不完成分配、再分配、派遣以及后续派遣工作的应履行的工作时长的人员。

2.6 已偿还国家和地方预算资金用于培养高级科研工作人才、专家、工人和职员的资金,却不完成分配、再分配、派遣以及后续派遣工作的应履行的工作时长的人员。

2.7 经法院判决生效收回国家和地方预算资金用于培养高级科研工作人才、专家、工人和职员的资金,却不完成分配、再分配、派遣以及后续派遣工作的应履行的工作时长的人员。

第八十八条 偿还国家和地方预算资金用于培养高级科研工作人才、专家、工人和职员的资金

1.根据依靠国家财政出资的高级科研人才培养合同和专家(工人、职员)定向培养合同分配工作的毕业生,未完成应履行的工作时长的毕业生,以及为白俄罗斯共和国武装部队、白俄罗斯共和国其他军队及军事组织、白俄罗斯共和国内务部、白俄罗斯共和国国家监察委员会、白俄罗斯共和国国家司法鉴定委员会、白俄罗斯共和国国家监察委员会金融调查机构、白俄罗斯共和国紧急情况部等培养或取得专业(专业和专门化方向)学历的人员,在所服务部门相关法律规定下,有义务向国家和地方预算偿还国家用于培养所用资金。

(根据白俄罗斯共和国2011年12月13日第325-3号、2014年1月4日第126-3号法律文件修订)

若相关合同违反了白俄罗斯共和国政府规定的程序,则偿还国家和地方预算用于培养高级科研工作人才、专家、工人和职员资金的责任由组织和雇主承担。

2.从事分配(再分配)工作的毕业生,根据国家财政出资高级科研人才培养合同进行派遣(后续派遣)工作的毕业生,以及从事相关工作却未完成应履行的工作时长的毕业生,如果属于以下几种情况,可免于偿还国家和地方预算培养其所用资金:

2.1 孤儿和失依儿童,以及在18~23周岁接受相关教育期间失去父母的人员。

2.2 十八周岁以下残疾儿童、Ⅰ类或Ⅱ类残疾人士,无法根据其健康状况及其父母、配偶生活所在地情况,通过再分配或后续派遣为其安排工作的人员。

2.3 单亲、配偶是Ⅰ类或Ⅱ类残疾人士或孩子是残疾人的,无法通过再分配或后

续派遣将其工作安排在父母、配偶、孩子所在地的人员。

2.4 对于身体条件不适合所学专业(专业方向、具体专业)的就业和相关职业技能的人员,无法根据其健康状况通过再分配或后续派遣为其安排工作的人员。

2.5 怀孕的妇女,以及至决定再分配、后续派遣工作之日时孩子在三周岁以下的,不能根据其所在地通过再分配或后续派遣为其安排工作的人员。

2.6 配偶工作或长期居住在白俄罗斯共和国境内的人员,不能根据配偶所在地通过再分配或后续派遣为其安排工作的人员。

2.7 白俄罗斯共和国法律《关于个别类别公民国家社会福利、权利与保障》第三条第3项第3.2、3.4和3.7分项,以及第10项,第12项第12.2和12.3分项所列人员,不能通过再分配或后续派遣将其工作安排在父母、配偶所在地,或经过本人同意在其他居民点安排工作的人员。

2.8 根据白俄罗斯共和国法第十八条"关于对遭受切尔诺贝利核电站或其他核辐射的公民进行社会保护"而享有优待的人员。

3.如果毕业生的劳动合同在以下情况终止,那么通过分配(再分配)工作的毕业生,以及根据依靠国家预算资金培养高级科研人才的合同进行定向派遣工作(重新派遣)的毕业生(且已工作的),可免于偿还国家和地方预算用于培养高级科研工作人才、专家、工人和职员的资金:

3.1 教育组织停办、个人教育机构活动终止,以及员工数量或规模裁减(白俄罗斯共和国劳动法第四十二条第1项),不能通过再分配、后续派遣提供给毕业生新的工作单位。

3.2 雇主违反劳动法、集体劳动法和劳动合同法(白俄罗斯共和国劳动法第四十一条),不能通过再分配、后续派遣提供给毕业生新的工作单位。

3.3 由于员工的健康状况不能胜任岗位或其健康状况妨碍其继续完成这项工作(白俄罗斯共和国劳动法第四十二条第2项),不能通过再分配、后续派遣为毕业生安排工作。

3.4 由于暂时丧失劳动能力超过四个月不出勤(孕假和产假不算在内),如果法律没有规定在特定疾病情况下(白俄罗斯共和国劳动法第四十二条第6项)长时间为其保留工作(职务),不能通过再分配、后续派遣提供给毕业生新的工作单位。

3.5 在不依赖于双方意志的情况下(白俄罗斯共和国劳动法第四十四条第2项和第3项),不能通过再分配、后续派遣为毕业生安排工作。

3.6 转移到经选举产生的职位(白俄罗斯共和国劳动法第三十五条第4项)。

4.根据依靠国家预算资金对高级科研人才的培养合同进行分配、工作派遣的毕业生,应召入伍进入白俄罗斯共和国武装部队、白俄罗斯共和国其他军队及军事组织服役并解除工作的人员,可免于偿还国家和地方预算培养其所用资金。

5.根据专家(工人、职员)定向培养合同进行工作派遣(重新派遣)的毕业生,如果属于以下几种情况,可免于偿还国家和地方预算培养其所用资金:

5.1 十八周岁以下残疾儿童、Ⅰ类或Ⅱ类残疾人士,无法根据健康状况及其父母、配偶生活所在地情况,通过再分配或后续派遣为其安排工作。

5.2 单亲、配偶是Ⅰ类或Ⅱ类残疾人士或孩子是残疾人的,无法通过再分配或后续派遣将其工作安排在父母、配偶、孩子所在地的人员。

5.3 对于身体条件不适合所学专业(专业方向、具体专业)的就业和相关职业技能的人员,无法根据其健康状况通过再分配或后续派遣为其安排工作。

6.根据专家(工人、职员)定向培养合同进行工作派遣(重新派遣)的毕业生,如果劳动合同在以下几种情况下终止,可免于偿还国家和地方预算培养其所用资金:

6.1 教育组织停办、个人教育机构活动终止,以及员工数量或规模裁减(白俄罗斯共和国劳动法第四十二条第1项),不能通过再分配、后续派遣提供给毕业生新的工作单位。

6.2 雇主违反劳动法、集体劳动法和劳动合同法(白俄罗斯共和国劳动法第四十一条),不能通过再分配、后续派遣提供给毕业生新的工作单位。

6.3 由于员工的健康状况不能胜任岗位或其健康状况妨碍继续完成这项工作(白俄罗斯共和国劳动法第四十二条第2项),不能通过再分配、后续派遣提供给毕业生新的工作单位。

6.4 由于暂时丧失劳动能力超过四个月不出勤(孕假和产假不算在内),如果法律没有规定在特定疾病情况下(白俄罗斯共和国劳动法第四十二条第6项)长时间为其保留工作(职务),不能通过再分配、后续派遣提供给毕业生新的工作单位。

6.5 在不依赖于双方意志的情况下(白俄罗斯共和国劳动法第四十四条第2项和第3项),不能通过再分配、后续派遣来提供给毕业生新的工作单位。

7.若白俄罗斯共和国总统未另行规定,则偿还国家用于培养高级科研人才、专家、工人和职员所花费的国家和地方预算资金的程序,由白俄罗斯共和国政府决定。

8.偿还国家为白俄罗斯共和国武装部队、白俄罗斯共和国其他军队及军事组织、白俄罗斯共和国内务部、白俄罗斯共和国国家监察委员会、白俄罗斯共和国国家司法鉴定委员会、白俄罗斯共和国国家监察委员会金融调查机构、白俄罗斯共和国紧急情况部按特定专业(专业方向、具体专业)培养高级科研人才、专家、工人和职员所花费的国家和地方预算资金的程序,由所服务的相关部门的法律进行规定。

(根据白俄罗斯共和国2011年12月13日第325-3号、2014年1月4日第126-3号法律文件修订)

第九章 对教育过程的一般要求

第八十九条 教育过程

1.教育过程组织形式建立在以下基础上:

1.1 教育领域的国家政策原则。

1.2 教育标准。

1.3 经济社会行业中所实施的创新项目中的科技领域的成就。

1.4 经论证选择的教学和培育方式、方法和手段。

1.5 白俄罗斯共和国人民的文化传统和价值观以及世界文化成就。

1.6 现代教育和信息技术。

2. 禁止吸纳教育机构受教育者参与教学计划文件、教育机构培养工作计划以及其他培养计划中没有规定的工作(服务)。

3. 在实行相关的教育大纲的前提下,教育过程的组织要依据现行法,有关类型教育机构相应规章,教育大纲的教学计划,研究生、研究人员、博士研究生和学位申请人个人计划,特殊学科副博士考试的最低计划(包括理论和实践的学习、教育工作、受教育者自主学习和受教育者考核)来实现。

4. 教育机构、实施研究生教育大纲的组织、依法有权开展教学活动的其他组织,在实行相应的教育大纲的前提下,为开展教育过程的组织,需根据有关类型教育机构的规章建立结构科目。

第九十条 教学语言与培养语言,教育机构的语言学习

1. 在白俄罗斯共和国学习与培养的主要语言为白俄罗斯共和国官方语言。国家保障公民选择学习和培养任一官方语言的权利,并为实现这一权利创造条件。语言的学习与培养由教育机构、实施研究生教育大纲的组织、依法有权开展教学活动的其他组织的创办人综合考虑受教育者(未成年受教育者的法定代理人)的状况确定。

2. 通过发展面向白俄罗斯语和俄语教学及培养的教育机构(班级、群体、小组)网络、出版白俄罗斯语和俄语文学书籍、教科书和教具来保障公民选择学习和培养任一官方语言的权利。

3. 有身心障碍的特殊人群除外,在接受普通中等教育、职业技术教育和中等特殊教育的同时,还必须学习白俄罗斯语、俄语和一门外语。属于有身心障碍的特殊人群范畴和学习语言的程序,由白俄罗斯共和国教育部决定。暂时逗留和暂时居住在白俄罗斯共和国的外国公民和无国籍人员,可以不学习白俄罗斯语或俄语。暂时逗留和暂时居住在白俄罗斯共和国的外国公民和无国籍人员学习白俄罗斯语和俄语的程序,由白俄罗斯共和国教育部确定。

4. 考虑国家需求和教育机构的能力,由教育机构的创办人确定必须学习的外语种类。

5. 在接受职业技术教育、中等特殊教育和高等教育时,白俄罗斯共和国教育部规定的某些有身心障碍的人群除外,受教育者必须学习白俄罗斯语。暂时逗留和暂时居住在白俄罗斯共和国的外国公民和无国籍人员,可以不学习白俄罗斯语。

6. 根据教育者、受教育者和未成年受教育者的法定代理人的意愿,以及地方行政和管理机构与白俄罗斯共和国教育部的决定,可以在学前教育机构、普通中等教育机构或学前、普通中等教育机构建立班级,以少数民族语言进行教学或学习少数民族语言。

7.在教育机构、实施研究生教育大纲的组织中,如条件允许且获得白俄罗斯共和国教育部批准,可以使用外语进行教学和培养。

第九十一条 组织教育过程的基本要求

组织教育过程的基本要求有:

1.保障教育质量。

2.能力方法。

3.保护受教育者健康。

4.遵守既定的学年和假期时长、课程,受教育者的考核期限和考核形式。

5.遵守卫生规范、规章和标准。

6.在组织教育过程中创造安全环境。对组织教育过程中安全措施的要求由白俄罗斯共和国教育部制定。

7.为受教育者创造力的发展创造条件,吸纳他们参与各种具有重大社会意义的活动。

8.保障受教育者的社会教育支持,并为他们提供心理帮助。

9.对儿童和青少年社会团体的教育支持。

10.为有身心障碍的人群接受教育创造特殊条件。

第九十二条 教育标准

1.白俄罗斯共和国建立了学前教育标准、普通中等教育标准、职业技术教育标准、中等特殊教育标准、高等教育标准和特殊教育标准以及管理人员和专家再培训标准。

2.基础教育的教育标准应确保基础教育阶段(层次)的连续性。

3.在所有教育机构、依法有权开展教学活动并实施相应教育大纲的其他组织和个人教育机构内强制性使用教育标准。

4.教育标准的制定和批准程序由本法规定。

第九十三条 受教育者考核

1.在本法规定的情况下接受教育,要进行例行、期中和最终考核。

例行考核——评定受教育者学习成绩是否符合教育标准和相应教育大纲等教学纲领性文件,以及研究生、研究人员、博士研究生和学位申请人个人计划的要求和特殊学科副博士考试的最低要求。

期中考核——参照例行考核成绩,评定受教育者学习成绩是否符合教育标准和相应教育大纲等教学纲领性文件的要求。

最终考核——评定受教育者学习成绩是否符合教育标准以及相应教育大纲等教学纲领性文件,以及(或)研究生、研究人员、博士研究生、学位申请人(完成学业时)的个人计划要求。

2.学习相应教育大纲过程中考核的形式、类型由本法规定。

3.研究生教育大纲除外,相应教育大纲的受教育者考核应按照相关教育大纲以及白俄罗斯共和国教育部的规定实行。学习研究生教育大纲者的考核程序，按照白俄罗斯共和国总统规定的进行。

第九十四条　教育科学教学方法保障

1.教育科学教学方法保障，以保障受教育者接受教育、提高教育质量为目标，以教育领域的基础性和应用性科学研究成果为依据基础。

2.教育领域的基础性和应用性科学研究，由科学组织、实施教育科学方法保障的组织和教育机构在其授权范围内开展。

3.本法另行规定除外，科学教学方法保障包括：

3.1　教育大纲等教学纲领性文件。

3.2　培养计划和纲领性文件。

3.3　教学方法文件。

3.4　教育出版物。

3.5　信息分析材料。

4.基础教育层面的科学教学方法保障的结构性构成要素，可以统一为教学方法综合体系，具体规定由白俄罗斯共和国教育部确定。

5.本法另行规定除外，教学计划和教育大纲属于学前教育、普通中等教育、职业技术教育、中等特殊教育、高等教育的教育大纲的教学文件。教学计划和教育大纲制定、批准和确定的程序，以及其内容和形式由本法规定。

教学计划是教学纲领性文件，通常规定教学课程的清单、数量和顺序，以及教育大纲的内容、形式、种类、受教育者考核以及进行实践的工作安排。教学计划可以分为国家部分、教育机构（依法有权开展教学活动的其他组织）部分、普通教育部分以及职业部分。

教育大纲是教学纲领性文件，通常规定教学课程、学科、教育领域、专题、实践的目的和任务，以及其内容、分配到某一课题研究的课时、对受教育者学习成绩的基本要求和推荐的教学培养形式和方法。

不同基础教育层次的教学计划和教育大纲类型划分细则由本法规定。

6.研究生教育大纲、特殊教育大纲、儿童和青少年和成人补充教育大纲的构成、编制程序、协商程序、批准程序以及内容，由本法规定。

7.儿童和青少年受教育者的持续培育方案、儿童和青少年受教育者的终身培养大纲、儿童和青少年受教育者的综合培养大纲、教育机构的培育工作大纲以及教育机构的培育工作计划，都属于教育纲领性文件。

8.教学课程、学科、教育领域、教学课题和教学方法建议，都属于教学方法文件。

9.教育出版物兼顾受教育者年龄特点，包含实施教育大纲所必须具有的科学或应用性质的系统化信息，并用便于组织教育过程的形式列出的出版物。

应用于教育过程的教科书、教辅以及其他教育出版物的发行，或由白俄罗斯共和国教育部正式批准以教育出版物的形式发行（包含国家领域内容的教育出版物除外），或由教育机构、实施研究生教育大纲的组织、教学方法教育协会和提供教育的科学教学方法保障的组织推荐，其他出版物由白俄罗斯共和国教育部规定。教育出版物的筹备、发行及使用程序，由白俄罗斯共和国教育部确定。

在培养白俄罗斯共和国武装部队、白俄罗斯共和国其他军队及军事组织、白俄罗斯共和国内务部、白俄罗斯共和国国家监察委员会、白俄罗斯共和国国家司法鉴定委员会、白俄罗斯共和国国家监察委员会金融调查机构、白俄罗斯共和国紧急情况部人才过程中使用的特殊学科和具体专业学科教育出版物，由白俄罗斯共和国内务部推荐。

（根据白俄罗斯共和国2011年12月13日第325-3号、2014年1月4日第126-3号法律文件修订）

10.信息分析材料包括情报、比较信息、教育体系运转和发展前景的分析信息。信息分析材料还包括参考书、统计汇编、参考资料、信函、报表、报告和其他材料。

11.教育科学教学方法保障由以下组织实施：

11.1 提供教育科学教学方法保障的组织。

11.2 科学组织。

11.3 教育机构。

11.4 实施研究生教育大纲的组织。

11.5 依法有权开展教学活动的其他组织。

11.6 依法有权开展教学活动的个人教育机构。

11.7 人员培训委托机构。

11.8 派遣员工学习成人补充教育大纲的组织。

11.9 教育领域的教学方法协会。

11.10 从属于白俄罗斯共和国总统且对其负责的国家组织、白俄罗斯共和国国家科学院、白俄罗斯共和国国家行政机关、隶属于白俄罗斯共和国政府的其他国家机构、职权范围涉及教育领域的其他组织和个人。

第九十五条 培育纲领性文件

1.儿童与青年受教育者持续培育方案确定了培育内容和教学方法。儿童与青年受教育者持续培育方案由白俄罗斯共和国教育部制定并批准。

2.儿童与青年受教育者持续培育方案确定了受教育者培育基本方向和实施措施。儿童与青年受教育者持续培育方案制定期限为5年，并由白俄罗斯共和国教育部批准。

3.儿童与青年受教育者培育总纲以儿童与青年受教育者持续培育方案为基础制定，州、区（市）级儿童与青年受教育者持续培养大纲制定期限为5年，需由地方行政和管理机构批准。

4.教育大纲由国家教育机构自行制定，期限为5年。同时应以儿童与青年受教育者持续培育方案、相应的儿童与青年受教育者（公立教学机构）终身培育总纲为基础，规定教学目标、任务、基本方向、形式与教学方法,并充分考虑受教育者的特点、需求与兴趣,由教育机构负责人批准。

5.教育机构教育工作计划在教育机构当前学年内制订,并以教育机构教育大纲为基础,对受教育者教育基本方向、期限、参与者、负责人做出规定,并由教育机构负责人批准。

第九十六条 提供给受教育者的社会教育支持和心理帮助

1.国家教育机构为受教育者提供社会教育支持和心理帮助,目的是使受教育者适应社会和优化教育过程。

2.为受教育者提供社会教育支持和心理帮助,由社会教育支持和心理服务教育机构实施,具体规章由白俄罗斯共和国教育部制定。

第九十七条 教育实验和创新活动

1.教育实验和创新活动,旨在通过实施创新项目来更新教育大纲的内容并提高教育质量。

2.教育实验活动是检验教育基础性和应用性科学研究成果的过程,用以评估教育实验活动大规模应用是否有效和适宜。

3.教育创新活动是在实验活动中对教育基础性和应用性科学研究成果进行实践的过程。

4.开展教育实验和创新活动的教育机构名单由白俄罗斯共和国教育部批准。

5.教育实验和创新活动须依法开展。

第十章 教育证书、学习证书

第九十八条 教育证书

1.教育证书是国家形式的文件,以证明受教育者已掌握有关教育大纲的内容,包括技术等级授予。

2.教育证书包括:

2.1 普通基础教育证书(优秀普通基础教育证书)。

2.2 普通中等教育证书[特别形式的有金(银)奖章的普通中等教育证书]。

2.3 职业技术教育毕业证书(优秀职业技术教育毕业证书)。

2.4 中等专业教育毕业证书(优秀中等专业教育毕业证书)。

2.5 高等教育毕业证书(优秀高等教育毕业证书,包括获得金质奖章的优秀高等教育毕业证书)。

2.6 硕士毕业证书。

2.7 研修毕业证书。

2.8 高等教育进修毕业证书。

2.9 中等专业教育进修毕业证书。

2.10 技能提升学习证书。

3.普通基础教育证书(优秀普通基础教育证书),颁发给已掌握普通基础教育大纲者。

优秀普通基础教育证书,颁发给在普通中等教育二级的学习和教育的最后两年中,所有学科的学年分数为 10 和 9 分("体育文化和健康"学科,学年分数不低于 6 分或成绩为"通过";"劳动训练"和"绘画"学科,学年分数不低于 6 分除外)且有模范行为,以及在普通中等教育二级学习时期的毕业考试中,所有学科成绩为 10 和 9 分的受教育者。

在满足本款第 2 项规定的要求时,受教育者免修个别学科并不妨碍颁发优秀普通基础教育证书。毕业考试中个别学科免考的受教育者,在颁发优秀普通基础教育证书时,该学科的学年分数算作最终分数。

4.普通中等教育证书[特别形式的有金(银)奖章的普通中等教育证书],颁发给已掌握普通中等教育大纲者。

特别形式的有金质奖章的普通中等教育证书,颁发给持有优秀普通基础教育证书和在普通中等教育第三等级的学习和教育中,所有学科的学年分数为 10 和 9 分("体育文化和健康"学科,学年分数不低于 6 分或成绩为"通过";"应征前培训及医务培训"学科,学年分数不低于 6 分除外)且有模范行为,以及在普通中等教育第三等级学习时期的毕业考试中,所有学科成绩为 10 和 9 分的受教育者。

特别形式的有银质奖章的普通中等教育证书,颁发给持有优秀普通基础教育证书和在普通中等教育第三等级的学习和教育中,所有学科的学年分数为 10 和 9 分["体育文化和健康"学科,学年分数不低于 6 分或成绩为"通过";"应征前培养及医务培训"和其他(一门或两门)学科,学年分数不低于 6 分除外]且有模范行为,以及成绩为 10 和 9 分、学年分数不低于 6 分的学科和在普通中等教育第三等级学习时期的毕业考试学科的成绩都不低于 6 分的受教育者。

在满足本款第 2 和第 3 项规定的要求时,受教育者免修个别学科并不妨碍颁发特别形式的有金(银)奖章的普通中等教育证书。毕业考试中个别学科免考的受教育者,在颁发特别形式的有金(银)奖章的普通中等教育证书时,该学科的学年分数算作最终分数。

5.职业技术教育毕业证书(优秀职业技术教育毕业证书),颁发给已掌握普通职业技术教育大纲者。

优秀职业技术教育毕业证书,颁发给在接受职业技术教育时期,学习活动中不少于 75% 的成绩为 10 和 9 分,包括最终考核成绩在内,而其他成绩不低于 7 分的受教育者。

6.中等专业教育毕业证书(优秀中等专业教育毕业证书),颁发给已掌握中等专业教育大纲者。

优秀中等专业教育毕业证书,颁发给在接受中等专业教育时期,学习活动中不少于 75% 的成绩为 10 和 9 分,包括最终考核成绩在内,而其他成绩不低于 7 分的受教育者。

7.优秀高等教育毕业证书,颁发给在接受一级高等教育时期,学习活动中不少于

75%的成绩为 10 和 9 分,包括最终考核成绩在内,而其他成绩不低于 7 分的受教育者。

带金质奖章的优秀高等教育毕业证书,颁发给在接受一级高等教育时期,学习为白俄罗斯共和国武装部队、白俄罗斯共和国其他军队及军事组织、白俄罗斯共和国内务部、白俄罗斯共和国国家监察委员会、白俄罗斯共和国国家司法鉴定委员会、白俄罗斯共和国国家监察委员会金融调查机构、白俄罗斯共和国紧急情况部设立的专业(专业方向、具体专业),学习活动的成绩为 10 和 9 分(包括最终考核成绩和模范军纪在内)的受教育者,以及参加科研工作的受教育者。

(根据白俄罗斯共和国 2011 年 12 月 13 日颁布的第 325-3 号、2014 年 1 月 4 日颁布的第 126-3 号法律文件修订)

8.硕士毕业证书,颁发给已掌握二级高等教育大纲,形成科学教学和科研工作的知识和技能,并保障获得硕士学位的受教育者;已掌握二级高等教育大纲,进行深入培训,并保障获得硕士学位的专家。

9.研修毕业证书,颁发给已掌握研究生(研究机构)教育大纲,并保障获得"研究员"学术资格证的受教育者。

10.高等教育进修毕业证书,颁发给已掌握(针对受过高等教育的管理人员及专家的)进修教育大纲者。

11.中等专业教育进修毕业证书,颁发给已掌握(针对受过中等专业教育的管理人员及专家的)进修教育大纲者。

12.技能提升学习证书,颁发给已掌握(针对管理人员和专家的)技能提升教育大纲者。

13.在颁发普通中等教育证书时,在普通中等教育第三等级的学习期间有模范行为的受教育者,一门或两门学科成绩为 10 和 9 分,而其他学科学年成绩不低于 6 分,可颁发奖状。对受教育者颁发奖状的决定由教育机构领导做出。

14.颁发职业技术教育毕业证书、中等专业教育毕业证书、高等教育毕业证书、硕士毕业证书、高等教育进修毕业证书、中等专业教育进修毕业证书时,同时带有最终成绩单附件(从考查和考试统计表摘录),如果没有相应的教育证书,则附件无效。

15.教育证书以白俄罗斯语和俄语印发。

16.暂时居住在白俄罗斯并在此接受教育的外国公民和无国籍人员将根据其自身选择,获得俄语、白俄罗斯语、英语、法语或西班牙语的教育证书。

17.如果教育证书持有人更改姓名,因变更性别而更改姓名除外,教育证书不做更改,也不重新发放。

如果教育证书持有人的姓名因性别变更而发生变化,则以白俄罗斯共和国总统确定的方式,以新姓名发放教育证书。

18.教育证书、附件、金质和银质奖章的样本和说明书,教育证书及其附件的填写程序,教育证书、附件、金质和银质奖章的登记和印发程序,均由白俄罗斯共和国政府或其授权机构确立。

19. 在白俄罗斯共和国,以白俄罗斯共和国政府确立的方式建立关于教育证书的数据库。

第九十九条 学习证书

1. 学习证书——国家规定格式的文件,用于确认受教育者已掌握相应教育大纲的内容,或未掌握教育大纲的内容,或在未获得国家认证的教育机构中的学习经历。

2. 学习证书包括:

2.1 特殊教育证书。

2.2 管理人员和专家进修证书。

2.3 专门培训证书。

2.4 技能等级(级别、类别)职业资格证书。

2.5 大学预科培训、预科部、预科班结业证书。

2.6 儿童和青少年补充教育证书。

2.7 学习证明。

3. 特殊教育证书,颁发给已掌握(针对受过普通中等教育的智力障碍者)特殊教育大纲者。

4. 管理人员和专家进修证书,颁发给已掌握管理人员和专家进修教育大纲者。

5. 专门培训证书,颁发给已掌握针对特定岗位的专门培训教育大纲者。

6. 技能等级(级别、类别)职业资格证书,颁发给已掌握工人(职员)职业培训教育大纲,或工人(职员)进修教育大纲,或工人(职员)技能提升教育大纲的受教育者;根据中等专业教育大纲的学习成绩而获得工人(职员)技能资格的受教育者;在教育关系提前终止的情况下,根据教育过程中各阶段对于职业技术教育大纲的学习成绩而获得工人(职员)技能资格的受教育者。

7. 大学预科培训、预科部、预科班结业证书,颁发给已掌握白俄罗斯共和国教育机构个人入学培训教育大纲者。

8. 儿童和青少年补充教育证书,颁发给通过在更高水平研究学习科目、学习课程、教育领域、教育课题的形式,已掌握儿童和青少年补充教育大纲者。

9. 学习证书,颁发给未完全掌握教育大纲者,或在未通过国家认证的教育机构学习过的受教育者,或已掌握培训课程(讲座、专题研讨会、实践课程、训练、军官课程及其他培训课程)教育大纲者。

10. 如果学习证书持有人更改姓名,因变更性别而更改姓名除外,学习证书不做更改,也不重新发放。

如果学习证书持有人的姓名因性别变更而发生变化,则按照白俄罗斯共和国总统规定的程序,以新姓名发放学习证书。

11. 学习证书的样本和说明书,学习证书的填写、登记和发放程序,均由白俄罗斯共和国政府确定。

第一百条　教育证书和学习证书的法律意义

教育证书和学习证书是继续教育的必要条件,是就业基础和走读生毕业鉴定考试鉴定通过的基础。优秀教育证书,包括有金质奖章的教育证书、特殊形式的有金(银)奖章的教育证书,赋予受教育者法定的优待权。

第一百零一条　教育证书和学习证书的印发基础

1. 教育证书由实施研究生教育大纲的教育机构、组织和依法有权开展教学活动的其他组织,颁发给已掌握相应教育大纲者,其中包括顺利通过考核的受教育者。

2. 教育证书的发放根据是国家教育机构考试(鉴定)委员会的决定,以及普通中等教育机构(其他按普通中等教育大纲实行教育的机构和特殊教育机构)领导的相关决定。

3. 学习证书由实施研究生教育大纲的教育机构、组织和依法有权开展教学活动的其他组织和个人教育机构发放给下列人员:

3.1 已掌握相应教育大纲者,其中包括顺利通过考核的受教育者。

3.2 未完全掌握教育大纲者,或曾在教育机构或依法有权开展教学活动的其他组织中学习但未通过考核的受教育者。

3.3 根据中等专业教育大纲的学习成绩获得工人技能资格的受教育者。

3.4 在教育关系提前终止的情况下,根据教育过程中各阶段职业技术教育大纲的学习成绩,获得工人(职员)技能资格的受教育者。

4. 学习证书发放与否由国家教育机构考试(鉴定)委员会或教育机构负责人决定。

第一百零二条　对外国发放的教育证书的认可,以及确定其与白俄罗斯共和国教育证书的等效性(等值性)

1. 对外国发放的教育证书的认可并确定其与白俄罗斯共和国教育证书的等效性(等值性),意味着白俄罗斯共和国向这些证书的持有人提供与白俄罗斯共和国教育证书持有人相同的权利。

2. 对外国发放的教育证书的认可并确定其与白俄罗斯共和国教育证书的等效性(等值性),由白俄罗斯共和国教育部根据相关法律(包括白俄罗斯共和国加入的国际条约)实施,并颁发证书。

3. 对外国发放的教育证书的认可程序,以及确定其与白俄罗斯共和国教育证书的等效性(等值性)的程序,对外国发放的教育证书进行认可并确定其与白俄罗斯共和国教育证书的等效性(等值性)的认证证书样本,由白俄罗斯共和国政府确立,白俄罗斯共和国总统另有规定除外。

第一百零三条　教育证书副本(附件、学习证书)

1. 在教育证书(附件、学习证书)遗失和报废的情况下,发放证书副本。

2. 教育证书副本具有教育证书的效力。

3.教育证书副本的发放程序由白俄罗斯共和国总统确定。

4.在教育证书副本遗失和报废的情况下,按照教育证书副本的规定发放程序,发放教育证书副本。

第一百零四条　撤销发放教育证书(学习证书)决定的程序和依据

1.下列情况下,应撤销发放教育证书的决定:

1.1　在发放教育证书之日,发放教育证书的组织不具备教学活动专门许可证,而根据法律规定,该许可证必须具备。

1.2　在教育证书发放之日,发放教育证书的组织不具备给毕业生(已掌握管理人员和专业人士技术等级提升教育大纲的人员)发放教育证书的权力。

1.3　提前给毕业生发放教育证书,以证明其接受了同专业(专业方向、具体专业)的相关教育。

1.4　缺少教育证书发放的其他根据。

2.获得教育证书的毕业生,在本条款第1项规定的情况下,有可能被剥夺教育证书。在这种情况下,教育证书被收回。

3.国家教育机构考试(鉴定)委员会、教育机构负责人的关于撤销发放教育证书的决定,以及对教育证书的没收,均依照仲裁程序进行。

4.按本条第1项所述依据未印发的教育证书以及根据本条第2项内容进行没收的教育证书,应当按照白俄罗斯共和国政府规定程序进行销毁。

第四编　教育领域的管理和国际合作,保证教育质量的监督与自我监督

第十一章　教育领域的管理

第一百零五条　教育管理的目标和原则

1.白俄罗斯共和国的教育管理,具有国家性和社会性。

2.教育管理在法律、民主、公开、顾及舆论和教育管理系统性的原则基础上实行。

3.教育管理的目的:

3.1　在教育领域实行国家政策。

3.2　完善和发展教育体系。

3.3　实施教育大纲和培养大纲。

第一百零六条　教育领域的国家管理

教育领域的国家管理由白俄罗斯共和国总统、白俄罗斯共和国政府、直属或从属于白俄罗斯共和国总统的相关国家机构、白俄罗斯共和国国家科学院、隶属于白俄罗斯共和国政府的管理机构、其他国家机构,以及教育领域的地方行政和管理机构进行。

第一百零七条　白俄罗斯共和国总统在教育领域的职权

白俄罗斯共和国总统是实现公民受教育权的保证人,决定国家的教育政策,保证国家教育政策主要方针的实施,确保国家教育组织的连续性和相互协作,并行使白俄罗斯共和国宪法、本法和其他法规规定的教育领域的其他职权。

第一百零八条　白俄罗斯共和国政府在教育领域的职权

白俄罗斯共和国政府在教育领域的职权:

确保国家教育政策的实施。

对教育体系进行全面管理。

确定隶属于白俄罗斯共和国政府的管理机构、其他国家机构,以及教育领域的地方行政和管理机构相互协作的方针。

确保白俄罗斯共和国教育领域的对外贸易政策的执行,并根据白俄罗斯共和国加入的国际条约采取必要措施,实施这项工作。

确立专家、工人、职员的针对性培训条例。

规定在国家儿童艺术学校接受补充教育的儿童和青少年的费用,以及收款方式。

为参加学术教学活动、前往国外组织接受教育的受教育者提供担保和补偿。

行使本法和其他法律、条例规定的在教育领域的其他职权。

第一百零九条　白俄罗斯共和国教育部在教育领域的职权范围

白俄罗斯共和国教育部在教育领域的职权:

确保国家教育政策的实施。

确保教育体系的运作。

为组织和开展教育基础性和应用性科学研究、实验和创新活动提供保障。

组织教育领域的国际合作。

管理教育体系。

通过其结构分支进行监督以保证教育质量。

执行国家在教育领域的人事政策。

发放执行教学活动的专业许可证(特许证)。

组织对教育标准、教育大纲等教学纲领性文件和培养大纲的编制与审批。

组织对白俄罗斯共和国国家"专业和技术等级"分类标准的编制与审批,支持在紧急状态下修改、补充其内容,或按照既定程序修订其内容,并制定其执行和实施程序。

提供教育科学教学方法保障。

组织教学刊物的筹备与出版。

向有意培训工人和职员的教育机构、组织,告知关于定向培训的名额。

协调国家组织在教育领域的活动。

建立并管理青年人才、身心障碍儿童和教育证书的数据库。

根据白俄罗斯共和国卫生部和白俄罗斯共和国劳动和社会保障部的协议，确定对身心障碍儿童的调研程序，并建立相关数据库的程序。

制订人员保障的行业计划、预测行业的人才需求。

参与教育体系发展计划和学前教育、普通中等教育、职业技术教育、中专教育、高等教育、专业教育、儿童和青少年补充教育、成人补充教育发展计划的标准法律草案的制订。

批准关于地方行政和管理机构下属机构组织在协调教育机构生产、物质技术和经济保障方面的条例。

行使本法和其他法律、条例规定的在教育领域的其他职权。

第一百一十条　直属或从属于白俄罗斯共和国总统的相关国家机构、白俄罗斯共和国国家科学院、隶属于白俄罗斯共和国政府的管理机构、其他国家机构，以及在教育领域的职权

直属或从属于白俄罗斯共和国总统的相关国家机构、白俄罗斯共和国国家科学院、隶属于白俄罗斯共和国政府的管理机构、其他国家机构，以及在教育领域的职权：

参与制定教育标准、教育大纲等教学纲领性文件、白俄罗斯共和国国家"专业和技术等级"分类标准。

制订人员保障的行业计划，在白俄罗斯共和国社会经济发展计划的基础上预测行业人才需求。

组织行业管理人员、专家、工人、工人（职员）的培训、进修和再培训。

向白俄罗斯共和国教育部以及有意培训专家、员工、职员的教育机构和组织，告知关于定向培训的名额。

实行科学的教学方法保障。

提供初次工作单位。

参与教育文件数据库的建立。

行使本法和其他法律、条例规定的在教育领域的其他职权。

第一百一十一条　地方行政和管理机构在教育领域的职权

地方行政和管理机构在教育领域的职权：

制定并向地方代表委员会提出申请，以批准发展学前教育、普通中等教育、职业技术教育、中等专业教育、专业教育、儿童和青少年补充教育和行政区域内成人补充教育大纲，并采取相应的措施推动实施。

在相应的行政区域单位内开展教育领域的管理工作。

为相应的行政区域单位做出人才需求预测。

组织下属机构的专家、工人、职员的培训和再培训。

向白俄罗斯共和国教育部以及有意培训专家、员工、职员的教育机构和组织，传达关于定向培训的名额。

提供初次工作单位。

组成地方行政和管理机构的分支部门,创建、改组、撤销、协调教育机构生产、物质技术和经济保障的组织。

参与教育文件数据库的建立。

行使本法和其他法律、条例规定的在教育领域的其他职权。

第一百一十二条　教学活动许可

教学活动依据相关授权许可法律进行授权许可。

第一百一十三条　教育体系发展预测

1. 白俄罗斯共和国教育制度的发展,在白俄罗斯共和国社会经济发展大纲、教育体系发展大纲和学前教育、普通中等教育、职业技术教育、中等专业教育、高等教育、特殊教育、儿童和青少年补充教育、成人补充教育发展大纲的基础上实现。

2. 教育体系的预测指标,包括教育机构网络、受教育者名额、教育过程的组织、毕业生人数及就业方向、教育机构的物质技术基础设施、教学人员和教学方法综合需求以及其他指标。

3. 教育体系的发展预测,在共和国、州和地区层面上实施。

第一百一十四条　教育统计

1. 教育统计的目的是进行系统分析、检查统计对象的数量和质量指数。

2. 教育统计的对象包括:

2.1　教育机构、实施研究生教育大纲的组织、依法有权开展教学活动的其他组织和个人教育机构。

2.2　确保教育体系运行的国家教育组织。

2.3　教育机构的受教育者总数。

2.4　社会处境危险的儿童总数。

2.5　孤儿和失依儿童总数。

2.6　身心障碍儿童总数。

2.7　孤儿的收养。

2.8　受教育者的健康状况。

2.9　教育机构的教学工作人员和其他工作人员。

2.10　毕业生人数、分配情况、工作派遣和就业。

2.11　教学刊物。

2.12　教育机构的物质技术基础设施。

2.13　教育机构创收活动的成果。

2.14　白俄罗斯共和国教育部确定的其他统计对象。

3. 教育统计的程序、统计人员、统计形式、统计事宜的拟定、协商、批准、填写程序,由白俄罗斯共和国政府或其授权机构确定。

第一百一十五条　教育信息保障

1.教育信息保障是指教育领域的信息交换,旨在通过国家机构、教育机构和其他教育关系主体获取信息。教育信息是对教学活动、教育体系主要发展趋势进行评价的必备信息。教育信息保障旨在确立教育发展战略,协调实施教育管理的国家机构和教育机构的活动,以及向国家机构、其他相关的法人和自然人提供关于教育问题的信息。

2.教育信息交换在公开、客观和综合的原则上进行。对教育信息交换的限制由法律文件规定。

3.教育信息保障包括统计数据(资料)、关于教育质量保证的监测结果报告数据、监测数据、社会调查和其他获取信息的形式。

第一百一十六条　教育协调委员会和其他委员会

1.为编制高等教育相关问题的建议书、完善教育和培育进程、发展科技和改善高等教育机构的物质和技术基础,设立了白俄罗斯共和国部长委员会。部长委员会的职权、构成和组织制度,由白俄罗斯共和国总统决定。

2.白俄罗斯共和国政府、白俄罗斯共和国教育部和其他国家机构,可以根据教学活动的不同方向,设立教育协调委员会和其他委员会。委员会成员由国家机构、教育机构、社会团体和其他组织的一些成员组成,具体规章条例由白俄罗斯共和国政府或其授权机构确定。

第一百一十七条　教育领域的社会团体

为使受教育者和教育工作者形成社会定位、自我发展和自我价值实现,保护他们的合法权益,可依法成立教育领域的社会团体。

(备注:关于国外组织中核电人才培训程序条例,由白俄罗斯共和国部长委员会于2015年9月18日第783号决议确定;关于核电人才培训问题,参见白俄罗斯共和国总统2015年8月18日签署的第362号命令;关于在国外组织中学习的若干问题,参见白俄罗斯共和国部长委员会2011年11月30日第1617号决议。)

第十二章　教育领域的国际合作

第一百一十八条　教育领域的国际合作

1.教育领域的国际合作,旨在保障白俄罗斯共和国公民在国外组织中接受教育,保障暂时逗留或暂时居住在白俄罗斯共和国的外国公民和无国籍人员在白俄罗斯共和国教育机构和教育体系内的其他组织中接受教育,以及受教育者和教育工作者的互换、国际教学活动的参与。

2.教育领域的国际合作,应在白俄罗斯共和国加入的国际条约、白俄罗斯共和国教育机构(白俄罗斯共和国教育体系内的其他组织)和国外组织(国际组织、暂时逗留或暂时居住在白俄罗斯共和国的外国公民和无国籍人员)签订的条约、国际和国家教育项目与教育方案的基础上实行。

3.教育领域的国际合作(包括教育领域对外贸易活动),应依法在独立、平等、互利、相互尊重的原则上进行,不应损害白俄罗斯共和国的主权以及个人、社会与国家的安全和利益。

第一百一十九条　教育领域的对外贸易活动

教育领域的对外贸易活动,按照白俄罗斯共和国教育机构(白俄罗斯共和国教育体系内的其他组织)和国外组织(国际组织、暂时逗留或暂时居住在白俄罗斯共和国的外国公民和无国籍人员)签订的条约进行。

第一百二十条　暂时逗留或暂时居住在白俄罗斯共和国的外国公民和无国籍人员在白俄罗斯共和国接受教育

暂时逗留或暂时居住在白俄罗斯共和国的外国公民和无国籍人员,有权根据白俄罗斯共和国加入的国际条约和白俄罗斯共和国教育机构与国外组织签订的条约,在白俄罗斯共和国接受教育,本法另有规定除外。

第一百二十一条　学术交流

1.学术交流——白俄罗斯共和国和外国进行受教育者和教育工作者互换,目的是促进学习、提升技能、完善教学活动。

2.学术交流通过实施国际计划、白俄罗斯共和国加入的国际条约、白俄罗斯共和国教育机构和国外组织签订的条约来实现。

3.互换通常在平等的基础上进行,具有暂时性。受教育者和教育工作者在完成学习、技能提升、教学活动之后,应返回永久居住国。互换期限和其他条件在有关条约中规定。

第一百二十二条　对国外组织的高等教育教学过程和课程的认可及一致性认证

1.对国外组织的高等教育教学过程和课程的认可及一致性认证,表明白俄罗斯共和国赋予受教育者在白俄罗斯共和国实施研究生教育大纲的教育机构和组织内继续接受教育的权利。

2.对国外组织的高等教育教学过程和课程的认可及一致性认证,由白俄罗斯共和国教育部依据法律(包括白俄罗斯共和国加入的国际条约)实施,并颁发证书。

3.对国外组织的高等教育教学过程和课程的认可及一致性认证程序,以及认定证书的样本,由白俄罗斯共和国政府确定,白俄罗斯共和国总统另有规定除外。

第一百二十三条　白俄罗斯共和国教育机构(分支机构)在境外的教学活动,国外组织、国际组织和跨国教育机构(分支机构)在白俄罗斯共和国境内的教学活动

1.白俄罗斯共和国教育机构(分支机构)在境外的教学活动,应按照所在国的法律、白俄罗斯共和国的法律(包括白俄罗斯共和国加入的国际条约)进行。

2.国外组织、国际组织和跨国教育机构(分支机构)在白俄罗斯共和国境内的教学活动,应按照白俄罗斯共和国的法律(包括白俄罗斯共和国加入的国际条约)进行。

第十三章　教育质量的监督与自我监督

第一百二十四条　教育质量监督

1.教育质量监督——国家授权机关的活动,目的是检验教育是否符合教育标准,检验教育大纲等教学纲领性文件和教学活动是否符合法律要求。

2.被授权负责实施教育质量监督的教育机构、监督程序和周期,由白俄罗斯共和国总统确定。

第一百二十五条　教育质量的自我监督

1.教育质量的自我监督——对教学活动的综合分析,包括教育机构对教学活动的自我检查和自我评估。

2.教育质量自我监督的程序和周期由教育机构的负责人确定。

第五编　受教育者的纪律责任

第十四章　追究受教育者纪律责任的依据及纪律处分办法

第一百二十六条　追究受教育者纪律责任的依据

1.追究受教育者纪律责任的依据,包括以违法、犯罪(故意或疏忽)的形式不履行或不正当履行法律、教育机构创立文件或教育机构所在地的其他地方规范性法规规定的义务(违纪行为),表现为以下(不作为)形式:

1.1　无正当理由上课迟到或缺勤。

1.2　在教育过程中违反纪律。

1.3　在实践(生产、实习)期间,不遵守相关组织内部劳工规章规定的工作时间制度。

1.4　无正当理由不执行教育工作者的合理要求。

1.5　侮辱教育过程参与者。

1.6　传播有损受教育者健康的信息。

1.7　损坏教育机构的建筑物、设施、设备或其他财产。

1.8　不遵守(违反)公共卫生、消防安全的法律要求。

1.9　在教育机构的建筑物、宿舍和其他区域饮用酒精饮料、软饮料、啤酒,使用麻醉药品、精神药物及其类似物、有毒物质或其他麻醉剂,或在指定地点以醉酒、吸毒或吸食麻醉品的状态出现。

(根据白俄罗斯共和国2014年1月4日颁布的第126-3号法律文件修订)

1.10　在教育机构的建筑物、宿舍和其他区域吸食(使用)烟草制品。

1.11 其他非法行为(不作为)。

2.有严重身心障碍的受教育者,如出现本条第1项指明的行为,则不视为违纪行为。

3.针对受教育者的违纪行为,对其追究纪律责任,具体体现在依据纪律处分办法对其采取纪律处分措施。

第一百二十七条 承担纪律责任的年龄

1.年满十四周岁的受教育者,在出现违纪行为时应承担纪律责任;身心障碍者承担纪律责任的年龄为年满十七周岁。

2.对于出现违纪行为但未达到承担纪律责任的年龄以及有严重身心障碍的受教育者,可以采取符合法律规定的教育感化措施(谈话、在教育会议上讨论以及其他教育感化的办法)。

第一百二十八条 纪律处分办法

1.对于出现违纪行为的受教育者,可采用下列纪律处分办法:

1.1 批评。

1.2 警告。

1.3 开除。

2."开除"这一纪律处分办法,适用于:

一学年内无正当理由长期缺勤超过30天[学习成人补充教育大纲则为超过3天,为受过高等教育(中等专业教育)的管理人员和专家制定的再培训教育大纲除外]。

之前已受到纪律处分,但仍经常性(在学年内重复性)不履行或不当履行受教育者义务。

"开除"这一纪律处分办法,不适用于:

在学习特殊中等教育大纲时未通过普通基础教育最终考核的受教育者;

未满十六周岁的受教育者。

3.纪律处分办法由教育机构的负责人选择。在选择纪律处分办法时,应考虑违纪行为的严重性、违纪原因和情况以及受教育者的过程表现。

第一百二十九条 关于白俄罗斯共和国军人、白俄罗斯共和国内务部负责人员和普通人员、白俄罗斯共和国国家监察委员会、白俄罗斯共和国国家司法鉴定委员会、白俄罗斯共和国国家监察委员会金融调查机构、白俄罗斯共和国紧急情况部人员的纪律责任

(根据白俄罗斯共和国2011年12月13日颁布的第325-3号、2014年1月4日颁布的第126-3号法律文件修订)

白俄罗斯共和国军人、白俄罗斯共和国内务部负责人员和普通人员、白俄罗斯共和国国家监察委员会、白俄罗斯共和国国家司法鉴定委员会、白俄罗斯共和国国家监察委员会金融调查机构、白俄罗斯共和国紧急情况部人员的纪律责任,由所服务部门的相关法律确定。

第十五章 纪律处分措施的实施

第一百三十条 被追究纪律责任受教育者的无罪推定

1. 被追究纪律责任的受教育者被认为无过错，直至其纪律处分结果被教育机构负责人颁布的纪律处分办法命令书证实和确定。

2. 被追究纪律责任的受教育者，不必证明自己无过错。如对其纪律处分有怀疑之处，将从轻处分。

第一百三十一条 被追究纪律责任的受教育者的权利，被追究纪律责任的未成年受教育者的法定代理人的权利

被追究纪律责任的受教育者、被追究纪律责任的未成年受教育者的法定代理人，有权：

了解所有证实受教育者纪律处分的材料，并制作复印件；

做出解释和提交证据，或拒绝解释；

在任何涉及其利益的审判中发表意见，并参与审判；

依法获得法律援助；

了解有关执行纪律处分办法的命令书，并制作复印件；

对执行纪律处分办法的命令书提出申诉。

第一百三十二条 执行纪律处分办法的程序

1. 受教育者被追究纪律责任的依据，可以是地方行政机关、管理机构、执法部门、其他国家机构和组织的通报，教育机构教师和其他工作人员的书面报告，教育机构安保人（实施研究生教育大纲的组织、依法有权开展教学活动的其他组织）的书面报告。

2. 在执行纪律处分之前，教育机构的负责人应通知未成年受教育者的法定代理人关于追究该生纪律责任的可能性，并向受教育者索取书面说明（受教育者有权在5个自然日内提交书面说明）。如受教育者拒绝提交书面说明，应做记录并由教育机构的3名工作者签字或同一教育机构3名年满十八周岁的受教育者签字。

3. 受教育者拒绝提交书面说明，并不妨碍对其执行纪律处分办法。

4. 每项违纪行为只可采取一种纪律处分办法。

5. 只有在教育机构向地方行政和管理机构未成年人事务相关委员会通报后，才准许对未成年受教育者采取开除纪律处分办法。

6. 对受教育者采取纪律处分办法的依据是受教育者出现违纪行为事实的证据材料。

7. 如果被追究纪律责任的受教育者（未成年受教育者的法定代理人）主动提出，教育机构负责人有权有义务亲自听取受教育者的解释、声明和申诉。

第一百三十三条 纪律处分办法的实施期限

1. 受教育者应在被查出违纪行为之日（过错被教育机构的教育工作者知晓或理应

知晓的日期)起一个月内被追究纪律责任,不包括受教育者的病假和假期。对未成年受教育者的纪律处分,可在通知其法定代理人的七个工作日之后实施。

2.受教育者纪律处分办法的执行,不得迟于违纪行为出现后六个月。

第一百三十四条　通知对受教育者执行纪律处分办法的决定

1.由教育机构负责人颁布对受教育者执行纪律处分办法决定的命令书,其中应包含被追究纪律责任受教育者的资料、违纪行为、过错形式(故意或疏忽)、过错证据和纪律处分办法指示。

2.教育机构负责人颁布的对受教育者执行纪律处分办法决定的命令书,应在3个自然日内通知受教育者并要求其签字。如未通知受教育者,则视为未追究纪律责任。如受教育者拒绝了解命令书,应做记录并由教育机构的3名工作人员签字或同一教育机构3名年满十八周岁的受教育者签字。

3.执行纪律处分办法的命令书宣布期限,不包括受教育者的病假和假期。

4.教育机构自追究未成年受教育者纪律责任之日起5个自然日内,应书面通知其法定代理人。

5.执行纪律处分办法的资料,记入受教育者个人档案。

第一百三十五条　就纪律处分决定提出上诉

被教育机构开除的受教育者、被教育机构开除的未成年受教育者的法定代理人,可在一个月内向上级组织或法院提出上诉。

第一百三十六条　关于撤销纪律处分的程序

1.如受教育者自被执行纪律处分之日起一年内没有被再次追究纪律责任,则受教育者被视为不被追究纪律责任。在这种情况下,纪律处分在未颁发命令书的情况下自动撤销。

2.对受教育者执行纪律处分的教育机构负责人,有权自发或根据受教育者的请求提前撤销纪律处分。

3.提前撤销纪律处分,应以教育机构负责人颁发的命令书形式呈现。

第六编　教育经费和物质技术保障

第十六章　教育经费

第一百三十七条　教育机构和国家教育组织用于保证教育体系运作、保障教育体系发展规划和学前教育、普通中等教育、职业技术教育、中等专业教育、高等教育、特殊教育、儿童和青少年补充教育以及成人补充教育发展规划的经费

1.教育机构和国家教育组织用于保证教育体系运作、保障教育体系发展规划和学前教育、普通中等教育、职业技术教育、中等专业教育、高等教育、特殊教育、儿童和青少年补充教育以及成人补充教育发展规划的经费,依靠国家和地方预算资金、创办人资金、创收活动所得资金、法律实体和个人企业家无偿援助(赞助)以及其他合法来源。

2.私立教育机构的经费,依靠创办人资金、创收活动所得资金、法律实体和个人企业家无偿援助(赞助)以及其他合法来源。

3.国家教育机构的经费,要考虑教育领域的国家最低社会标准,考虑教育体系发展规划和学前教育、普通中等教育、职业技术教育、中等专业教育、高等教育、特殊教育、儿童和青少年补充教育以及成人补充教育发展规划的实施。

第一百三十八条　教育机构的创收活动

1.教育机构可依法开展创收活动。

2.不得因国家教育机构开展创收活动而减少国家和地方预算划拨资金。

3.付费教育在依靠国家和地方预算资金的教学活动框架内进行,以免使依靠国家和地方预算资金支持的教育服务质量恶化。

4.从创收活动中得到的资金由教育机构独立支配,并应按照法律法规支出。

5.禁止为教育机构设立创收活动标准。

第十七章　教育物质技术保障

第一百三十九条　教育机构的物质技术基础设施

1.教育机构的物质技术基础设施,由创办人按照法律规定的要求创建。

2.教育机构的物质技术基础设施,由土地、建筑物、设施、设备、车辆和其他财产组成。

3.教育机构应具备:

3.1　组织教育过程必需的房屋、办公室、实验室、工作间、场地、配套家具、器材和教学用品。

3.2　体育文化和运动课场所。

3.3　符合卫生规范、规章和标准的其他财产。

4.教学用品包括仪器、设备、器材、教具、计算机、计算机网络、视听设施和实施教育大纲所必需的其他物品。

5.高等教育机构内应有宿舍。

6.为了组织包括进行实践、生产实习在内的教育过程,根据定向培训专家(工人、职员)的协议,可以使用职业技术教育机构、中等专业教育机构、高等教育机构以及其他组织的基本物质技术基础设施。

7.禁止导致教育机构基础设施无端减少或损坏的行为(无作为)。

第一百四十条　教育机构物质技术基础设施的发展

1.教育机构的创办人应确保教育机构的物质技术基础设施得到更新和发展。

2.国家支持和发展旨在完善教育科学教学方法保障的出版与印刷活动。

3.教育机构物质技术基础设施的发展,应符合教育体系、学前教育、普通中等教育、职业技术教育、中等专业教育、高等教育、特殊教育、儿童和青少年补充教育以及成人补充教育的发展大纲,并兼顾个人、社会和国家在提高教育质量方面的需求。

特殊部分
第七编　学前教育

第十八章　学前教育体系

第一百四十一条　学前教育体系

1.学前教育——属于基础教育层次,旨在根据儿童年龄、个人能力,使婴幼儿和学龄前儿童的个性得到多元化发展,并使其形成道德规范,获得社会经验。

2.婴幼儿阶段——两个月至三周岁的儿童个体生理、心理和社会发展的初期阶段。

3.学龄前阶段——从三周岁至进入教育机构接受普通中等教育和专业教育的年龄的儿童个体生理、心理和社会发展的阶段。

4.学前教育体系包括:

4.1　实施学前教育大纲的教育过程的参与者。

4.2　学前教育大纲。

4.3　学前教育机构。

4.4　实施学前教育大纲的其他教育机构。

4.5　依法有权开展教学活动并实施学前教育大纲的其他组织。

4.6　依法有权开展教学活动并实施学前教育大纲的其他个人教育机构。

4.7　确保学前教育体系运行的国家教育组织。

4.8　隶属于白俄罗斯共和国政府的管理机构、其他国家机构、地方行政和管理机构,以及权力范围涉及学前教育的其他组织和个人。

第一百四十二条　学前教育大纲

1.学前教育大纲以全日制教学形式实施。

2.学前教育大纲在学前教育机构、社会教育机构、托幼园直读初级小学、托幼园直读基础小学、托幼园直读中学、婴幼儿园直读初级小学、婴幼儿园直读基础小学、婴幼儿园直读中学、孤儿和失依儿童寄宿学校实施,且可以由依法有权开展教学活动的其他组织和个人教育机构实施。

第一百四十三条　学前教育标准

1.学前教育标准确定了学前教育大纲等教学纲领性文件的内容、接受教育的期限、教育过程的组织、受教育者培训水平等方面的要求。

2.学前教育标准由白俄罗斯共和国教育部与实施学前教育科学教学方法保障的组织一起制定。

3.学前教育标准由白俄罗斯共和国教育部批准。

第一百四十四条 接受学前教育的期限

接受学前教育的期限,由受教育者的法定代理人确定。受教育者应在五周岁十个月之前完成学前教育大纲,学习期限可根据医学疾病证明或受教育者的法定代理人的意愿增加一年。

第十九章 学前教育机构

第一百四十五条 学前教育机构

1.学前教育机构——实施学前教育大纲、针对社会处境危险儿童的培养大纲及保护其合法权益的大纲、特殊学前教育大纲、智力障碍儿童特殊学前教育大纲的教育机构。

2.学前教育机构分为以下几种类型:

2.1 托儿所。

2.2 托幼园。

2.3 婴幼儿园。

2.4 疗养托幼园。

2.5 疗养婴幼儿园。

2.6 学前儿童发展中心。

3.托儿所——属于学前教育机构,婴幼儿在托儿所接受学前教育或特殊教育,并可接受健康教育。

4.托幼园——属于学前教育机构,婴幼儿和学龄前儿童在托幼园内接受学前教育或特殊教育,并可接受健康教育。

5.婴幼儿园——属于学前教育机构,学龄前儿童在婴幼儿园内接受学前教育或特殊教育,并可接受健康教育。

6.疗养托幼园——属于学前教育机构,婴幼儿和学龄前儿童在疗养托幼园内接受学前教育或特殊教育和健康教育。

7.疗养婴幼儿园——属于学前教育机构,学龄前儿童在疗养婴幼儿园内接受学前教育或特殊教育和健康教育。

8.学前儿童发展中心——属于学前教育机构,婴幼儿和学龄前儿童在学前儿童发展中心接受学前教育或特殊教育和健康教育,并发展其创造力。

第一百四十六条 学前教育机构的管理

1.由机构负责人对学前教育机构进行直接管理。

2.学前教育机构负责人的任免由机构创办人决定。

3.学前教育机构的主要自治机构是以其负责人为首的理事会。

4.学前教育机构内应设立教务委员会,还可成立(未成年)监护人理事会或家长委员会。

第二十章 学前教育大纲实施过程

第一百四十七条 对学前教育大纲实施过程的一般要求

1.学前教育大纲可以:

1.1 在教育机构实施。

1.2 在依法有权开展教学活动的其他组织中实施。

1.3 在有权依法开展教学活动的个人教育机构实施。

1.4 在疗养康复机构实施。

2.学前教育大纲的教育过程全年进行。

3.受教育者在学习学前教育大纲期间在教育机构的时间,由教育机构的创办人根据受教育者的法定代理人的要求确定,可以是2～7个小时、10.5个小时、12小时、24小时。

受教育者学习学前教育大纲的时间,可以根据法定代理人的意愿减少。

4.实施学前教育大纲的过程,以班级的形式实施,包括疗养班、综合教育和培养班,或以单独实施教育的形式实施。

5.疗养班——使受教育者接受学前教育和健康教育的班级。

6.综合教育和培养班——实施学前教育大纲和特殊教育大纲的班级。为三周岁以下和三至八周岁的儿童开设综合教育和培养班。

7.受教育者班级划分为:

7.1 婴幼儿第一阶段班(一周岁以下)。

7.2 婴幼儿第二阶段班(一周岁至两周岁)。

7.3 一级小班(两周岁至三周岁)。

7.4 二级小班(三周岁至四周岁)。

7.5 中班(四周岁至五周岁)。

7.6 大班(五周岁至七周岁)。

7.7 不同年龄的班级(一周岁至七周岁)。

7.8 婴幼儿第一阶段疗养班(一周岁以下)。

7.9 婴幼儿第二阶段疗养班(一周岁至两周岁)。

7.10 一级疗养小班(两周岁至三周岁)。

7.11 二级疗养小班(三周岁至四周岁)。

7.12 疗养中班(四周岁至五周岁)。

7.13 疗养大班(五周岁至七周岁)。

7.14 综合教育和培养班。

8. 班级容纳量不应该超过：

8.1　婴幼儿第一阶段班——7名受教育者。

8.2　婴幼儿第二阶段班——10名受教育者。

8.3　一级小班——15名受教育者。

8.4　二级小班——20名受教育者。

8.5　中班——20名受教育者。

8.6　大班——20名受教育者。

8.7　不同年龄的班级——12名受教育者。

8.8　婴幼儿第一阶段疗养班——10名受教育者。

8.9　婴幼儿第二阶段疗养班——10名受教育者。

8.10　一级疗养小班——10名受教育者。

8.11　二级疗养小班——15名受教育者。

8.12　疗养中班——15名受教育者。

8.13　疗养大班——15名受教育者。

9. 为三周岁以下儿童开设的综合教育和培养班的班级容纳量是八至十名受教育者，其中包括：

9.1　有下列同一类型身心障碍的儿童1人，例如智力障碍、失聪、失明和肌肉骨骼系统功能受损。

9.2　有下列同一类型身心障碍的儿童不超过3人，例如听力障碍、视力障碍、严重言语障碍和智力障碍。

9.3　有多种身心障碍（不超过两种）的儿童不超过2人。

10. 为三至八周岁儿童开设的综合教育和培养班的班级容纳量是十至十二名受教育者，其中包括：

10.1　有下列同一类型身心障碍的儿童不超过2人，例如智力障碍、失聪、失明和肌肉骨骼系统功能受损。

10.2　有下列同一类型身心障碍的儿童不超过4人，例如听力障碍、视力障碍、严重言语障碍和智力障碍。

10.3　有多种身心障碍（不超过两种）的儿童不超过3人。

11. 根据教育机构负责人、依法有权按照学前教育大纲开展学前教学活动的个人教育机构负责人的决定，教育过程可以依据个体教学计划，以单独实施教育的形式实施。

12. 教育过程的主要形式是游戏、课堂。

13. 教育机构在实施学前教育大纲过程中设有假期，受教育者在假期不用上课，仅需参与体育健康和艺术美学活动。

假期共计110天：暑假90个工作日，寒假10个工作日，春假10个工作日。

第一百四十八条　学前教育招生入学工作的一般要求

1. 本条另有规定除外，受教育者在法定代理人提交申请和健康状况医学证明之后方可接受学前教育。

为在国家教育机构接受学前教育,本条第1项规定的文件除外,受教育者的法定代理人还应向国家教育机构出示关于学习学前教育大纲的介绍信,此介绍信由国家教育机构所在地的政府开具。

为在私立教育机构的疗养班、依法有权开展教学活动的其他组织和个人教育机构接受学前教育,本条第1项规定的文件除外,受教育者的法定代理人还应提交医疗咨询委员会的鉴定书。

2.由地方行政部门和分配部门负责分配安排儿童进入各教育机构接受学前教育。白俄罗斯共和国总统另有规定除外,关于安排儿童进入各教育机构接受学前教育的分配程序,由白俄罗斯共和国政府确定。

3.学前教育招生入学问题在本法中未规定的部分,按照《关于学前教育机构及机构类型的相关条例》实施。

第一百四十九条　受教育者在疗养康复机构的教育和培育工作

1.疗养康复机构的受教育者及被派往相关机构的受教育者团体,应按照白俄罗斯共和国教育部规定的程序,为其创造教育和培育的条件。

2.疗养康复机构内的教育过程,由派遣受教育者团体的教育机构组织进行。

第二十一章　学前教育科学教学方法保障

第一百五十条　学前教育科学教学方法保障体系

1.学前教育科学教学方法保障体系包括:

1.1　学前教育大纲等教学纲领性文件。

1.2　培养计划和纲领性文件。

1.3　教学方法文件。

1.4　教育出版物。

1.5　信息分析材料。

2.学前教育科学教学方法保障由以下组织负责实施:

2.1　实施学前教育提供科学教学方法保障的组织。

2.2　学前教育机构。

2.3　实施学前教育大纲的其他教育机构。

2.4　依法有权开展教学活动并实施学前教育大纲的其他组织。

2.5　依法有权开展教学活动并实施学前教育大纲的个人教育机构。

2.6　隶属于白俄罗斯共和国政府的管理机构、其他国家机构、地方行政和管理机构,以及权力范围涉及学前教育的其他组织和个人。

第一百五十一条　学前教育大纲等教学纲领性文件

1.学前教育大纲等教学纲领性文件,包括学前教育教学计划与教育大纲。

2.教学计划分为：

2.1 学前教育常规教学计划。

2.2 实施学前教育大纲的教育机构的教学计划。

2.3 学前教育机构的实验教学计划。

2.4 个人教学计划。

3.学前教育常规教学计划是一种技术性法规文件，明确了教学活动条目，规定了受教育者按班级形式学习的学时、最大学习负荷以及每周的总学时数。

学前教育常规教学计划由白俄罗斯共和国教育部与为学前教育提供科学教学方法保障的组织一同制订，由执行国家卫生监督职能的有关部门和机构共同参与，确保计划符合卫生和流行病法规，并由白俄罗斯共和国教育部批准实施。

4.实施学前教育大纲的教育机构的教学计划，由实施学前教育大纲的教育机构在学前教育常规教学计划和教育大纲的基础上制订，并由教育机构负责人批准。

5.学前教育机构的实验教学计划在学前教育机构内部实施，并在此基础上进行实验教学活动。

学前教育机构的实验教学计划由白俄罗斯共和国教育部与为学前教育提供科学教学方法保障的组织共同制订，并由白俄罗斯共和国教育部批准。

6.个人教学计划规定了受教育者接受学前教育的特点，充分考虑受教育者的能力、才能和需求，以及受教育者在实施学前教育大纲的教育机构的出勤时间，可根据受教育者的法定代理人的意愿对出勤时间进行缩减。

实施学前教育大纲的教育机构的个人教学计划，由实施学前教育大纲的教育机构在学前教育常规教学计划的基础上制订，并由教育机构负责人批准。

7.学前教育大纲是一种技术性法规文件，规定了教育研究的目标和任务、研究内容、分配到某一专题的时间、教学活动的类型、教育和培养的推荐形式和方法。

学前教育大纲由白俄罗斯共和国教育部与为学前教育提供科学教学方法保障的组织共同制定，并由白俄罗斯共和国教育部批准。

第八编　普通中等教育

第二十二章　普通中等教育体系

第一百五十二条　普通中等教育体系

1.普通中等教育——属于基础教育层面，注重受教育者个体精神道德的发展和身体素质的提高，为受教育者进入社会生活做准备，使受教育者完成基础科学知识，掌握白俄罗斯共和国官方语言，完成脑力与体力劳动技能，形成道德信仰观念，养成良好的审美情趣与健康的生活方式，为受教育者独立生活、工作和继续接受教育做好准备。

2.普通中等教育体系包括：

2.1 实施普通中等教育大纲过程中的教学活动参与者。

2.2 普通中等教育大纲。

2.3 普通中等教育机构。

2.4 实施普通中等教育大纲的其他教育机构。

2.5 确保普通中等教育体系运行的国家教育机构。

2.6 隶属于白俄罗斯共和国政府的管理机构、其他国家机构、地方行政和管理机，以及权力范围涉及普通中等教育的其他组织和个人。

3.普通中等教育包括三个阶段：

第一阶段——初级教育（1～4年级）；

第二阶段——基础教育（5～9年级）；

第三阶段——中等教育（10～11年级，夜校10～12年级，夜班10～12年级）。

第一、二阶段教育为普通基础教育。

第一、二、三阶段教育为普通中等教育。

4.普通中等教育第一阶段实施初级教育大纲。

国家在普通中等教育第一阶段之前，对儿童进行学前教育。这种学前教育在学前教育机构和普通中等教育机构，按照相关类型及形式的教育机构的条例中确定的程序进行。

初级教育使受教育者有权继续接受普通中等教育第二阶段的教育。

5.普通中等教育第二阶段实施基础教育大纲。

普通基础教育使受教育者有权继续接受普通中等教育第三阶段的教育，以及接受职业技术教育或中等专业教育。

普通中等教育大纲所规定内容的掌握具有强制性。

6.普通中等教育第三阶段实施中等教育大纲。

普通中等教育使受教育者有权接受职业技术教育、中等专业教育或高等教育。

7.儿童接受普通中等教育的程序由白俄罗斯共和国政府决定。

第一百五十三条 普通中等教育大纲

1.普通中等教育大纲分为：

1.1 初级教育大纲。

1.2 基础教育大纲。

1.3 中等教育大纲。

2.初级教育大纲、基础教育大纲以全日制的形式实施教育。中等教育大纲以面授和函授的形式实施。函授与夜校形式的中等教育大纲，只在夜校和夜班实施。

3.普通中等教育大纲在普通中等教育机构、特殊教育机构、特殊医疗培养机构、教育康复中心实施，也可以在高等教育机构实施。上述机构实施普通中等教育大纲的形式由本法规定。

第一百五十四条　普通中等教育的教育标准

1.普通中等教育的教育标准,对普通中等教育大纲、教育过程、受教育者最大学习负荷以及毕业生培养水平方面的要求做出规定。

2.普通中等教育的教育标准由白俄罗斯共和国教育部与提供普通中等教育科学教学方法保障的组织共同制定。

3.普通中等教育的教育标准由白俄罗斯共和国教育部协调财政部、劳动和社会保障部以及卫生部批准。

第一百五十五条　接受普通中等教育的期限

1.接受以下教育的期限分别为:

1.1　普通基础教育为9年。

1.2　普通中等教育为11年(夜校、夜班为12年)。

2.接受普通中等教育各阶段教育的期限分别为:

2.1　第一阶段4年。

2.2　第二阶段5年。

2.3　第三阶段2年(夜校、夜班为3年)。

第二十三章　普通中等教育机构

第一百五十六条　普通中等教育机构

1.普通中等教育机构——实施普通中等教育、学前教育、中等专业教育大纲,保障受教育者获得中等专业教育专业技能,以及实施特殊教育大纲、儿童和青少年补充教育大纲、工人(职员)职业培训教育大纲、针对社会处境危险儿童的培养大纲及保护其合法权益的大纲、患病儿童培养大纲的教育机构。

2.普通中等教育机构包括以下类型:

2.1　初级学校。

2.2　基础学校。

2.3　中等学校。

2.4　夜校。

2.5　古典中学。

2.6　寄宿古典中学。

2.7　中等教育学校。

2.8　专业中等教育学校。

2.9　苏沃洛夫陆军学校。

2.10　士官武备学校。

2.11　孤儿和失依儿童寄宿学校。

2.12　疗养寄宿学校。

2.13 教育教学综合系统。

2.14 校际劳动与职业生产教学综合学校。

2.15 校际应征前培训中心。

3. 初级学校——普通中等教育机构，开设一到四年级，开展普通中等教育第一阶段教育，实施针对社会处境危险儿童的培养大纲及保护其合法权益的大纲，同样可实施特殊中等教育大纲、智力障碍者特殊中等教育大纲、儿童和青少年补充教育大纲、患病儿童培养大纲，并为培养体育后备力量、高水平运动员开展教学训练活动提供条件。

（根据白俄罗斯共和国 2014 年 1 月 4 日颁布的第 126-3 号法律文件修订）

4. 基础学校——普通中等教育机构，开设一到九年级，开展普通中等教育第一、二阶段教育，实施针对社会处境危险儿童的培养大纲及保护其合法权益的大纲，同样可实施特殊中等教育大纲、智力障碍者特殊中等教育大纲、儿童和青少年补充教育大纲、患病儿童培养大纲，并为培养体育后备力量、高水平运动员开展教学训练活动提供条件。

（根据白俄罗斯共和国 2014 年 1 月 4 日颁布的第 126-3 号法律文件修订）

5. 中等学校——普通中等教育机构，开设一到十一年级，开展普通中等教育第一、二、三阶段教育，实施针对社会处境危险儿童的培养大纲及保护其合法权益的大纲，同样可实施特殊中等教育大纲、智力障碍者特殊中等教育大纲、儿童和青少年补充教育大纲、患病儿童培养大纲，并为培养体育后备力量、高水平运动员开展教学训练活动提供条件。

（根据白俄罗斯共和国 2014 年 1 月 4 日颁布的第 126-3 号法律文件修订）

6. 夜校——普通中等教育机构，开设十到十二年级，开展普通中等教育第三阶段教育，实施针对社会处境危险儿童的培养大纲及保护其合法权益的大纲，同样可实施特殊中等教育大纲、智力障碍者特殊中等教育大纲、儿童和青少年补充教育大纲、工人（职员）职业培训教育大纲。为在所在地开展教学活动，夜校可成立教学咨询站。

7. 古典中学——普通中等教育机构，开设十到十一年级，开展第二、三阶段更高层次专业教育，实施针对社会处境危险儿童的培养大纲及保护其合法权益的大纲、工人（职员）职业培训教育大纲、患病儿童培养大纲，并为培养体育后备力量、高水平运动员开展教学训练活动提供条件。

（根据白俄罗斯共和国 2014 年 1 月 4 日颁布的第 126-3 号法律文件修订）

为实施初级教育大纲，开设一到四年级。古典中学的组织程序与活动程序由白俄罗斯共和国教育部决定。

8. 寄宿古典中学——普通中等教育机构，开设五到十一年级，开展第二、三阶段更高层次专业教育，实施针对社会处境危险儿童的培养大纲及保护其合法权益的大纲，提供住宿、饮食，保障特长生、优异生积极融入社会，平衡发展，其中包括孤儿和失依儿童、多子女家庭的儿童以及所在地人口少于 2 万的儿童，还可实施特殊中等教育大纲、儿童和青少年补充教育大纲、工人（职员）职业培训教育大纲、患病儿童培养大纲。

9. 中等教育学校——普通中等教育机构，开设十到十一年级，开展第三阶段更高层次专业教育,实施针对社会处境危险儿童的培养大纲及保护其合法权益的大纲,还可实施特殊中等教育大纲、儿童和青少年补充教育大纲、工人(职员)职业培训教育大纲、患病儿童培养大纲,并为培养体育后备力量、高水平运动员开展教学训练活动提供条件。

（根据白俄罗斯共和国2014年1月4日颁布的第126-3号法律文件修订）

中等教育学校的组织程序与活动程序由白俄罗斯共和国教育部决定。（专业中等教育学校条例经白俄罗斯共和国部长委员会于2015年12月4日第1013号决议确定）

10. 专业中等教育学校——普通中等教育机构,开设七到十一年级,开展第二、三阶段更高层次专业教育,培养受教育者进入白俄罗斯共和国紧急情况部及其下属单位附属的专业(专业方向、具体专业)教育机构,可实施针对社会处境危险儿童的培养大纲及保护其合法权益的大纲,为受教育者提供住宿和饮食,还可实施特殊中等教育大纲、儿童和青少年补充教育大纲、工人(职员)职业培训教育大纲、患病儿童培养大纲。

11. 苏沃洛夫陆军学校——普通中等教育机构,开设七到十一年级,开展第二、三阶段更高层次专业教育或开展体育后备力量、高水平运动员教学训练活动,培养未成年男性公民进入白俄罗斯共和国武装部队、白俄罗斯共和国其他军队及军事组织,以及进入白俄罗斯共和国内务部、白俄罗斯共和国国家监察委员会、白俄罗斯共和国国家司法鉴定委员会、白俄罗斯共和国紧急情况部及其下属单位的人才培养机构或其他机构,还可实施针对社会处境危险儿童的培养大纲及保护其合法权益的大纲,为受教育者提供住宿和饮食,还可实施特殊中等教育大纲、患病儿童培养大纲、儿童和青少年补充教育大纲。

（根据白俄罗斯共和国2011年12月13日颁布的第325-3号、2014年1月4日颁布的第126-3号法律文件修订）

12. 士官武备学校——普通中等教育机构,开设八到十一年级,开展第二、三阶段教育,培养公民进入白俄罗斯共和国武装部队、白俄罗斯共和国其他军队及军事组织、白俄罗斯共和国内务部、白俄罗斯共和国国家监察委员会、白俄罗斯共和国国家司法鉴定委员会、白俄罗斯共和国紧急情况部及其下属单位并担任职务,实施针对社会处境危险儿童的培养大纲及保护其合法权益的大纲,为军事训练提供条件,提供住宿和饮食,保障受教育者人身安全与健康,还可实施特殊中等教育大纲、患病儿童培养大纲、儿童和青少年补充教育大纲,并为培养体育后备力量、高水平运动员开展教学训练活动提供条件。

（根据白俄罗斯共和国2011年12月13日颁布的第325-3号、2014年1月4日颁布的第126-3号法律文件修订）

13. 孤儿和失依儿童寄宿学校——普通中等教育机构,开设一到十一年级,为孤儿和失依儿童开展第一、二、三阶段教育,实施学前教育大纲、针对社会处境危险儿童的培养大纲及保护其合法权益的大纲,为受教育者提供住宿和饮食,保障受教育者积极融入社会并平衡发展,还可实施特殊教育大纲、儿童和青少年补充教育大纲、工人(职员)职业培训教育大纲、患病儿童培养大纲,并为培养体育后备力量、高水平运动员开展教学训练活动提供条件。

（根据白俄罗斯共和国2014年1月4日颁布的第126-3号法律文件修订）

14. 疗养寄宿学校——普通中等教育机构，开设一到十一年级，开展第一、二、三阶段教育，实施针对社会处境危险儿童的培养大纲及保护其合法权益的大纲，为受教育者治疗、康复提供条件，提供住宿、饮食，同时还可实施特殊中等教育大纲、智力障碍者特殊中等教育大纲、儿童和青少年补充教育大纲、患病儿童培养大纲。

疗养寄宿学校是专门为肌肉骨骼系统功能障碍、结缔组织疾病、结核病患者及具有恶化风险的儿童建立的教育机构。

15. 教育教学综合系统——普通中等教育机构，开展学前教育、普通中等或普通中等水平教育、中等专业教育，实施针对社会处境危险儿童的培养大纲及保护其合法权益的大纲，还可实施特殊教育大纲、儿童和青少年补充教育大纲、工人（职员）职业培训教育大纲、患病儿童培养大纲，并为培养体育后备力量、高水平运动员开展教学训练活动提供条件。

16. 教育教学综合系统包括：

16.1　托儿所——初级学校。

16.2　托儿所——基础学校。

16.3　托儿所——中等学校。

16.4　幼儿园——初级学校。

16.5　幼儿园——基础学校。

16.6　幼儿园——中等学校。

16.7　基础专业学校——艺术院校。

16.8　中等专业学校——艺术院校。

16.9　专业古典学校——艺术院校。

16.10　中等专业学校——奥林匹克储备学校。

17. 托儿所——初级学校，是教育教学综合系统中针对婴幼儿及学龄前儿童实施学前教育大纲、开展普通中等教育第一阶段教育的机构，实施针对社会处境危险儿童的培养大纲及保护其合法权益的大纲，还可实施特殊教育大纲、儿童和青少年补充教育大纲、患病儿童培养大纲，并为培养体育后备力量、高水平运动员开展教学训练活动提供条件。

（根据白俄罗斯共和国 2014 年 1 月 4 日颁布的第 126-3 号法律文件修订）

18. 托儿所——基础学校，是教育教学综合系统中针对婴幼儿及学龄前儿童实施学前教育大纲、开展普通中等教育第一、二阶段教育的机构，实施针对社会处境危险儿童的培养大纲及保护其合法权益的大纲，还可实施特殊教育大纲、儿童和青少年补充教育大纲、患病儿童培养大纲，并为培养体育后备力量、高水平运动员开展教学训练活动提供条件。

（根据白俄罗斯共和国 2014 年 1 月 4 日颁布的第 126-3 号法律文件修订）

19. 托儿所——中等学校，是教育教学综合系统中针对婴幼儿及学龄前儿童实施学前教育大纲、开展普通中等教育第一、二、三阶段教育的机构，实施针对社会处境危险儿童的培养大纲及保护其合法权益的大纲，还可实施特殊教育大纲、儿童和青少年补充教育大纲、患病儿童培养大纲,并为培养体育后备力量、高水平运动员开展教学训练活动提供条件。

(根据白俄罗斯共和国2014年1月4日颁布的第126-3号法律文件修订)

20. 幼儿园——初级学校,是教育教学综合系统中针对学龄前儿童实施学前教育大纲、开展普通中等教育第一阶段教育的机构,实施针对社会处境危险儿童的培养大纲及保护其合法权益的大纲,还可实施特殊教育大纲、儿童和青少年补充教育大纲、患病儿童培养大纲,并为培养体育后备力量、高水平运动员开展教学训练活动提供条件。

(根据白俄罗斯共和国2014年1月4日颁布的第126-3号法律文件修订)

21. 幼儿园——基础学校,是教育教学综合系统中针对学龄前儿童实施学前教育大纲,开展普通中等教育第一、二阶段教育的机构,实施针对社会处境危险儿童的培养大纲及保护其合法权益的大纲,还可实施特殊教育大纲、儿童和青少年补充教育大纲、患病儿童培养大纲,并为培养体育后备力量、高水平运动员开展教学训练活动提供条件。

(根据白俄罗斯共和国2014年1月4日颁布的第126-3号法律文件修订)

22. 幼儿园——中等学校,是教育教学综合系统中针对学龄前儿童实施学前教育大纲,开展普通中等教育第一、二、三阶段教育的机构,实施针对社会处境危险儿童的培养大纲及保护其合法权益的大纲,还可实施特殊教育大纲、儿童和青少年补充教育大纲、工人(职员)职业培训教育大纲、患病儿童培养大纲,并为培养体育后备力量、高水平运动员开展教学训练活动提供条件。

(根据白俄罗斯共和国2014年1月4日颁布的第126-3号法律文件修订)

23. 基础艺术专业学校是教育教学综合系统中开展普通中等教育第一、二阶段教育或中等专科教育第二阶段教育的机构,致力于培养受教育者特定艺术形式能力,实施中等专业教育大纲,保障受教育者获得中等专业教育专业技能,实施针对社会处境危险儿童的培养大纲及保护其合法权益的大纲,还可实施特殊中等教育大纲、儿童和青少年补充教育大纲、患病儿童培养大纲。

24. 中等艺术专业学校是教育教学综合系统中开展普通中等教育第一、二、三阶段教育或中等专科教育第二、三阶段教育的机构,致力于培养受教育者特定艺术形式能力,实施中等专业教育大纲,保障受教育者获得中等专业教育专业技能,实施针对社会处境危险儿童的培养大纲及保护其合法权益的大纲,还可实施特殊中等教育大纲、儿童和青少年补充教育大纲、工人(职员)职业培训教育大纲、患病儿童培养大纲。

25. 艺术专业古典学校是教育教学综合系统中开展普通中等教育第二、三阶段更高层次专业教育的机构,致力于培养受教育者特定艺术形式能力,实施中等专业教育大纲,保障受教育者获得中等专业教育专业技能,实施针对社会处境危险儿童的培养大纲及保护其合法权益的大纲,还可实施初级教育大纲、特殊中等教育大纲、工人(职员)职业培训教育大纲、患病儿童培养大纲。

艺术专业古典学校实施初级教育大纲,需补充设置一到四年级教育,课程内容应致力于培养受教育者特定艺术形式能力。

26.中等奥林匹克储备学校是教育教学综合系统中开展普通中等教育第一、二、三阶段教育或中等专科教育第二、三阶段教育的机构,开展培养体育后备力量、高水平运动员教学训练活动,实施中等专业教育大纲、针对社会处境危险儿童的培养大纲及保护其合法权益的大纲,还可实施初级教育大纲、特殊中等教育大纲、工人(职员)职业培训教育大纲、患病儿童培养大纲。

(根据白俄罗斯共和国 2014 年 1 月 4 日颁布的第 126-3 号法律文件修订)

27.校际劳动与职业生产教学综合学校是教育教学综合系统中开展普通中等教育第二阶段"劳动教育"课程教学活动的机构,实施工人(职员)职业培训教育大纲、针对社会处境危险儿童的培养大纲及保护其合法权益的大纲,还可开展针对已完成普通中等教育大纲人员的"劳动教育"课程教学活动、针对智力障碍者的特殊中等教育大纲、儿童和青少年补充教育大纲、患病儿童培养大纲。

28.校际应征前培训中心是普通中等教育机构开展普通中等教育第三阶段"应征前医护培训"课程教学活动的机构,实施针对社会处境危险儿童的培养大纲及保护其合法权益的大纲,还可实施儿童和青少年补充教育大纲、患病儿童培养大纲。

第一百五十七条　普通中等教育机构的管理

1.由负责人(校长、主任)对普通中等教育机构进行直接管理。

2.普通中等教育机构负责人的任免由机构创办人决定。

3.普通中等教育机构的主要自治机构是以其负责人为首的理事会。

4.普通中等教育机构内应成立教务委员会,中等学校——奥林匹克储备学校应成立教务委员会,还可成立(未成年)监护人理事会或家长委员会。

(根据白俄罗斯共和国 2014 年 1 月 4 日颁布的第 126-3 号法律文件修订)

第二十四章　普通中等教育大纲实施过程

第一百五十八条　对普通中等教育大纲实施过程的一般要求

1.普通中等教育大纲可以:

1.1 在教育机构实施。

1.2 在家中实施。

1.3 在卫生保健机构实施。

1.4 在疗养康复机构实施。

2.普通中等教育大纲的实施过程按学年开展,每学年划分为各个学期。

一学年即当年的 9 月 1 日至次年的 6 月 1 日。如果恰逢规定的日期是非工作日,则将学年的开始日期(或结束日期)更改至后一个(或前一个)工作日。

3.为受教育者安排学年假期和暑假。

受教育者学年假期合计不少于三十个工作日。一、二年级的受教育者,假期不少于三十七个工作日。

暑假应不少于12周。九年级的受教育者,暑假不少于10周。

4.实施普通中等教育第一、二、三阶段的教育过程,按照每周六天的制度组织,包括每周五天的教学日,还有每周一天让受教育者参与大众体育、体育健康,以及其他教学活动、组织劳动教育,其中包括在教学生产对象[生产(教学生产)工场、劳动培训的教学生产以及职业指导的联合工厂]那里开展的教学课程,在校际联合工厂开展的劳动教育和职业指导。

5.在学习普通中等教育大纲的同时,教学课程的学习按照基础和提升这两个阶段进行。

基础课程阶段学习相关学科的内容,掌握本科目教育大纲必修的内容。

提升课程阶段学习相关学科的内容,其中包括深入研究基本课程阶段的相关内容。

6.在实施普通中等教育大纲的教育机构,学习的是基础阶段的课程。在古典中学、寄宿古典中学、中等教育学校、职业中等教育学校、苏沃洛夫陆军学校(专业运动类除外)学习普通中等教育第二、三阶段的内容时,以及在高等教育机构学习普通中等教育第三阶段个别教学学科的教育和培养内容时,学习的是提升阶段的课程。在艺术专业古典学校中学习普通中等教育第二、三阶段内容时,如果课程内容是旨在培养受教育者在某项艺术领域的能力,则应学习该课程提升阶段的学业内容。

7.受教育者在征询法定代理人的意见之后,可根据个人爱好、意愿以及健康状况,学习提升阶段的选修课程。在选修课开设学时内,按照相应类型普通中等教育机构制订的常规教学计划完成选修课程。

8.实施普通中等教育大纲的主要组织形式为观察课、参观课等。课程学习可以轮换形式进行。此外,还有选修类、激发类、辅导类、咨询类、体育康复类、音乐类、实践类、野营集训类以及社会公益劳动类课程。

选修课旨在激发受教育者学习某科目的兴趣,深化学科内容,刺激认知活动,促进智力、精神和身体发育。

激发课旨在开发有天赋和才华的受教育者的创造力。

辅导课旨在帮助接受全日制普通中等教育的受教育者解决科目课程(科目课程教育大纲某些专题)方面的困难。

咨询课旨在帮助接受函授式普通中等教育的受教育者解决科目课程教育大纲某些专题方面的困难。

社会公益劳动课旨在培养受教育者的劳动技能。

9."体育与健康"教学课程,通常是男孩(男生)和女孩(女生)分开进行。

10.选修课可以分为人文、社会学、生态学、军事爱国主义、音乐、舞蹈、艺术、戏剧、体育和其他方向。

选修课通常在课程开始之前或结束之后进行。9(10)—11(12)年级受教育者的选修课可在第六个上学日进行。

11.白俄罗斯共和国内务部刑事系统管权机构的在押犯人,以及白俄罗斯共和国内务部劳动疗养所的在押犯人,可以在中学(国立中学分校)接受普通中等教育,学校设在白俄罗斯共和国内务部刑事系统管权机构、白俄罗斯共和国内务部惩戒系统的生产部门、国家统一生产企业或白俄罗斯共和国内务部劳动疗养所内。

12.实施普通中等教育大纲以班级形式开展,包括综合教育和培养班、体育特长班、夜班以及其他个性化班级。

综合教育和培养班——在普通中等教育第一、二、三阶段设置的班级,实施普通中等教育大纲和特殊教育大纲。

体育特长班——在普通中等教育第一、二、三阶段设置的班级,实施普通中等教育大纲,并为受教育者组织教学培训过程,以培养体育后备力量、高水平运动员。体育特长班级的开设由白俄罗斯共和国体育旅游部、国防部和教育部根据体育运动分类的具体专业规定批准。

(根据白俄罗斯共和国2014年1月4日颁布的第126-3号法律文件修订)

夜班——在普通中等教育第三阶段设置的年级,按照夜校常规教学计划组织教育过程。

13.年级容纳量不应超过:

13.1　1~4年级——20名受教育者。

13.2　5~11年级——25名受教育者。

13.3　体育特长、中学奥林匹克后备的1~11年级——20名受教育者。

13.4　艺术小学的1~9年级——20名受教育者。

13.5　艺术中学的1~11年级——20名受教育者。

13.6　古典中学、寄宿古典中学、艺术寄宿古典中学的5~11年级——20名受教育者。

13.7　中等教育学校的10~11年级——20名受教育者。

13.8　特殊中等专业学校、苏沃洛夫陆军学校的7~11年级——20名受教育者。

13.9　军官学校的8~11年级——25名受教育者。

13.10　夜校、教学咨询点的10~12年级——20名受教育者。

13.11　夜校的10~12年级——20名受教育者。

13.12　疗养寄宿学校的1~11年级——20名受教育者。

13.13　孤儿和失依儿童寄宿学校的1~11年级——20名受教育者。

13.14　校际劳动与职业生产教学综合学校的5~9年级——25名受教育者。

13.15　校际应征前培训中心的10~11年级——25名受教育者。

14.综合教育和培养班级的人数不应超过20人,其中:

14.1　有下列同一类型身心障碍的受教育者不超过3人,例如智力障碍、失聪、失明和肌肉骨骼系统功能受损。

14.2　有下列同一类型的受教育者不超过6人,例如听力障碍、视力障碍、严重言语障碍和智力障碍。

14.3　有多种(不超过两种)的受教育者不超过4人。

15. 只要有1名受教育者，实施普通中等教育大纲的教育机构就可开设班级。

16. 班级可根据《关于普通中等教育机构及其形式的规定》划分为小组。

17. 教育过程根据实施普通中等教育大纲的教育机构的负责人的决定进行，并参照个人教学计划或《关于普通中等教育机构及其形式的规定》进行。

18. 在实施普通中等教育大纲的教育机构，为帮助家庭参与受教育者的教育与培育，并为开发受教育者的创造力提供条件，可以为1～9年级的受教育者开设长日班，相关规定由白俄罗斯共和国教育部批准。

第一百五十九条　对普通中等教育招生入学工作的一般要求

1. 本条另有规定除外，普通中等教育招生入学工作依据受教育者的申请进行，受教育者须提交出生证明、身份证明和健康诊断书。未成年人可以由法定代理人代为提交申请。在本条规定的情况下，普通中等教育招生入学工作也可以根据入学考试成绩、某些艺术领域的能力测试成绩以及某些体育特长生的选拔结果进行，同时应兼顾受教育者的健康状况。

（根据白俄罗斯共和国2014年1月4日颁布的第126-3号法律文件修订）

2. 一年级入学儿童在对应学年的9月1日应年满六周岁，根据未成年法定代理人之一的意愿，可招收在对应学年9月1日－30日期间年满六周岁的儿童。

3. 招收人员进入普通中等教育机构的体育特长班接受初级教育、基础教育、中等教育，该项招生工作通过选拔进行。选拔能够在某些体育运动中取得较高成绩且身体条件适合的受教育者，其名单由白俄罗斯共和国卫生部批准。

（根据白俄罗斯共和国2014年1月4日颁布的第126-3号法律文件修订）

招收人员进入体育特长班接受初级教育、基础教育、中等教育的工作程序，选拔单项体育特长生的选拔时间、选拔程序和选拔特点，白俄罗斯共和国总统另有规定除外，均由体育特长班开设条例确定。

（根据白俄罗斯共和国2014年1月4日颁布的第126-3号法律文件修订）

4. 古典中学、寄宿古典中学、寄宿古典艺术中学在基础教育和中等教育阶段的招生入学工作，主要通过入学测试成绩进行。寄宿古典艺术中学的招生入学工作，根据受教育者在某些艺术领域的能力测试进行。

在古典中学、寄宿古典中学、寄宿古典艺术中学已经接受过基础教育的受教育者，可按照其意愿继续学习普通中等教育第三阶段的内容，并且无须参加入学考试和在某些艺术领域的能力测试。

入学考试的名单、时间和程序，某些艺术领域的能力测试程序，古典中学、寄宿古典中学、寄宿古典艺术中学基础教育和中等教育的招生入学工作程序，根据测试结果确定受教育者名额的程序，由《关于普通中等教育机构及其形式的规定》确定。

选拔除外，以下儿童在入学考试中只要成绩不低于6分，就可在寄宿古典中学接受基础教育和中等教育：

孤儿和失依儿童；

多子女家庭的儿童；

生活在人口少于2万的居民点的儿童。

对于要进入古典中学、寄宿古典中学接受基础教育和中等教育的受教育者，入学考试分数相同的情况下，在入学前一年的最终考核中分数高的受教育者有优先权。而要进入古典艺术学校，则是在某些艺术领域水平更高的受教育者有优先权。

古典中学、寄宿古典中学、寄宿古典艺术中学组织基础教育和中等教育招生入学工作，入学考试、某些艺术领域的能力测试和最终受教育者名额的确定，均由招生委员会决定。

有意参加古典中学、寄宿古典中学、寄宿古典艺术中学基础教育和中等教育竞赛的受教育者，向指定教育机构招生委员会提交本条第1项规定的文件除外，还应提交普通基础教育毕业证书（用于接受中等教育），以及能够证明受教育者在古典中学、寄宿古典中学、寄宿古典艺术中学基础教育和中等教育入学时享受优待（如有享受优待的权利）的相关文件。

5. 在中等教育学校和高等教育机构接受中等教育的招生入学工作，根据入学考试进行。入学考试的清单、时间和程序，以及最终受教育者录取名额的确定程序，均由《关于普通中等教育机构及其形式的规定》确定。

在入学前一学年内在白俄罗斯共和国教育部举办的奥林匹克某学科竞赛中获奖（一、二、三等奖）的受教育者，可以不经入学考试进入中等教育学校和高等教育机构接受中等教育，入学考试可根据其获奖学科制定。

入学考试分数相同的情况下，以下受教育者享有在中等教育学校和高等教育机构接受中等教育的优先权：

入学前一学年内在白俄罗斯共和国教育部举办的奥林匹克某学科竞赛中获奖（一、二、三等奖）的受教育者，可以根据获奖学科成绩确定入学考试；

普通基础教育毕业证书上平均得分较高者；

普通基础教育毕业证书上入学考试科目的平均成绩较高者。

为了招收人员进入中等教育学校和高等教育机构接受中等教育，以及举行入学考试并确定最终录取人员名单，特此建立招生委员会。

有意通过参加竞赛进入中等教育学校和高等教育机构接受中等教育的受教育者，向指定教育机构招生委员会提交本条第1项规定的文件除外，还应提交普通基础教育毕业证书，以及能够证明受教育者在中等教育学校和高等教育机构（接受中等教育）入学时可以享受优待（如有享受优待的权利）的相关文件。

6. 在职业中等教育学校接受基础教育和中等教育，需要参加入学考试竞赛，并且受教育者不得有影响职业学校教学的疾病。受教育者录取名单由白俄罗斯共和国卫生部批准。

在职业中等教育学校接受过普通基础教育的受教育者,可以按照其意愿继续在职业中等教育学校接受普通中等教育第三阶段的教育,且不需要进行入学考试。

入学考试的名单和日期按照职业中等教育学校的招生规则确定,由白俄罗斯共和国教育部和紧急情况部批准决定。

在普通中等教育第二阶段完成 6 年级学业的人员,可以进入职业中等教育学校学习。

选拔除外,以下受教育者在入学考试中只要成绩不低于 4 分,就可在专业中等教育学校接受基础教育和中等教育:

孤儿和失依儿童;

白俄罗斯共和国《关于个别类别公民的国家社会福利、权利与保障》第三条第 12 项第 12.2 分项和 12.3 分项所列人员的子女。

在入学考试得分相同的情况下,专业中等教育学校优先录取以下受教育者:

在 6 年级最终考核中平均分更高的受教育者;

在入学考试中,专业中等教育学校招生准则所规定的科目分数更高的受教育者;

定居(长期居住)在放射性污染地区的受教育者。

为开展专业中等教育学校招生工作、组织入学考试并根据成绩确定录取名额,应成立招生委员会。

有意通过参加竞赛进入专业中等教育学校接受基础教育或中等教育的受教育者,本条第 1 项规定的文件除外,还应向专业中等教育学校招生委员会提交普通基础教育的毕业证书(为接受中等教育)和能够证明受教育者在申请专业中等教育学校时享有优待权利的文件(如享有优待权利)。

7. 苏沃洛夫陆军学校招收未成年白俄罗斯共和国男性公民,要求在相应学年的 9 月 1 日前年满十二周岁(但不超过十三周岁),并完成普通中等教育第二阶段 7 年级的学习。

在苏沃洛夫陆军学校接受普通中等教育的招生程序,由白俄罗斯共和国总统决定。

8. 士官武备学校在招生时要求受教育者完成普通中等教育第二阶段 7 年级的学习。

在士官武备学校接受基础教育和普通中等教育的招生程序,由白俄罗斯共和国总统决定。

9. 孤儿和失依儿童寄宿学校招收六至十八周岁的孤儿和失依儿童,三周岁以上的儿童可以和兄弟姐妹一起进入孤儿和失依儿童寄宿学校。

孤儿和失依儿童寄宿学校根据以下文件接收孤儿和失依儿童:

儿童所在地的行政和管理机构关于将该儿童送入儿童寄宿学校接受教育的决定;

州执行委员会教育局(明斯克市执行委员会教育委员会)的介绍信;

出生证明或其他身份证明文件;

关于健康状况的医学证明。

10. 疗养寄宿学校招收患有肌肉骨骼系统和结缔组织疾病、躯体疾病等儿童。

疗养寄宿学校在学年或学季开始之前招生。如未满员,可在学年或学季开始之后招生。

疗养寄宿学校优先录取以下受教育者:

孤儿和失依儿童;

社会处境危险儿童;

父母一方残疾的儿童;

来自多子女家庭的儿童。

本条第1项规定的文件除外,受教育者申请疗养寄宿学校时还应提交下列文件:

州执行委员会教育局(明斯克市执行委员会教育委员会)的介绍信;

证明受教育者在申请疗养寄宿学校时享有优待权利的文件(如享有优待权利)。

写给疗养寄宿学校的介绍信,应由州执行委员会教育局(明斯克市执行委员会教育委员会)印发,根据是医疗咨询委员会的意见。

11. 被录取进入基础艺术学校、中等艺术学校接受普通基础教育和中等教育的受教育者,在选拔之前需要对其进行某些艺术领域的能力测试。

对于被录取进入基础艺术学校、中等艺术学校接受普通基础教育和中等教育的受教育者,对其进行测试的时间、测试流程、招生程序,均由《关于普通中等教育机构及其形式的规定》确定。

为录取人员在基础艺术学校、中等艺术学校接受普通基础教育和中等教育,并对其进行某些艺术领域的能力测试,以及根据成绩决定录取名额,应成立招生委员会。

12. 在中等奥林匹克储备学校接受普通中等教育的招生工作,应甄选能够在特定运动中取得良好成绩的受教育者,同时受教育者不得患有与所从事运动项目冲突的疾病,疾病清单由白俄罗斯共和国卫生部批准。

对于招收人员进入中等奥林匹克储备学校接受普通中等教育,应选拔能够在特定运动中取得良好成绩的受教育者,选拔时间、流程和选拔特点由白俄罗斯共和国教育部和体育旅游部确定。

为录取人员进入中等奥林匹克储备学校接受普通中等教育,并举行考试以甄选能够在特定运动中取得良好成绩的受教育者,以及根据成绩决定录取名额,应成立招生委员会。

为在中等奥林匹克储备学校接受普通中等教育而参加选拔考试的受教育者,本条第1项规定的资料除外,还需向招生委员会提交白俄罗斯共和国教育部和体育旅游部规定清单中的资料。

(根据白俄罗斯共和国2014年1月4日颁布的第126-3号法律文件修订)

13. 本法未规定的普通中等教育招生办法,均根据《关于普通中等教育机构及其形式的规定》进行。

第一百六十条　在家中接受普通中等教育

1.对于因疾病暂时或永久性无法进入教育机构学习的受教育者,应创造条件使其在家中接受普通中等教育。

可在家中接受普通中等教育的疾病种类清单由白俄罗斯共和国卫生部确定。

2.在家中接受普通中等教育的教育过程由受教育者所在地的国家教育机构或受教育者在出现医学症候之前接受普通中等教育的国家教育机构组织。

3.教育机构根据受教育者(未成年受教育者的法定代理人)的申请和医疗咨询委员会的结论,决定能否在家中接受普通中等教育。

4.在家中接受普通中等教育的手续由白俄罗斯共和国教育部与卫生部协商决定。

第一百六十一条　受教育者在保健机构接受教育

1.对于学习普通中等教育大纲且需在保健机构住院治疗的受教育者,应按白俄罗斯共和国教育部与卫生部协商确定的程序为其接受教育创造条件。

2.受教育者在保健机构的教育过程由保健机构所在地的教育机构组织。

3.关于受教育者在保健机构接受教育的决定,由保健机构所在地的地方行政和管理机构教育处(教育局)根据该保健机构提交的材料批准。

第一百六十二条　受教育者在疗养康复机构接受教育

1.对于学习普通中等教育大纲且需在疗养康复机构接受治疗或康复训练的受教育者,应按白俄罗斯共和国教育部确定的程序为其接受教育创造条件。

2.受教育者在疗养康复机构的学习活动由相关机构所在地的教育机构组织。对于以小组形式被派到疗养院和疗养机构学习的受教育者,教育和培养活动由疗养院和疗养机构所在地的教育机构组织。

第一百六十二-1条　对于参加体育比赛的受教育者的教育和培养

(根据白俄罗斯共和国2014年1月4日颁布的第126-3号法律文件修订)

1.对于学习普通中等教育大纲且需参加其接受教育的教育机构所在地之外的体育比赛的受教育者,应视情况按白俄罗斯共和国教育部和体育旅游部共同确定的程序为其接受教育创造条件。

2.受教育者在其接受教育的教育机构所在地之外参加体育比赛时,由体育比赛举办地的教育机构负责组织对受教育者的教学活动。

3.关于受教育者在参加体育比赛期间在教育机构接受教育的决定,由体育比赛举办地的地方行政和管理机构教育处(教育局)根据体育比赛主办方提交的材料批准。

第二十五章　受教育者学习普通中等教育大纲的考核

第一百六十三条　受教育者学习普通中等教育大纲的考核

1.校外考生除外,学习普通中等教育大纲的所有受教育者均应参加例行考核、期中考核和最终考核。

2.校外考生是指自主或在未经国家认证的教育机构内完整或部分学习基础教育大纲或中等教育大纲的受教育者。为确认其教育经历,如有充分理由不在教育机构学习上述教育大纲,受教育者可以校外考生身份参加考核。

3.校外考生制度是指受教育者的最终考核程序。如受教育者学习基础教育大纲,则其考核成绩表现为基础学校常规教学计划课程科目的考试分数;如受教育者学习中等教育大纲,则其考核成绩表现为中等学校常规教学计划课程科目的考试分数。校外考生根据常规教学计划参加考试(包括毕业考试),考核成绩也可表现为其学习证书上的分数。

4.校外考生毕业鉴定的考核成绩以十分制记分,包括0分或"未修"。

5.允许校外考生参加考核的决定,由校外考生所在地的地方行政和管理机构教育处(教育局)根据校外考生(未成年校外考生的法定代理人)的申请批准。

对校外考生的考核由国家普通中等教育机构组织开展。负责按照校外考生制度组织考核的国家普通中等教育机构,由地方行政和管理机构教育处(教育局)决定。

按照校外考生制度对校外考生进行考核的程序,由白俄罗斯共和国教育部确定。

6.期中和最终考核中对受教育者表现的评价分为"一般""满意""不满意"。评价受教育者表现的标准由白俄罗斯共和国教育部决定。

第一百六十四条 受教育者学习普通中等教育大纲的例行考核和期中考核

1.例行考核在教学课程中进行,并需要打分。

2.例行考核成绩占期中考核成绩的15%。

3.一、二年级受教育者除外,其他受教育者的例行考核和期中考核成绩以十分制记分,包括0分,或标记为"及格""不及格""缺考""免考""未修"。1~10分或"及格""免考""未修"标记为通过。

4.一、二年级受教育者的例行考核和期中考核是在内容评估的基础上进行的,主要是对受教育者的学习活动成果进行文字描述评价,不打分。

5.受教育者学习普通中等教育大纲时,例行考核和期中考核的程序由《学习普通中等教育大纲过程中的考核实施办法》确定。

第一百六十五条 受教育者学习普通中等教育大纲的最终考核

1.最终考核在学年结束或完成普通中等教育第二、三阶段之后进行。

2.学年结束时的最终考核成绩,以全年总分(年度总分)呈现,同时参考当前学年的期中考核成绩。

3.完成普通中等教育第二、三阶段之后的最终考核成绩,以毕业考试科目总分呈现,同时参考全年成绩和考试分数。

4.毕业考试的科目清单和举行形式,在每学年开始之前由白俄罗斯共和国教育部确定。

5.受教育者可根据医学证明或其他原因免于参加毕业考试。受教育者免于参加毕业考试的疾病种类清单,由白俄罗斯共和国卫生部确定,其他免考原因由白俄罗斯共和国教育部确定。如受教育者免于参加毕业考试,则最终考核以全年成绩为依据。

6.只有学完教学计划和教育大纲的受教育者,才有资格参加最终考核。

7.受教育者的最终考核成绩以十分制评分,包括0分和"及格""不及格""缺考""免考""未修"标记。1~10分或"及格""免考""未修"标记为通过。

8.因正当原因未在规定期限内通过最终考核的受教育者,可在其他时间参加最终考核。

9.无正当原因而未在规定期限内通过最终考核的受教育者,或考核结果为0分或"不及格""缺考"的受教育者,可在其他时间参加最终考核。

10.受教育者学习普通中等教育大纲的最终考核实施程序,依据《受教育者学习普通中等教育大纲的最终考核规定》进行。

第二十六章　普通中等教育科学教学方法保障

第一百六十六条　普通中等教育科学教学方法保障体系

1.普通中等教育科学教学方法保障体系包括:

1.1　普通中等教育大纲等教学纲领性文件。

1.2　培养计划和纲领性文件。

1.3　教学方法文件。

1.4　教育出版物。

1.5　信息分析材料。

2.普通中等教育科学教学方法保障由以下组织提供:

2.1　为普通中等教育提供科学教学方法保障的组织。

2.2　普通中等教育机构。

2.3　实施普通中等教育大纲的其他教育机构。

2.4　隶属于白俄罗斯共和国政府的管理机构、其他国家机构、地方行政和管理机构,以及权力范围涉及普通中等教育的其他组织和个人。

第一百六十七条　普通中等教育大纲等教学纲领性文件

1.普通中等教育大纲等教学纲领性文件,包括教学计划和教育大纲。

2.教学计划分为:

2.1　普通中等教育常规教学计划。

2.2　实施普通中等教育大纲的教育机构的教学计划。

2.3　实施普通中等教育大纲的教育机构的实验教学计划。

2.4　个性化教学计划。

3.普通中等教育常规教学计划是一种技术性法规文件,由各类普通中等教育机构的常规教学计划构成。

相应类型的普通中等教育机构的常规教学计划,包括各年级必修科目清单,规定学习必修科目的学时数以及学习选修课、潜能激发类课程、辅导课程和咨询的学时数,每个受教育者每周必修和最长学习时间,以及由国家和地方预算资金拨款开设的教学课程的总学时数。

普通中等教育常规教学计划由白俄罗斯共和国教育部和财政部共同协商确定,同时须具有国家卫生监督组织和机构出具的证明,以证明其符合卫生防疫法。

4. 实施普通中等教育大纲的教育机构的教学计划,由实施普通中等教育大纲的教育机构制订,教学计划以每年相应类型的普通中等教育常规教学计划为基础,由教学机构负责人与创办人共同协商批准。高等教育机构在制订普通中等教育教学计划时,使用中等教育学校的常规教学计划。普通中等教育机构除外,实施普通中等教育大纲的教育机构都使用常规教学计划。

实施普通中等教育大纲的教育机构制订教学计划时,教育机构的创办人可以根据《关于普通中等教育机构及其形式的规定》增加由国家和地方预算资金拨款开设的教学课程的总学时数。

5. 实施普通中等教育大纲的教育机构的实验教学计划,由实施普通中等教育大纲的教育机构审批,并在此基础上开展实验活动。

实施普通中等教育大纲的教育机构的实验教学计划,由白俄罗斯共和国教育部制订并批准。

6. 个性化教学计划规定下列人员接受普通中等教育的特点:天资聪颖和才能突出的受教育者,因正当理由经常或暂时不能上课的受教育者,以及因正当理由不能在规定日期内参加考核的受教育者。

个性化教学计划由实施普通中等教育大纲的教育机构,依据实施普通中等教育大纲的教育机构的教学计划制订,并由教育机构的负责人批准。

7. 教育大纲分为:

7.1 教学科目教育大纲。

7.2 已删除。

(2014年1月4日颁布的第126-3号白俄罗斯共和国法律文件第一百六十七条的第7.2分项已删除)

7.3 选修课程教育大纲。

7.4 教学科目实验教育大纲。

8. 教学科目教育大纲是一种技术性法规文件,它规定科目学习的目标、任务、内容、分配到每一专题的课时、对受教育者学习成绩的基本要求以及推荐的教学和培养方式方法。

9. 已删除。

(2014年1月4日颁布的第126-3号白俄罗斯共和国法律文件第一百六十七条第9项已删除)

10. 选修课程教育大纲是一种技术性法律规范,它规定科目学习的目标、任务、内容、分配到每一专题的课时、对受教育者学习成绩的基本要求以及推荐的教学和培养方式方法。

11. 教学科目实验教育大纲由实施普通中等教育大纲的教育机构审批,并在此基础上开展实验活动。

12. 旨在培养受教育者在某些艺术领域的能力的教学科目教育大纲除外,教学科目教育大纲、选修课程教育大纲和教学科目实验教育大纲均由为普通中等教育提供科学教学方法保障的组织制定,并由白俄罗斯共和国教育部批准。

旨在培养受教育者在某些艺术领域的能力的教学科目教育大纲,由白俄罗斯共和国教育部和文化部共同制定和批准。

13. 已删除。

(2014年1月4日颁布的第126-3号白俄罗斯共和国法律文件第一百六十七条第13项已删除)

第九编 职业技术教育

第二十七章 职业技术教育体系

第一百六十八条 职业技术教育体系

1. 职业技术教育属于基础教育层次,旨在发展受教育者个性,关注受教育者职业发展,使受教育者获得专业理论培训和实践训练,并最终被授予职业技术教育背景工人(职员)技术等级。

2. 职业技术教育体系包括:

2.1 职业技术教育大纲实施过程的参与者。

2.2 职业技术教育大纲。

2.3 职业技术教育机构。

2.4 实施职业技术教育大纲的其他教育机构。

2.5 保障职业技术教育体系运作的国家教育机构。

2.6 职业技术教育科学教学方法保障协会。

2.7 为受教育者提供生产实习的组织。

2.8 人员培训委托机构。

2.9 隶属于白俄罗斯共和国政府的管理机构、其他国家机构、地方行政和管理机构,以及权力范围涉及职业技术教育的其他组织和个人。

第一百六十九条 职业技术教育大纲实施过程的参与者

1. 职业技术教育大纲实施过程的参与者有受教育者、未成年受教育者的法定代理人和教育工作者。

2. 在实施职业技术教育期间应向受教育者发放学生证,证件样式由白俄罗斯共和国教育部规定。

第一百七十条　职业技术教育大纲

1.职业技术教育大纲分为：

1.1　确保能够取得工人(职员)技术等级的职业技术教育大纲。

1.2　确保能够取得工人(职员)技术等级并可学习某些高层次课程的职业技术教育大纲。

1.3　确保能够取得工人(职员)技术等级并接受普通中等教育的职业技术教育大纲。

1.4　确保能够取得工人(职员)技术等级、接受普通中等教育并可学习某些高层次课程的职业技术教育大纲。

2.职业技术教育大纲分为全日制和函授两种教育形式。

3.职业技术教育大纲在职业技术教育机构、封闭式特殊职业技术教育学校和封闭式特殊治疗培育职业技术学校内实施，也可在中等专业教育和高等教育机构实施。在以上教育机构实施的职业技术教育大纲种类由本法规定。

第一百七十一条　职业技术教育标准

1.职业技术教育标准根据不同专业制定，该标准规定了对接受职业技术教育的工人和职员进行专业活动的内容、权限、职业技术教育大纲等教学纲领性文件内容、接受职业技术教育的受教育者的基础教育水平、接受职业技术教育的形式和期限、教育过程的组织、受教育者的学习负荷、毕业生的培养水平和最终考核的要求。

2.职业技术教育标准由白俄罗斯共和国教育部制定，并与为职业技术教育提供科学教学方法保障的组织共同实施。

3.职业技术教育标准由白俄罗斯共和国教育部协调相关国家行政机关和白俄罗斯共和国政府下属国家其他机构批准。

第一百七十二条　职业技术教育的学习期限

1.以日间教育形式接受职业技术教育的学习期限为：

1.1　如果在普通基础教育的基础上接受职业技术教育，同时不接受普通中等教育或特殊教育，则职业技术教育的学习期限为一至两年。

1.2　如果在普通基础教育的基础上接受职业技术教育，同时接受普通中等教育，则职业技术教育的学习期限为两年零六个月至三年。

1.3　如果在普通中等教育的基础上接受职业技术教育，则职业技术教育的学习期限为一至两年。

2.如果在普通基础教育的基础上接受职业技术教育，同时接受普通中等教育，则职业技术教育的学习期限可以延长，但不超过六个月。

3.夜间形式的职业技术教育学习期限，取决于日间形式的职业技术教育学习期限，学习期限可以延长，但不超过一年。

4.以函授形式接受职业技术教育的学习期限为六个月至一年零六个月。

第二十八章 职业技术教育机构，实施职业技术教育大纲的教育机构与人员培训委托机构间相互协作，职业技术教育科学教学方法保障协会

第一百七十三条 职业技术教育机构

1.职业技术教育机构是实施以下教育大纲的教育机构：职业技术教育大纲、针对社会处境危险儿童的培养大纲及保护其合法权益的大纲、中等专业教育大纲（确保受教育者能够取得中等专业教育专家技术等级并与职业技术教育大纲相结合）、中等专业教育大纲（确保受教育者能够取得中等专业教育工人技术等级并与职业技术教育大纲相结合）、儿童和青少年补充教育大纲、成人补充教育大纲，为受过高等教育的管理人员和专家制定的再培训教育大纲和某些职位岗前职业培训教育大纲除外。

2.职业技术教育机构分为以下几种类型：

2.1 职业技术中学。

2.2 职业中等教育学校。

2.3 职业技术学院。

3.职业技术中学是实施下列教育大纲的职业技术教育机构：确保受教育者能够取得工人（职员）技术等级的职业技术教育大纲、确保受教育者能够取得工人（职员）技术等级并接受普通中等教育的职业技术教育大纲、针对社会处境危险儿童的培养大纲及保护其合法利益的大纲、儿童和青少年补充教育大纲、工人（职员）技术等级提升大纲、工人（职员）再培训教育大纲、工人（职员）职业培训教育大纲、培训课程教育大纲（讲座、专题研讨会、实践课程、训练、军官课程及其他培训课程）、组织内培训教育大纲、个人潜力和能力提升教育大纲、白俄罗斯共和国教育机构个人入学培训教育大纲。

4.职业中等教育学校是实施下列教育大纲的职业技术教育机构：职业技术教育大纲、针对社会处境危险儿童的培养大纲及保护其合法权益的大纲、儿童和青少年补充教育大纲、工人（职员）技术等级提升大纲、工人（职员）再培训教育大纲、工人（职员）职业培训教育大纲、培训课程教育大纲（讲座、专题研讨会、实践课程、训练、军官课程及其他培训课程）、组织内培训教育大纲、个人潜力和能力提升教育大纲、白俄罗斯共和国教育机构个人入学培训教育大纲。

5.职业技术学院是实施下列教育大纲的职业技术教育机构：职业技术教育大纲、中等专业教育大纲（确保受教育者能够取得中等专业教育专家技术等级并与职业技术教育大纲相结合）、中等专业教育大纲（确保受教育者能够取得中等专业教育工人技术等级并与职业技术教育大纲相结合）、针对社会处境危险儿童的培养大纲及保护其合法权益的大纲、儿童和青少年补充教育大纲、管理人员和专家技术等级提升教育大纲、为受过中等专业教育的管理人员和专家制定的再培训教育大纲、管理人员和专家进修教育大纲、工人（职员）技术等级提升大纲、工人（职员）再培训教育大纲、工人（职员）职业培

训教育大纲、培训课程教育大纲(讲座、专题研讨会、实践课程、训练、军官课程及其他培训课程)、组织内培训教育大纲、个人潜力和能力提升教育大纲、白俄罗斯共和国教育机构个人入学培训教育大纲。

第一百七十四条　职业技术教育机构的管理

1.职业技术教育机构由其负责人直接管理。

2.职业技术教育机构负责人的任免,由机构创办人经白俄罗斯共和国教育部同意后决定。

3.职业技术教育机构的主要自治机构是以其负责人为首的理事会。

4.职业技术教育机构内应成立教务委员会,也可成立(未成年)监护人理事会。

第一百七十五条　重点职业技术教育机构

1.职业技术教育机构,可被授予国家级、州(明斯克市)级职业技术教育体系内重点职业技术教育机构的地位。

2.国家级职业技术教育体系内重点职业技术教育机构,其地位的授予旨在完善职业技术教育体系,增强职业技术教育机构在培养知识密集型高新技术产业人才和研制现代教育技术和教学设备方面的作用。国家级职业技术教育体系内重点职业技术教育机构的地位,按教育方向、教育领域确定。

国家级职业技术教育体系内重点职业技术教育机构的地位,由白俄罗斯共和国教育部根据管辖职业技术教育机构的国家机构的建议授予。

3.州(明斯克市)级职业技术教育体系内重点职业技术教育机构,地位的授予旨在完善职业技术教育科学教学方法保障,协调相应行政区域内实施职业技术教育大纲的教育机构的活动,同时将职业技术教育领域的创新项目引入相应行政区域,并解决相应行政区域内职业技术教育领域的其他任务。

州(明斯克市)级职业技术教育体系内重点职业技术教育机构的地位,由机构创办人经白俄罗斯共和国教育部同意后授予。

4.重点职业技术教育机构与提供职业技术教育科学教学方法保障协会、职业技术教育机构、实施职业技术教育大纲的教育机构以及人员培训委托机构相互协作。

第一百七十六条　实施职业技术教育大纲的教育机构与人员培训委托机构间相互协作

1.实施职业技术教育大纲的教育机构与人员培训委托机构相互协作的目的,是为人员培训委托机构培养具有职业技术教育背景的工人和职员。

2.为达成相互协作,人员培训委托机构应与实施职业技术教育大纲的教育机构就培养具有职业技术教育背景的工人和职员问题签订相互协作合同,或由人员培训委托机构向实施职业技术教育大纲的教育机构提交工人和职员的培训申请。

3.教育机构和人员培训委托机构,可在以下情况下签署关于培养具有职业技术教育背景的工人和职员的相互协作合同；人员培训委托机构负责组织受教育者的生产实习，并负责发展实施职业技术教育大纲的教育机构的物质技术和社会文化基础。

4. 教育机构和人员培训委托机构就培养具有职业技术教育背景的工人和职员问题签订的相互协作合同，基本条款有：

4.1 合同主体。

4.2 为后续在人员培训委托机构就业而参加教育机构培训的人数及其学习期限。

4.3 培训的专业、技术等级（工人的工种、职员的职位）。

4.4 受教育者进行生产实习的流程。

4.5 用于生产实习的设施和设备。

4.6 参与发展教育机构的物质技术基础和社会文化基础。

4.7 教育机构的教育工作者前往人员培训委托机构进修。

4.8 人员培训委托机构派代表参与受教育者的最终考核。

4.9 毕业生在人员培训委托机构的就业安置。

5. 已与教育机构就培养具有职业技术教育背景的工人和职员问题签订了合同的人员培训委托机构，可被视为相应教育机构的基地机构。

基地机构具有优先权，可以优先选择相应教育机构的毕业生，以满足自身对具有职业技术教育背景的工人和职员方面的需求。如同时存在几个基地机构，则按相关合同签订日期，确定基地机构选择毕业生的顺序。

6. 教育机构与人员培训委托机构就培养具有职业技术教育背景的工人和职员问题达成的合同，如与国家所有制形式的机构签订，则须征得国家所有制形式的机构所属国家机构（组织）的同意。如与私有形式的组织签订，则须征得私有组织负责人同意。

7. 具有职业技术教育背景的工人和职员有需求的人员培训委托机构，工人和职员的培训申请表会发往实施职业技术教育大纲的教育机构，目的是保证受教育者在人员培训委托机构的后续就业。

8. 在工人和职员的培训申请表中，应当标明：

8.1 申请培训的人数（按年计算）。

8.2 需培训的工人工种、职员职位。

9.《关于实施职业技术教育大纲的教育机构的基地机构的规定》、关于教育机构和人员培训委托机构就培养具有职业技术教育背景的工人和职员相互协作的合同样式、合同签订的流程和工人（职员）培训申请表格式，均由白俄罗斯共和国政府或其授权机构批准。

第一百七十七条 职业技术教育科学教学方法保障协会

1. 为完善职业技术教育科学教学方法保障，培训具有职业技术教育背景的工人和职员，白俄罗斯共和国教育部、地方行政和管理机构可成立国家级、州（明斯克市）级职业技术教育科学教学方法保障协会。

2.职业技术教育科学教学方法保障协会,根据不同教育专业、教育方向以及某些专业设立。

3.职业技术教育科学教学方法保障协会,由实施职业技术教育大纲且经认证符合申报教育机构类型的教育机构教育工作者、科研工作者,以及人员培训委托机构和其他组织的代表组成。

4.职业技术教育科学教学方法保障协会的主要职能是:

4.1 参与制定和完善职业技术教育标准。

4.2 参与制定和完善职业技术教育科学教学纲领性文件。

4.3 综合考虑劳动力市场的需求,提出完善人员培训的建议。

5.职业技术教育科学教学方法保障协会所做的决定,具有咨询性质。

6.职业技术教育科学教学方法保障协会的相关条例由白俄罗斯共和国教育部颁布。

第二十九章　职业技术教育大纲实施过程

第一百七十八条　对职业技术教育大纲实施过程的一般要求

1.职业技术教育大纲可以:

1.1 在教育机构实施。

1.2 在家中实施。

2.职业技术教育大纲的实施过程按学年开展,一学年分为两个学期。

3.受教育者享有:

3.1 每学年不少于2周的假期。

3.2 不少于8周的暑假。

4.实施职业技术教育大纲的主要组织形式为讲座课、讨论课、实验课、实践课等。课程可以轮换形式进行。此外,还有选修课、辅导班和兴趣班。

5.实施职业技术教育大纲时,教育过程包括生产实习,分为初期阶段、主要阶段和最终(生产实践)阶段的实习。

生产实习所占学时不少于实施职业技术教育大纲总学时的40%。

生产实习的组织程序,根据《关于为学习职业技术教育大纲者安排的生产实习规定》进行,该规定由白俄罗斯共和国政府颁布。

6.白俄罗斯共和国内务部刑事系统管权机构、白俄罗斯共和国内务部惩戒系统的生产部门或白俄罗斯共和国内务部劳动疗养所的受教育者,可在属于白俄罗斯共和国内务部刑事系统管权机构、白俄罗斯共和国内务部惩戒系统的生产部门、国家统一生产企业和白俄罗斯共和国内务部劳动疗养所的职业技术学校内接受职业技术教育。

7.实施职业技术教育大纲时,教育过程在教学班级内开展,或独立开展。

8.日间形式的职业技术教育科学教学班级容量为25~30人,晚间和函授形式的班级容量为15~20人。

无论何种教育形式,属于白俄罗斯共和国内务部刑事系统管权机构、白俄罗斯共和国内务部惩戒系统的生产部门、国家统一生产企业和白俄罗斯共和国内务部劳动疗养所的职业技术学校的班级容量为20～25人。

教育过程仅针对身心障碍者开展的教学班级容量为6～12人。

教育过程同时针对身心障碍者和其他人员开展的教学班级容量为15～20人,其中身心障碍者不超过6人。

9. 实施职业技术教育大纲的教育机构的创办人,可规定教学班级的最小班级容量。依靠国家预算资金资助的教育机构,须经白俄罗斯共和国财政部同意后方可削减班级容量。

10. 教学班级可根据《关于职业技术教育机构及其形式的规定》划分成小组。

11. 实施职业技术教育大纲时,教育过程可分阶段实施。教育过程的阶段根据相应的技术等级水平划分,每一阶段在理论上和实践上都具有完整性,并在教育过程的每一阶段结束后进行技术等级考试。

在学习职业技术教育大纲阶段考试成绩合格并取得工人(职员)技术等级的人员,如提前终止教育关系,则为其颁发技术等级(级别、类别)证书。技术等级考试程序,按照《关于受教育者在学习职业技术教育大纲时的考核办法》进行。

12. 教育过程可依据实施职业技术教育大纲的教育机构创办人的决议,按照个性化教学计划一对一进行,或按照专业常规教学计划进行。

第一百七十九条　对职业技术教育招生入学工作的一般要求

1. 全日制职业技术教育机构招收具有普通基础教育、普通中等教育或特殊教育背景的受教育者。具有特殊教育背景的受教育者,可以被录取进入教育机构,仅学习能够保障取得工人(职员)技术等级的职业技术教育大纲。

2. 只有在学习能够保障取得工人(职员)技术等级的职业技术教育大纲时,才可以函授形式接受职业技术教育。为掌握职业技术教育大纲,在学习相关专业(专业方向、具体专业)并符合职业技术教育标准要求的条件下,招收接受过普通基础教育或普通中等教育、拥有工人(职工)技术等级但没有职业技术教育证书的受教育者。

3. 为了接受职业技术教育,招收的受教育者身体条件必须适合所学专业(专业方向、具体专业)的就业和相关职业技能。

4. 为了按照专业(专业方向、具体专业)接受职业技术教育,如果所从事的工作禁止十八周岁以下人员从事,招收的受教育者必须在毕业证书颁发之日年满十八周岁。

5. 本条规定的情况除外,应根据受教育者的申请,录取其进入教育机构接受职业技术教育。

6. 如果申请进入某个具体专业学习的人数超过预定的招生人数,则应根据受教育者普通基础教育毕业证书、普通中等教育毕业证书或特殊教育毕业证书上的平均分数进行选拔。

7. 招收人员进入"艺术与设计""建筑和施工"专业的某些具体专业领域（具体专业名单由白俄罗斯共和国政府制定）接受职业技术教育的录取工作，应基于不同专业受教育者的入学考试成绩和普通基础教育毕业证书、普通中等教育毕业证书或特殊教育毕业证书的平均成绩进行选拔。

8. 未通过相应专业选拔的受教育者，有权依靠国家和地方预算资金在该教育机构的其他专业接受职业技术教育，或在其他教育机构的所报考专业或其他专业接受职业技术教育。

9. 属于本法第一百八十条规定的人群，可享受职业技术教育入学优待条件。

10. 为了开展职业技术教育招生工作并确定教育机构的招生名额，应成立由教育机构负责人领导的招生委员会。招生委员会的活动应符合职业技术教育机构招生委员会的规定，该规定由白俄罗斯共和国教育部颁布。

11. 不受本法规定的职业技术教育的招生部分，应按照相应的《职业技术教育招生条例》进行。

第一百八十条　职业技术教育招生优待条件

1. 以下受教育者可免试学习职业技术教育具体专业，招生当年或前一年入学选拔人数超过5人，并且其教育文件中的成绩低于4分的专业除外：

1.1　孤儿和失依儿童。

1.2　根据医疗咨询委员会的诊断或疗养康复专家委员会的结论，不干扰教育机构正常教学的残疾儿童、Ⅰ类或Ⅱ类残疾人士。

1.3　根据白俄罗斯共和国法律《关于对遭受切尔诺贝利核电站或其他核辐射的公民进行社会保护》第十八条规定而享有优待的人员。

2. 在入学考试分数相同的情况下，以下人员按所列顺序享有进入教育机构接受职业技术教育的优先权：

2.1　本条第1项规定的人群，在入学时选择了当年或前一年入学招生选拔人数超过5人的专业除外。

2.2　白俄罗斯共和国法律《关于个别类别公民的国家社会福利、权利与保障》第3章第十二条第10项第12.2和12.3分项所提到的儿童。

2.3　在其他国家领土上参与过军事行动的退伍军人。

2.4　Ⅲ类残疾人群体。

2.5　白俄罗斯共和国法律《关于对遭受切尔诺贝利核电站或其他核辐射的公民进行社会保护》第十九至二十三条中提到的享受优待的人群。

2.6　经军事单位建议作为后备军人或退伍的军人。

2.7　来自多子女家庭的人群。

2.8　在入学后一年内参加由白俄罗斯共和国教育部举办的国家奥林匹克学科竞

赛并获得第三阶段优胜奖(获得一、二或三等证书)的受教育者,或在入学后一年内参加由教育机构创办人举办的国家级、州级竞赛并获得第三阶段优胜奖的受教育者。

2.9 在专业入学考试中获得最高分数的人员。

第一百八十一条 在家中接受职业技术教育

1.对于患有身心发展障碍、由于医学疾病暂时或长期无法前往教育机构的受教育者,应为其创造条件使其在家中学习职业技术教育的某些专业和技术等级课程。

允许在家中接受职业技术教育的所患医学疾病清单,由白俄罗斯共和国卫生部确定。在家中学习职业技术教育的专业和技术等级课程清单,由白俄罗斯共和国教育部、卫生部和社会劳动保障部共同确定。

2.在家中接受职业技术教育的过程,由实施指定专业和技术等级课程职业技术教育大纲的教育机构负责,地点要尽可能接近受教育者所在地。

3.在家中接受职业技术教育的决定,由实施指定专业和技术等级课程职业技术教育大纲的教育机构根据受教育者(未成年受教育者的法定代理人)的申请以及医疗咨询委员会的意见批准,地点要尽可能接近受教育者所在地。

4.在家中接受职业技术教育的程序由白俄罗斯共和国教育部与卫生部协商确定。

第三十章 受教育者学习职业技术教育大纲的考核办法

第一百八十二条 受教育者学习职业技术教育大纲的例行考核办法

1.学习职业技术教育课程内容的受教育者,必须通过例行考核。

2.例行考核包括以下形式:

2.1 提问受教育者。

2.2 测试。

2.3 生产实习测验。

2.4 考查。

2.5 教学科目考试。

2.6 技术等级考试。

3.专业科目例行考核成绩以十分制评分,或标记为"及格""不及格"。3分及以上和"及格"为通过。

4.普通教学科目例行考核结果以十分制评分(包括0分),或标记为"及格""不及格""缺考""免考""免修"。1~10分或"及格""免考""免修"标记为通过。

5.在学习确保能够取得工人(职员)技术等级并接受普通中等教育的职业技术教育大纲、学习确保能够取得工人(职员)技术等级且同时接受普通中等教育并可学习某些高层次课程的职业技术教育大纲的普通教育课程部分时,对受教育者的例行考核程序,由《关于学习普通中等教育大纲的考核条例》规定。同时应考虑《关于学习职业技术教育大纲的考核条例》中规定的职业技术教育大纲实施过程的特点。而受教育者学习职业技术教育课程部分时,应按照《关于学习职业技术教育大纲的考核条例》进行例行考核。

6. 在学习确保能够取得工人(职员)技术等级的职业技术教育大纲、学习确保能够取得工人(职员)技术等级并可学习某些高层次课程的职业技术教育大纲时,对受教育者的例行考核流程,按照《关于学习职业技术教育大纲的考核条例》进行。

第一百八十三条　受教育者学习职业技术教育大纲的最终考核办法

1. 受教育者完成职业技术教育大纲的学习之后,应参加最终考核。
2. 最终考核由国家技术等级评定委员会组织。
3. 专业科目最终考核以毕业技术等级考试的形式进行,普通教学科目最终考核以毕业考试的形式进行。在每学年开始之前,举行毕业考试的科目清单由白俄罗斯共和国教育部确定。
4. 受教育者可因疾病或其他原因,免于参加普通教学科目毕业考试。受教育者免于参加毕业考试的疾病种类清单,由白俄罗斯共和国卫生部确定。其他免考原因由白俄罗斯共和国教育部确定。如受教育者免于参加毕业考试,则最终考核以全年成绩为依据。
5. 只有学完教学计划和教育大纲的受教育者,才有资格参加最终考核。
6. 专业科目最终考核成绩以十分制评分,3分及以上为及格。
7. 普通教学科目最终考核成绩以十分制评分(包括0分),或标记为"及格""不及格""缺考""免考""免修",1~10分和"及格""免考""免修"为通过。
8. 因正当原因而未在规定时间内参加最终考核的受教育者,有权在国家技术等级评定委员会工作的其他时间内参加最终考核。
9. 无正当原因而未在规定期限内参加最终考核或专业科目成绩低于3分、普通教学科目成绩为0分、"不及格"或"缺考"的受教育者,有权在国家技术等级评定委员会工作的其他时间内参加最终考核,但距离上一次考核的间隔时间不少于六个月。
10. 在学习确保能够取得工人(职员)技术等级并接受普通中等教育的职业技术教育大纲、学习确保能够取得工人(职员)技术等级且同时接受普通中等教育并可学习某些高层次课程的职业技术教育大纲的普通教育课程部分时,对受教育者的最终考核程序,按照《关于学习普通中等教育大纲的考核条例》的规定进行,同时应考虑《关于学习职业技术教育大纲的考核条例》中规定的职业技术教育大纲实施过程的特点。而受教育者学习职业技术教育课程部分时,应按照《关于学习职业技术教育大纲的考核条例》进行最终考核。
11. 在学习确保能够取得工人(职员)技术等级的职业技术教育大纲、学习确保能够取得工人(职员)技术等级并可学习某些高层次课程的职业技术教育大纲时,对受教育者的最终考核流程,按照《关于学习职业技术教育大纲的考核条例》进行。

第三十一章　职业技术教育科学教学方法保障

第一百八十四条　职业技术教育科学教学方法保障体系

1. 职业技术教育科学教学方法保障体系包括：
1.1　职业技术教育大纲等教学纲领性文件。
1.2　课程教育大纲。
1.3　培养计划和纲领性文件。
1.4　教学方法文件。
1.5　教育出版物。
1.6　信息分析材料。

2. 课程教育大纲属于普通中等教育大纲等教学纲领性文件，在普通教育课程的学习过程中使用。

3. 职业技术教育科学教学方法保障由以下组织提供：
3.1　为职业技术教育提供科学教学方法保障的组织。
3.2　为普通中等教育提供科学教学方法保障的组织。
3.3　实施职业技术教育大纲的教育机构。
3.4　职业技术教育科学教学方法保障协会。
3.5　人员培训委托机构。
3.6　隶属于白俄罗斯共和国政府的管理机构、其他国家机构、地方行政和管理机构，以及权力范围涉及职业技术教育的其他组织和个人。

第一百八十五条　职业技术教育大纲等教学纲领性文件

1. 职业技术教育大纲等教学纲领性文件包括教学计划和教育大纲。
2. 教学计划分为：
2.1　各专业常规教学计划。
2.2　实施（各）专业职业技术教育大纲的教育机构的教学计划。
2.3　（各）专业实验教学计划。
2.4　个性化教学计划。

3. 各专业常规教学计划是一种技术性法规文件，在职业技术教育各专业标准的基础上制订。该教学计划规定各部分教学时间的分配和时长、周期、课程、最低数量的强制性考试、考虑取得技术等级范围而进行的针对性考试，以及必备的教室、实验室、讲习班和其他教学设施的清单。

各专业常规教学计划，由提供职业技术教育科学教学方法保障的组织制订，由白俄罗斯共和国教育部和相关国家管理机构以及白俄罗斯共和国政府直属的其他国家机构共同协商，这一过程须具有国家卫生监督组织和机构出具的证明，以证明其符合卫生防疫法。

4.实施(各)专业职业技术教育大纲的教育机构的教学计划以常规教学计划(各专业常规教学计划)为基础,并综合考虑所选技术等级和技术等级水平进行制订。该教学计划规定教学科目清单、顺序、时间和学习强度(每周学时数),并在综合考虑卫生规范、规章、教学课程种类、考核种类和形式的基础上确定受教育者最高强制性学习负荷。

实施(各)专业职业技术教育大纲的教育机构的教学计划,由教育机构根据接受教育的不同形式自行制订,并由其创办人批准。

5.(各)专业实验教学计划,在实施职业技术教育大纲的教育机构内实施,并以此为基础开展实验活动。

(各)专业实验教学计划,由实施职业技术教育大纲的教育机构制订,由白俄罗斯共和国教育部与隶属于白俄罗斯共和国政府的有关国家管理机构和其他国家机构共同协商确定。

6.个性化教学计划规定资优受教育者及因正当理由经常或暂时不能上课或在规定日期内参加考核的受教育者接受职业技术教育的特殊情况。

个性化教学计划由实施职业技术教育大纲的教育机构依据(各)专业教学计划制订,并由其负责人和创办人协商批准。

7.教育大纲分为:

7.1 专业课程常规教育大纲。

7.2 实施职业技术教育大纲的教育机构的专业课程教育大纲。

7.3 实施职业技术教育大纲的教育机构的专业课程实验教育大纲。

8.专业课程常规教育大纲是一种技术性法规文件,明确专业课程学习目标、学习内容、各课程的学时、对受教育者学习成绩的基本要求。

专业课程常规教育大纲,由实施职业技术教育科学教学方法保障的组织制定,由白俄罗斯共和国教育部与国家相关直属部门、政府管辖下的其他国家组织协商后审批。

9.实施职业技术教育大纲的教育机构的专业课程教育大纲,在专业课程常规教育大纲的基础上制定,并根据受教育者所学专业技能,确定专业课程学习目标、学习内容、各课程的学时、对受教育者学习成绩的基本要求。

实施职业技术教育大纲的教育机构的专业课程教育大纲,由实施职业技术教育大纲的教育机构编制,并由教育机构负责人审批。特殊类型的专业课程教育大纲,由实施职业技术教育大纲的教育机构编制,由教育机构负责人与相应教育机构的基地机构协商后再批准。

10.实施职业技术教育大纲的教育机构的专业课程实验教育大纲,由实施职业技术教育大纲的各教育机构编制,并在此基础上进行实验教学活动,并由白俄罗斯共和国教育部与国家相关直属部门、政府管辖下的其他国家组织协商后审批。

第十编 中等专业教育

第三十二章 中等专业教育体系

第一百八十六条 中等专业教育体系

1. 中等专业教育,属于基础教育层次,旨在发展受教育者的个性,使其接受专业理论和实践培训,最终取得中等专业专家资格或中等专业工人资格。

2. 中等专业教育体系包括:

2.1 中等专业教育大纲实施过程的参与者。

2.2 中等专业教育大纲。

2.3 中等专业教育机构。

2.4 实施中等专业教育大纲的其他教育机构。

2.5 保障中等专业教育体系运作的国家教育机构。

2.6 中等专业教育教学方法协会。

2.7 为受教育者提供实践课程和实习的机构。

2.8 人员培训委托机构。

2.9 隶属于白俄罗斯共和国政府的管理机构、其他国家机构、地方行政和管理机构,以及权力范围涉及中等专业教育的其他组织和个人。

第一百八十七条 中等专业教育大纲实施过程的参与者

1. 中等专业教育大纲实施过程的参与者包括受教育者、未成年受教育者的法定代理人、教育工作者。

2. 在实施中等专业教育期间,应向受教育者发放白俄罗斯共和国教育部规定样式的学生证和记分册。

3. 在实施中等专业教育期间,应向受教育者发放白俄罗斯共和国教育部规定样式的记分册。

第一百八十八条 中等专业教育大纲

1. 中等专业教育大纲分为:

1.1 确保受教育者能够取得中等专业专家资格的中等专业教育大纲。

1.2 确保受教育者能够取得中等专业工人资格的中等专业教育大纲。

1.3 确保受教育者能够取得中等专业专家资格的中等专业教育大纲(结合了职业技术教育大纲)。

1.4 确保受教育者能够取得中等专业工人资格的中等专业教育大纲(结合了职业技术教育大纲)。

2. 确保受教育者能够取得中等专业专家资格的中等专业教育大纲,规定学科学习和实习的基础阶段或提升阶段。

3. 在普通基础教育的基础上学习中等专业教育大纲，可保障获得普通中等教育。

4. 在学习确保受教育者能够取得中等专业专家资格的中等专业教育大纲时，如中等专业教育标准有规定，则授予工人资格。

5. 中等专业教育大纲分为全日制和函授教育形式。

6. 中等专业教育大纲在中等专业教育机构、职业技术学院、艺术专科古典学校、基础艺术专业学校、中等艺术专业学校和中等奥林匹克储备学校内实施，也可在高等教育机构实施。在上述教育机构实施的中等专业教育大纲类型，由本法规定。

7. 白俄罗斯共和国武装部队、白俄罗斯共和国其他军队及军事组织、白俄罗斯共和国内务部、白俄罗斯共和国国家监察委员会、白俄罗斯共和国国家司法鉴定委员会、白俄罗斯共和国国家监察委员会金融调查机构、白俄罗斯共和国紧急情况部、民用航空按照专业（专业方向、具体专业）培养人才时，中等专业教育大纲依照相关法律实施。

（根据白俄罗斯共和国 2011 年 12 月 13 日颁布的第 325-3 号、2014 年 1 月 4 日颁布的第 126-3 号法律文件修订）

第一百八十九条　中等专业教育的教育标准

1. 中等专业教育的教育标准根据各专业（专业方向、具体专业）制定，规定对中等教育专家和工人专业活动内容、权限、中等专业教育大纲的内容、接受中等专业教育的受教育者的基本教育水平、入学考试、接受中等专业教育的形式和期限、教育过程的组织、受教育者的学业负担量、毕业生培训水平、最终考核等方面的要求。

2. 中等专业教育标准的制定由白俄罗斯共和国教育部组织，并与中等专业教育领域的教学方法协会、隶属于白俄罗斯共和国政府的国家行政和管理机构，以及其他机构按照为其分配的专业共同组织实施。中等专业教育标准实施时要遵循由白俄罗斯共和国政府批准的专业分配清单。

3. 中等专业教育标准由白俄罗斯共和国教育部与隶属于白俄罗斯共和国政府的国家行政和管理机构，以及其他机构共同批准，该标准的制定是为了培养具有中等专业教育背景的专家和工人。

第一百九十条　中等专业教育期限

1. 接受全日制中等专业教育的期限为：

1.1　如已完成普通基础教育，则为三至四年。

1.2　如已完成普通中等教育，则为两至三年。

1.3　如已完成普通中等职业技术教育，则为一至三年。

2. 学习确保受教育者能够取得中等专业专家资格并提高学科学习和实践水平的中等专业教育大纲时，以夜间和函授形式接受中等专业教育的期限取决于日间形式教育的期限。学习期限可以延长，但不超过一年。

3. 学习确保受教育者能够取得中等专业专家资格的中等专业教育大纲时，中等奥林匹克储备学校的受教育者,如在该学年内进入国家队参加体育赛事,可根据学校创办人的决议延长学习期限,但不超过两年。

(根据白俄罗斯共和国2014年1月4日颁布的第126-3号法律文件修订)

第三十三章　中等专业教育机构

第一百九十一条　中等专业教育机构

1. 中等专业教育机构是实施下列教育大纲的教育机构:中等专业教育大纲、针对社会处境危险儿童的培养大纲及保护其合法权益的大纲、职业技术教育大纲、儿童和青少年补充教育大纲和成人补充教育大纲,为受过高等教育的管理人员和专家制定的再培训教育大纲除外。

2. 中等专业教育机构是中等专业学校。

3. 中等专业教育机构主要结构性分支机构是开展教学活动的分院。

第一百九十二条　中等专业教育机构的管理

1. 中等专业教育机构由其负责人(院长、主任)直接管理。

2. 中等专业教育机构负责人的任免,由机构创办人经白俄罗斯共和国教育部同意后决定。

3. 中等专业教育机构的主要自治机构是以其负责人为首的理事会。

4. 中等专业教育机构内应成立教务委员会和(未成年)监护人理事会。

第一百九十三条　重点中等专业教育机构

1. 中等专业教育机构,可被授予国家级、州(明斯克市)级中等专业教育体系内重点中等专业教育机构的地位。

2. 国家级中等专业教育体系内重点中等专业教育机构,其地位的授予旨在完善中等专业教育大纲、制定中等专业教育大纲等教学纲领性文件以及完成中等专业教育领域的其他任务。国家级中等专业教育体系内重点中等专业教育机构的地位,按教育专业、教育方向授予。

国家级中等专业教育体系内重点中等专业教育机构的地位,由白俄罗斯共和国教育部根据管辖中等专业教育机构的国家机构的建议授予。

3. 州(明斯克市)级中等专业教育体系内重点中等专业教育机构,其地位的授予旨在完善中等专业教育科学教学方法保障,协调相应行政区域内实施中等专业教育大纲的教育活动,同时将中等专业教育领域的创新项目引入相应行政区域,并完成相应行政区域内中等专业教育领域的其他任务。

州(明斯克市)级中等专业教育体系内重点中等专业教育机构的地位,由白俄罗斯共和国教育部根据管辖中等专业教育机构的国家机构的建议授予。

4. 重点中等专业教育机构与提供中等专业教育科学教学方法保障的机构、中等专业教育机构、实施中等专业教育大纲的教育机构以及人员培训委托机构相互协作。

第一百九十四条　实施中等专业教育大纲的教育机构与人员培训委托机构间相互协作

1.实施中等专业教育大纲的教育机构与人员培训委托机构相互协作,目的是满足机构对于中等专业专家和工人培训的需求,相互协作通过培训中等专业专家和工人实施。

2.为与有中等专业专家和工人培训需求的机构合作,中等专业教育机构与人员培训委托机构须就中等专业专家和工人培训签订相互协作合同,或由人员培训委托机构向中等专业教育机构提交专家和工人培训申请。

3.教育机构与人员培训委托机构间关于中等专业专家和工人培训相互协作的合同,仅在以下情况下签署:由具有中等专业专家和工人培训需求的机构负责组织受教育者进行实习,为其安排实践课程,以及负责发展实施中等专业教育大纲的教育机构的物质技术和社会文化基础。

4.在培训中等专业专家和工人时,教育机构与人员培训委托机构签署的关于中等专业专家和工人培训相互协作合同的主要条款包括：

4.1　合同主体。

4.2　在教育机构申请接受培训的人数及其学习期限,以便后续在人员培训委托机构就业。

4.3　培训的专业和技术等级。

4.4　受教育者参加实习和实践课程的程序。

4.5　实习和实践课程过程所需的设施和设备。

4.6　参与发展教育机构的物质技术和社会文化基础。

4.7　教育机构的教职工在人员培训委托机构进修。

4.8　人员培训委托机构代表参与受教育者的最终考核。

4.9　毕业生在人员培训委托机构就业。

5.与人员培训委托机构就中等专业专家和工人培训签订相互协作合同的机构,被视为相关教育机构的基地机构。

基地机构具有优先从相关中等专业教育机构毕业生中选拔自己所需的中等专业专家和工人的权利。如同时存在多个基地机构需要选择自己所需的中等专业专家和工人,须按先后顺序进行,顺序取决于相应合同的签署日期。

6.教育机构与人员培训委托机构间关于培养中等专业专家和工人的相互协作合同,如由教育机构和国家所有制形式的机构签署,则须经其所属的国家(各)机关协商同意。如由教育机构和私人所有制机构签署,则须经机构创办人协商同意后签署。

7.具有中等专业专家和工人培训需求的人员培训委托机构,对于专家、工人的培训申请表,会发往实施中等专业教育大纲的教育机构,目的是保证受教育者在人员培训委托机构的后续就业。

8. 在专家和工人培训申请表中,应标明:

8.1　申请接受培训的人数(按年计算)。

8.2　所需培训的专业和技术等级。

9. 关于实施中等专业教育大纲的教育机构的基地机构的相关条例、教育机构同人员培训委托机构签署的中等专业专家和工人培训合同的规范形式、合同签署程序、专家和工人培训申请表的形式,由白俄罗斯共和国政府或其授权组织规定。

第一百九十五条　中等专业教育科学教学方法保障协会

1. 为了完善中等专业教育科学教学方法保障、培训中等专业专家和工人,可由白俄罗斯共和国教育部(国家直属行政机关,其他管辖中等专业教育机构的、隶属于白俄罗斯共和国政府的国家组织)和地方行政和管理机构成立国家级、州(明斯克市)级中等专业教育教学方法协会。

2. 中等专业教育教学方法协会,根据不同教育方向和专业设立。

3. 中等专业教育教学方法协会的成员构成,由实施中等专业教育大纲且经认证符合申报教育机构类型的教育机构的教育工作者、人员培训委托机构代表,以及其他组织的代表组成。

4. 中等专业教育教学方法协会的主要职能是:

4.1　参与制定和完善中等专业教育标准。

4.2　参与制定和完善中等专业教育大纲等教学纲领性文件。

4.3　综合考虑劳动力市场的需求,提出完善人员培训的建议。

5. 中等专业教育教学方法协会所做的决定,具有咨询性质。

6. 关于中等专业教育教学方法协会的相关条例,由白俄罗斯共和国教育部批准。

第三十四章　中等专业教育大纲实施过程

第一百九十六条　对中等专业教育大纲实施过程的一般要求

1. 中等专业教育大纲的实施过程按学年开展,学年划分为学期。

2. 受教育者享有:

2.1　每学年时长不少于2周的假期。

2.2　时长不少于6周的暑假。

3. 实施中等专业教育大纲的主要组织形式为讲座课、讨论课、实验课、实践课等。课程可以轮换形式进行。此外,还有选修课、辅导班和兴趣班。

教学实习和生产实习所占学时,不少于实施中等专业教育大纲总学时的20%。

教学实习和生产实习的组织程序,根据《关于为学习中等专业教育大纲者安排的生产实习规定》进行,该规定由白俄罗斯共和国政府颁布。

4. 实施中等专业教育大纲时,教育过程在教学班级内开展,或独立开展。

5.日间形式的中等专业教育教学班级容量为25～30人,晚间和函授形式的班级容量为15～20人。

仅针对身心障碍者开展的教育过程,教学班级容量为6～12人。

同时针对身心障碍者和其他人员开展的教育过程,教学班级容量为15～20人,其中身心障碍者不超过6人。

6.实施中等专业教育大纲的教育机构的创办人,可设置教学班级的最小班级容量。依靠国家预算资金资助的教育机构,须经白俄罗斯共和国财政部同意后方可削减班级容量。

7.教学班级可根据《关于中等专业教育机构的规定》划分成小组。

8.教育过程可依据实施中等专业教育大纲的教育机构创办人的决议,按照个性化教学计划一对一进行,或按照专业(专业方向、具体专业)常规教学计划进行。

第一百九十七条 对中等专业教育招生入学工作的一般要求

1.全日制中等专业教育机构的招生,要求受教育者已接受普通基础教育、普通中等教育或普通中等职业技术教育。夜校和函授形式的中等专业教育机构的招生,要求受教育者已接受普通中等教育或结合了普通中等教育的普通中等职业技术教育。

2.《中等专业教育招生条例》中规定的专业(专业方向、具体专业)招生,应在专业选拔之后进行,并根据选拔结果,决定是否允许报名受教育者参与相应专业(专业方向、具体专业)的招生考试。

3.为开展中等专业教育招生工作,应在教育机构内成立由机构负责人领导的招生委员会。招生委员会按照白俄罗斯共和国教育部批准的《关于中等专业教育招生委员会的规定》开展活动。

4.中等专业教育的招生工作,应按照《中等专业教育招生条例》进行。

第三十五章 受教育者学习中等专业教育大纲的考核办法

第一百九十八条 受教育者学习中等专业教育大纲的例行考核办法

1.学习中等专业教育大纲的受教育者必须通过例行考核。

2.例行考核包括以下形式:

2.1 提问受教育者。

2.2 测验。

2.3 课程设计(课程论文)。

2.4 考查(差异化考查)。

2.5 教学科目考试。

3.受教育者的例行考核成绩以十分制评分,或标记为"及格""不及格"。4分及以上或"及格"为通过。

4.学习中等专业教育大纲的受教育者的例行考核程序,依据学员考核条例进行。

第一百九十九条　受教育者学习中等专业教育大纲的最终考核办法

1.受教育者在完成中等专业教育大纲的学习之后须参加最终考核。

2.最终考核由国家技术等级评定委员会组织。

3.最终考核采用以下形式之一进行：

3.1　论文答辩。

3.2　各教学科目的国家考试。

3.3　专业（专业方向）的国家考试。

3.4　专业（专业方向）的国家考试和论文答辩。

4.只有完成教学计划和教育大纲的受教育者，才有资格参加最终考核。

5.受教育者的最终考核成绩以十分制评分，4分及以上为通过。

6.由于正当原因在规定时间内未参加最终考核的受教育者，有权在国家技术等级评定委员会的其他工作时间参加最终考核。

7.无正当原因而未在规定期限内参加最终考核或考核成绩低于4分的受教育者，有权在国家技术等级评定委员会的其他工作时间参加最终考核，但距离上一次考核的间隔时间不少于10个月。

8.受教育者学习中等专业教育大纲的最终考核实施程序，依据《受教育者学习中等专业教育大纲的最终考核规定》进行。

第三十六章　中等专业教育科学教学方法保障

第二百条　中等专业教育科学教学方法保障体系

1.中等专业教育科学教学方法保障体系包括：

1.1　中等专业教育大纲等教学纲领性文件。

1.2　培养计划和纲领性文件。

1.3　教学方法文件。

1.4　教育出版物。

1.5　信息分析材料。

2.中等专业教育科学教学方法保障由以下组织提供：

2.1　提供中等专业教育科学教学方法保障的组织。

2.2　中等专业教育机构。

2.3　实施中等专业教育大纲的其他教育机构。

2.4　中等专业教育教学方法协会。

2.5　人员培训委托机构。

2.6　隶属于白俄罗斯共和国政府的管理机构、其他国家机构、地方行政和管理机构，以及权力范围涉及中等专业教育的其他组织和个人。

第二百零一条　中等专业教育大纲等的教学纲领性文件

1. 中等专业教育大纲等教学纲领性文件，包括教学计划和教育大纲。
2. 教学计划分为：
2.1　各专业(专业方向)常规教学计划。
2.2　各具体专业常规教学计划。
2.3　实施各专业(专业方向)和具体中等专业教育大纲的教育机构的教学计划。
2.4　实施各专业(专业方向)和具体中等专业教育大纲的教育机构的实验教学计划。
2.5　个性化教学计划。

3. 各专业(专业方向)常规教学计划是一种技术性法规文件，它在各专业中等专业教育标准的基础上制订，并规定教学各要素、周期、学科学习的顺序、分配到每一学科的课时、教学课程的形式、实习类型和期限、考核方式和期限、教学对象、强制性测验的最少次数、专业(专业方向)相关的考试，还包括必备的办公室、实验室以及其他工作和教学设施的清单。

各专业(专业方向)常规教学计划，由提供中等专业教育科学教学方法保障的组织根据专业清单制订，并由白俄罗斯共和国教育部和相关国家管理机构以及白俄罗斯共和国政府直属的其他国家机构共同协商后，根据专业清单批准。这一过程须具有国家卫生监督组织和机构出具的证明，以证明其符合卫生防疫法。

4. 各具体专业常规教学计划是一种技术性法规文件，是专业(具体专业)常规教学计划的附件。各具体专业常规教学计划包含具体专业学习周期，包括具体专业学科的清单、分配到每一学科的学时、教学课程的形式、实践类型和期限、学科考核的形式和期限，还包括必备的办公室、实验室以及其他教学设施的清单。

各具体专业常规教学计划由提供中等专业教育科学教学方法保障的组织根据具体专业清单制订，并由白俄罗斯共和国教育部和相关国家管理机构以及白俄罗斯共和国政府直属的其他国家机构共同协商后，根据具体专业清单批准。这一过程须具有国家卫生监督组织和机构出具的证明，以证明其符合卫生防疫法。

5. 实施各专业(专业方向)和具体中等专业教育大纲的教育机构的教学计划，由实施中等专业教育大纲的教育机构依据专业(专业方向)常规教学计划和具体专业常规教学计划制订，并综合学科学习和实践层次。该教学计划由实施中等专业教育大纲的教育机构的负责人批准。

实施中等专业教育大纲的教育机构在提升阶段的学科学习和实践教学计划，由实施中等专业教育大纲的教育机构的负责人与其创办人协商批准。

6. 实施各专业(专业方向)和具体中等专业教育大纲的教育机构的实验教学计划，在实施中等专业教育大纲的教育机构实施，并以此为基础开展实验活动。

实施各专业(专业方向)和具体中等专业教育大纲的教育机构的实验教学计划，由实施中等专业教育大纲的教育机构制订,由白俄罗斯共和国教育部与该教育机构的创办人共同协商确定。

7.个性化教学计划,规定资优受教育者及因正当理由经常或暂时不能上课或在规定日期内参加考核的受教育者接受中等专业教育的特殊情况。

个性化教学计划,由实施中等专业教育大纲的教育机构依据实施各专业(专业方向)和具体中等专业教育大纲的教育机构的教学计划制订,并由其负责人批准。

8.教育大纲分为:

8.1 常规学科教育大纲。

8.2 常规实践教育大纲。

8.3 实施中等专业教育大纲的教育机构的学科教育大纲。

8.4 实施中等专业教育大纲的教育机构的实践教育大纲。

8.5 实施中等专业教育大纲的教育机构的学科实验教育大纲。

8.6 实施中等专业教育大纲的教育机构的实践实验教育大纲。

9.常规学科教育大纲是一种技术性法律文件,它规定学科学习的内容、分配到每一专题学习的时间、对受教育者学习成绩的基本要求、推荐的教育形式和方法、教育出版物和教具清单。

专业教学课程常规学科教育大纲,由提供中等专业教育科学教学方法保障的组织制定,由白俄罗斯共和国教育部和相关的隶属于政府的国家机构共同协商批准。

普通教学课程常规学科教育大纲,由白俄罗斯共和国教育部制定和批准。

10.常规实践教育大纲是一种技术性法律规范,它规定受教育者的实践内容、期限、顺序,对实践条件和受教育者实践成绩的基本要求,此外,还规定推荐的教育形式和方法、教育出版物和教具清单。

常规实践教育大纲由提供中等专业教育科学教学方法保障的组织制定,由国家管理机构以及白俄罗斯共和国政府直属的其他国家机构共同协商批准。

11.实施中等专业教育大纲的教育机构的学科教育大纲,由实施中等专业教育大纲的教育机构依据常规学科教育大纲制定。该大纲规定学科学习的基础阶段或提升阶段,并由教育机构的负责人批准。

12.实施中等专业教育大纲的教育机构的实践教育大纲,由该教育机构依据常规实践教育大纲制定。该大纲规定实践的基础阶段或提升阶段,并由教育机构的负责人批准。

13.实施中等专业教育大纲的教育机构的学科实验教育大纲和实践实验教育大纲,在实施中等专业教育大纲的教育机构实施,并以此为基础开展实验活动。

14.实施中等专业教育大纲的教育机构的学科实验教育大纲和实践实验教育大纲,由实施中等专业教育大纲的教育机构制定,由白俄罗斯共和国教育部与该教育机构的创办人共同协商确定。

第十一编　高等教育

第三十七章　高等教育体系

第二百零二条　高等教育体系

1. 高等教育属于基础教育层次,旨在培养受教育者的智力和创造力。通过接受专业理论和实践培养,最终获得高等教育专家职称或硕士学位。

2. 高等教育体系包括:

2.1 高等教育大纲实施过程的参与者。

2.2 高等教育大纲。

2.3 高等教育机构。

2.4 保障高等教育体系运作的国家机构。

2.5 高等教育教学方法协会。

2.6 为受教育者提供实践课和实习的组织。

2.7 人员培训委托机构。

2.8 从属于白俄罗斯共和国总统且对其负责的国家组织、白俄罗斯共和国国家科学院、白俄罗斯共和国国家行政机关、隶属于白俄罗斯共和国政府的其他国家机构、职权范围涉及高等教育领域的其他组织和个人。

3. 高等教育分为两个阶段。

4. 在高等教育第一阶段,培养受教育者的基础专业知识,提高其能力、技巧,并为其授予高等教育专家职称。

在高等教育第一阶段,实施授予高等教育专家技术等级的高等教育第一阶段大纲,以及授予高等教育专家技术等级并衔接中等专业教育大纲的高等教育第一阶段大纲。

完成高等教育第一阶段的学员,有权继续接受高等教育第二阶段的教育,并根据所学专业(专业方向、具体专业)和被授予的技术等级就业。

5. 在高等教育第二阶段(硕士),确保深化人才培养,形成知识体系、科学教育和科研工作技能,并授予硕士学位。

在高等教育第二阶段,实施旨在形成科学教育和科研工作所需的知识、能力并使学员获得硕士学位的高等教育第二阶段大纲,以及深化专家培训以使受教育者获得硕士学位的高等教育第二阶段大纲。

完成高等教育第二阶段的受教育者,有权继续接受研究生教育,并根据所学专业(专业方向、具体专业)和被授予的技术等级就业。

第二百零三条　高等教育大纲实施过程的参与者

1. 高等教育大纲实施过程的参与者为大学生、实习生、学员、未成年受教育者的法定代理人、教育工作者(包括教职工)。

2.在实施高等教育期间,应向大学生发放白俄罗斯共和国教育部规定样式的学生证和记分册。

在实施高等教育期间,应向学员和军校学员发放白俄罗斯共和国教育部规定样式的记分册。

3.白俄罗斯共和国总统另有规定除外,教育科研活动的种类、大学生与教授教职工人数的比例(全日制教育形式下,比例不超过10∶1),由白俄罗斯共和国教育部决定。

为白俄罗斯共和国武装部队、白俄罗斯共和国其他军队及军事组织、白俄罗斯共和国内务部、白俄罗斯共和国国家监察委员会、白俄罗斯共和国国家司法鉴定委员会、白俄罗斯共和国国家监察委员会金融调查机构、白俄罗斯共和国紧急情况部、实施初级指挥官培训大纲和预备军官培训大纲的机构和部门培养的大学生、实习生、学员,与教授教职工的数量比例由相关国家行政机关规定。

(根据白俄罗斯共和国2011年12月13日颁布的第325-3号、2014年1月4日颁布的第126-3号法律文件修订)

教授教职工每年进行的教学活动及科研活动的数量,由高等教育机构根据经批准的在编教授教职工数量确定。

4.高校教育工作者(助教、讲师、高级讲师、副教授、教授、部门主管负责人)的职位通过竞争性选拔进行。选拔方式由白俄罗斯共和国政府规定。

第二百零四条　高等教育大纲

1.高等教育大纲分为:

1.1　高等教育第一阶段的教育大纲,旨在使受教育者获得高等教育专家技术等级。

1.2　高等教育第一阶段的教育大纲,旨在使受教育者获得高等教育专家技术等级并与中等专业教育衔接。

1.3　高等教育第二阶段的教育大纲,旨在形成科学教育和科学研究工作所需的知识、能力,并使受教育者获得硕士学位。

1.4　高等教育第二阶段的教育大纲,旨在通过深化对专家的训练,使其获得硕士学位。

2.高等教育大纲可以夜校及函授的形式实施。

3.高等教育大纲在高等教育机构内实行,在指定教育机构内实施的高等教育大纲的类型,由本法规定。

4.为白俄罗斯共和国武装部队、白俄罗斯共和国其他军队及军事组织、白俄罗斯共和国内务部、白俄罗斯共和国国家监察委员会、白俄罗斯共和国国家司法鉴定委员会、白俄罗斯共和国国家监察委员会金融调查机构、白俄罗斯共和国紧急情况部相关专业(专业方向、具体专业)培训人才时,高等教育大纲依照相关法律实施。

(根据白俄罗斯共和国2011年12月13日颁布的第325-3号、2014年1月4日颁布的第126-3号法律文件修订)

第二百零五条　高等教育标准

1.高等教育标准根据不同专业（专业方向、具体专业）进行编制，并规定对高等教育专家职业活动内容、高等教育专家的资格、高等教育教学纲领性文件内容、高等教育入学者的基础教育水平、高等教育的学习形式和期限、教育过程的组织、大学生承受的最大学习负荷、毕业生培训水平、最终考核等方面的要求。

2.高等教育标准由白俄罗斯共和国教育部制定，并由教育部协同高等教育教学方法协会和人员培训委托机构共同实施。

3.高等教育标准由白俄罗斯共和国教育部与总统下属的相关国家机构、白俄罗斯共和国国家科学院、国家直属行政机关以及隶属于白俄罗斯政府的其他国家组织协商后批准。高等教育机构隶属于以上机构并为其培养人才。

第二百零六条　高等教育期限

1.接受高等教育第一阶段全日制教育的期限为4～5年。

2.如接受高等教育第一阶段中由白俄罗斯共和国政府确定的特别复杂专业的教育，可延期毕业，最多不超过一年。

3.以夜校或函授形式接受高等教育第一阶段教育的期限，由以全日制形式接受高等教育的期限决定，可延期毕业，最多不超过一年。

4.接受第一阶段高等教育的同时，按照额外专业（具体专业）接受补充教育的受教育者，接受第一阶段高等教育的期限增加一年以上。

5.在接受中等专业教育后进行高等教育第一阶段学习的学习期限，可经高等教育机构与白俄罗斯共和国教育部协商缩减，该过程须遵循高等教育标准。

6.只要符合高等教育标准要求，高等教育机构可以减少接受二次高等教育及后续第一阶段高等教育的期限。同时接受教育的时间至少须为3年。

7.为白俄罗斯共和国武装部队、白俄罗斯共和国其他军队及军事组织、白俄罗斯共和国内务部、白俄罗斯共和国国家监察委员会、白俄罗斯共和国国家司法鉴定委员会、白俄罗斯共和国国家监察委员会金融调查机构、白俄罗斯共和国紧急情况部按特定专业（专业方向、具体专业）培养的人员，接受二次高等教育及后续第一阶段高等教育的期限，不少于两年。

8.高等教育第二阶段的学习期限为1～2年。

第三十八章　高等教育机构，高等教育机构与人员培训委托机构间相互协作，高等教育科学教学方法保障协会

第二百零七条　高等教育机构

1.高等教育机构是实施以下教育大纲的教育机构：高等教育大纲、培养计划、针对社会处境危险儿童的培养大纲及保护其合法权益的大纲、中等教育大纲、职业技术教育

大纲、中等职业技术教育大纲、研究生教育大纲、儿童和青少年补充教育大纲、成人补充教育大纲。

2.高等教育机构分为以下几种类型：

2.1 传统大学。

2.2 专业型大学。

2.3 学院。

2.4 高等专科学校。

3.传统大学是实施下列教育大纲的高等教育机构：实施高等教育第一阶段大纲，按不同专业和不同方向实施，确保受教育者获得高等教育专家技术等级；实施高等教育第二阶段大纲，形成知识学习、科学教学方法和科学分析能力，进行技巧训练，使受教育者获得硕士学位；实施高等教育第二阶段深化专家培训的教育大纲，使受教育者获得不同专业和不同方向的硕士学位；实施研究生教育大纲；实施管理人员和专家技术等级提升教育大纲；实施针对社会处境危险儿童的培养大纲及保护其合法权益的大纲；完成基础型和实用型科学研究，根据相关教育专业履行科教中心职能；实施高等教育第一阶段大纲，使受教育者获得高等教育专家技术等级，并与相关专业和方向的中等专业教育大纲衔接；实施成人补充教育大纲（不包括管理人员及专家技术等级提升教育大纲）；实施中等教育大纲；实施职业技术教育大纲；实施某些专业的中等专业教育大纲；实施儿童和青少年补充教育大纲。

4.专业型大学（学院、音乐学院）是实施下列教育大纲的高等教育机构：实施高等教育第一阶段大纲，使受教育者获得一个专业或多个专业的高等教育专家技术等级；实施高等教育第二阶段大纲，形成知识学习、科学教学方法和科学分析能力，进行技巧训练，使受教育者获得硕士学位；实施高等教育第二阶段深化专家培训的教育大纲，使受教育者获得不同专业和不同方向的硕士学位；实施研究生教育大纲；实施针对社会处境危险儿童的培养大纲及保护其合法权益的大纲；根据相关教育专业履行科教中心职能，完成基础型和实用型的科学研究；同时实施相关专业高等教育第一阶段大纲，使受教育者获得高等教育专家技术等级，并与相关专业和方向的中等专业教育大纲衔接；实施相关专业成人补充教育大纲；实施职业技术教育大纲；实施个别专业的中等专业教育大纲；实施儿童和青少年补充教育大纲。

5.学院是实施下列教育大纲的高等教育机构：实施高等教育第一阶段大纲，使受教育者获得一个专业或多个专业的高等教育专家技术等级；实施针对社会处境危险儿童的培养大纲及保护其合法权益的大纲；根据一个或多个相关专业（专项化专业）进行基础型和实用型的科学研究；实施高等教育第二阶段大纲，形成知识学习、科学教学方法和科学分析能力，进行技巧训练，使受教育者获得硕士学位；实施高等教育第二阶段深化专家培训的大纲，使受教育者获得不同专业和不同方向的硕士学位；实施研究生教育大纲；实施高等教育第一阶段教育大纲，使受教育者获得高等教育专家技术等级，并与一个或几个专业（一个或几个方向）的中等专业教育大纲衔接；实施职业技术教育大纲；

实施儿童和青少年补充教育大纲。在隶属于白俄罗斯共和国国家科学院的学院,实施能够保障获得高等教育专家技术等级的高等教育第一阶段大纲,此项为非强制性要求。

6.高等专科学校是实施以下教育大纲的高等教育机构:实施高等教育第一阶段大纲,使受教育者获得高等教育专家技术等级,并与某一中等专业教育大纲衔接;实施中等专业教育大纲,使受教育者获得中等专业教育专家技术等级;实施针对社会处境危险儿童的培养大纲及保护其合法权益的大纲;实施职业技术教育大纲;实施儿童和青少年补充教育大纲;实施成人补充教育大纲。

7.保障高等教育机构实施科学、科学技术和创新活动的主要结构性部门机构,是无独立法人资格的学院、院系、教研室、科研部门(部门)和教学方法管理部门。

无独立法人资格的学院是高等教育机构的行政组织机构,在特定专业、定向专业、专家专业培训的范围内,保障高等教育机构开展科研活动、教学方法工作,提高高等教育水平。无独立法人资格学院的组织构成中,包括不属于院系的系和教研室。

院系是高等教育机构的行政组织机构,在特定专业、定向专业、专家专业培训范围内,保障高等教育机构开展科研活动、教学方法工作,提高高等教育水平。院系包括教研室。

教研室是高等教育机构的主要机构部门,保障高等教育机构开展科教活动,同时保障高等教育机构根据一个或多个相近专业或课程开展科教工作。教研室可作为无独立法人资格学院或院系的组成部分,也可作为独立的部门单位。

科研部门是高等教育机构的构成部门,保障高等教育机构组织、协调开展科学、科学技术和创新活动,同时对以上活动进行管理。科研部门的组成部门,包括科学研究院、科研实验室及其他保障和管理组织、协调科技和创新活动的部门单位。

教学方法管理部门是高等教育机构的构成部门,负责组织和协调教学方法工作及教学活动。

第二百零八条 高等教育机构的管理

1.高等教育机构负责人对高等教育机构进行直接管理。

2.国立高等教育机构负责人的任免,应根据白俄罗斯共和国总统确定的程序进行。

3.私立高等教育机构的负责人,由白俄罗斯共和国教育部部长根据机构创办人的建议进行任命和解雇。

4.无独立法人资格的学院,由院长直接管理。

白俄罗斯共和国总统另有规定除外,无独立法人资格学院的院长根据高等教育机构理事会的建议任命,并由高等教育机构负责人解职。

5.由系主任对院系进行直接管理。

系主任根据高等教育机构理事会的建议任命,并由高等教育机构负责人解职。

6.由教研室主任对教研室进行直接管理。

教研室主任由高等教育机构理事会推选任命,并由高等教育机构负责人解职。

7.高等教育机构的主要自治机构是以校长为首的理事会。

8.院系的主要自治机构是以系主任为首的系理事会。

9.高等教育机构内可成立家长委员会,并根据白俄罗斯共和国总统的决定可成立其他自治机构。

第二百零九条 重点高等教育机构

1.高等教育机构可被授予高等教育体系内和行业内重点高等教育机构的地位。

2.高等教育体系内重点高等教育机构,其地位的授予旨在进一步完善高等教育体系,加强高等教育机构在解决社会经济、科技及白俄罗斯共和国其他发展问题方面的作用,推动形成高等教育机构的科研方向,协调高等教育教学方法协会的工作以及研制高等教育体系内现代教育技术和学习设备。

白俄罗斯共和国总统另有规定除外,高等教育体系内重点高等教育机构的地位,由白俄罗斯共和国政府根据白俄罗斯共和国教育部的建议授予。

3.行业内重点高等教育机构,其地位的授予旨在进一步完善高等教育体系,加强其在解决社会经济、科技及白俄罗斯共和国其他发展问题中的作用,推动形成高等教育机构的科研方向,协调高等教育教学方法协会的工作,研制高等教育体系内现代教育技术和学习设备。

行业内重点高等教育机构的地位,由白俄罗斯共和国教育部协同国家高等教育机构校长理事会,根据高等教育机构上级国家机构(组织)的意见授予。

第二百一十条 高等教育机构与人员培训委托机构相互协作

1.高等教育机构与人员培训委托机构间相互协作,是为了满足机构对高等教育专家培养的需求。

2.为与有高等教育专家培养需求的机构合作,高等教育机构与人员培训委托机构须就高等教育专家培养签订相互协作合同,或由人员培训委托机构向高等教育机构提交专家培训申请。

3.高等教育机构与人员培训委托机构仅在以下情况下,签署高等教育专家培训的相互协作合同:有人才培养需求的机构负责组织受教育者进行生产实习,组织其开展实践课程,发展高等教育院校的物质技术和社会文化基础。

4.高等教育机构与人员培训委托机构就高等教育专家培养合作签署的合同的主要条款包括:

4.1 合同主体。

4.2 申请在高等教育机构接受培训的人数以及培训时长,以便后续在人员培训委托机构就业。

4.3 培训针对的专业和技术等级。

4.4 受教育者参加生产实习和实践课的程序。

4.5 确定加强生产实践过程所需的设施和设备。

4.6 参与发展教育机构的物质技术和社会文化基础。

4.7 高等教育机构的教职工在人员培训委托机构进修。

4.8 人员培训委托机构代表参与最终考核。

4.9 毕业生在人员培训委托机构就业。

5. 同人员培训委托机构就培养高等教育专家签订合作合同的机构,被视为该高等教育机构的基地机构。

基地机构具有优先从相关高等教育机构毕业生中选拔自己所需的高等教育专家的权利。如同时存在多个基地机构需要选择自己所需的高等教育专家,须按先后顺序进行,顺序取决于相应合同的签署日期。

6. 教育机构与人员培训委托机构间关于培养高等教育专家的相互协作合同,如由教育机构和国家所有制形式的机构签署,则须经其所属的国家(各)机关协商同意;如由教育机构和私人所有制机构签署,则须经机构创办人协商同意后签署。

7. 专家培训申请,即由有高等教育专家培训需求的机构提出申请,将人员派往高等教育机构接受高等教育专家培训,以便他们日后在该机构就业。

8. 人才培养申请中应指出:

8.1 申请接受培训的人数。

8.2 所需培训的专业和技术等级。

9. 关于实施高等教育大纲的基地机构的相关条例、教育机构同人员培训委托机构签署的高等教育专家培训合同的规范形式、合同签署程序、人才培养申请形式,由白俄罗斯共和国政府或其授权组织规定。

第二百一十一条 高等教育教学方法协会

1. 为了完善高等教育科学教学方法保障、培养高等教育专业人才,白俄罗斯共和国教育部依托重点高等教育机构,建立了针对不同教育侧重面、教育方向及专业的高等教育科学教学方法保障协会。

2. 高等教育科学教学方法保障协会的构成,包括经认证符合申报教育机构类型的教育机构的教学和科研工作者、国家机构的代表、其他涉及某些教育侧重面和教育方向的专家培训机构的代表。

3. 高等教育科学教学方法保障协会的主要职能包括:

3.1 参与高等教育标准的制定和完善工作。

3.2 参与常规专业教学计划和常规学科教育大纲的制定和完善工作。

3.3 检验高等教育机构的专业(专业方向、具体专业)教学计划、高等教育机构的课程教学计划,并针对相关组织关于提高教育质量的问题提供咨询服务。

3.4 协调商定教科书、教材和教学方法参考书的原稿。

3.5 出具关于所开设专业(专业方向、具体专业)具有合理性的结论性意见。

4. 高等教育教学方法协会做出的决定,具有咨询性质。

5.高等教育教学方法协会的活动,应与重点高等教育机构保持协调一致。

6.关于高等教育教学方法协会的相关条例,由白俄罗斯共和国教育部批准。

第三十九章　高等教育大纲实施过程

第二百一十二条　对高等教育大纲实施过程的一般要求

1.高等教育大纲的实施过程按学年开展,学年划分为学期。

2.关于大学生、实习生、学员的规定包括:

2.1　一学年内假期时长不少于两个日历周。

2.2　暑假时长不少于四个日历周。

3.实施高等教育大纲的主要组织形式为讲座课、讨论课、实验课、实践课、咨询课等。课程可以轮换形式进行,此外,还有选修课程。

教学实践和生产实习的组织程序,由《大学生、实习生、学员实习条例》确定,该条例由白俄罗斯共和国政府批准。

4.实施高等教育大纲的教育过程,以教学班级或个性化的形式进行。不同教学班级可以合并成组。

5.教学班级的课堂容量为20至30名大学生、实习生、学员。

"艺术与设计"和"体育"专业的班级容量,应不少于6名大学生、实习生、学员;"医疗卫生"专业的班级容量,应不少于4名大学生、实习生、学员。

仅针对身心障碍者组织的教育过程,班级容量为6至12名大学生、实习生、学员。

如同时进行针对身心障碍人员及其他人员的教育过程,则班级容量为20名大学生、实习生、学员,其中身心障碍大学生、实习生、学员不超过6人。

6.中等专业教育机构创办人,可以设置小容量班级。依靠国家预算资金的教育机构做出有关减少班级容量的决定,须经白俄罗斯共和国财政部批准。

7.个性化教育过程,由高等教育机构负责人根据个性化教学计划或常规专业(专业方向)教学计划开展。

第二百一十三条　对高等教育招生入学工作的一般要求

1.录取进入高等教育机构接受第一阶段所有教育形式高等教育的人员,须已接受普通中等教育、职业技术教育、中等专业教育。录取进入高等教育机构接受第二阶段高等教育的人员,必须完成第一阶段高等教育。

2.招收按照《高等教育第一阶段招生入学准则》中所列专业接受高等教育第一阶段学习的人员,须在高等教育机构接受职业心理面试或笔试。根据考查结果,决定其能否参与相关专业的选拔。

3.招收按照《高等教育第一阶段招生入学准则》中所列专业(专业方向、具体专业)接受高等教育第一阶段学习的人员,须在高等教育机构接受职业选拔。根据考查结果决定能否参与相关专业(专业方向、具体专业)的学习。

4.为开展高等教育招生入学工作,可在高等教育机构设立由其负责人领导的招生委员会。招生委员会根据白俄罗斯共和国教育部批准的《高等教育机构招生委员会工作规定》开展活动。

5.高等教育第一阶段招生入学工作须按照《高等教育第一阶段招生入学准则》进行,第二阶段招生入学工作须按照《高等教育第二阶段招生入学准则》进行。

第四十章 大学生、实习生、学员学习高等教育大纲的考核办法

第二百一十四条 大学生、实习生、学员学习高等教育大纲的例行考核办法

1.大学生、实习生、学员学习高等教育大纲须通过例行考核。

2.大学生、实习生、学员学习确保获得高等教育专家技术等级资格的高等教育第一阶段大纲和确保获得高等教育专家技术等级资格并衔接中等专业教育大纲的高等教育第一阶段大纲时,例行考核的主要形式为:

2.1 课程设计(课程论文)。

2.2 考查(等级制考查)。

2.3 学科考试。

3.大学生、实习生、学员学习确保获得高等教育专家技术等级资格的高等教育第一阶段大纲和确保获得高等教育专家技术等级资格并衔接中等专业教育大纲的高等教育第一阶段大纲时,例行考核成绩采用十分制或"及格""不及格"评定,4分及以上或"及格"被视为通过。

4.大学生、实习生、学员学习旨在形成科学教育和科研工作所需的知识、能力并使其获得硕士学位的高等教育第二阶段大纲时,例行考核的主要形式为:

4.1 考查(差异化考查)。

4.2 教学课程考试。

4.3 普通教学课程副博士考查(差异化考查)。

4.4 普通教学课程副博士考试。

5.副博士考查(差异化考查)和副博士考试的普通教学课程清单,由白俄罗斯共和国最高鉴定委员会决定。

6.大学生、实习生、学员学习深化专家培训以使其获得硕士学位的高等教育第二阶段大纲时,例行考核的主要形式为:

6.1 考查(差异化考查)。

6.2 教学课程考试。

7.在学习旨在形成科学教育和科研工作所需的知识、能力并使其获得硕士学位的高等教育第二阶段大纲以及深化专家培训以使其获得硕士学位的高等教育第二阶段大纲时,大学生、实习生、学员的例行考核成绩采用十分制或"及格""不及格"评定,4分及以上或"及格"被视为通过。

8.大学生、实习生、学员学习高等教育大纲时,例行考核程序由《大学生、实习生、学员学习高等教育大纲例行考核办法》规定。

第二百一十五条 大学生、实习生、学员学习高等教育大纲的最终考核办法

1.大学生、实习生、学员在完成高等教育大纲后进行最终考核。

2.最终考核由国家教育机构考试(鉴定)委员会组织进行。

3.全部完成研究生教学计划、教育大纲、个性化计划的大学生、实习生、学员可参加最终考核。

4.在学习授予高等教育专家技术等级的高等教育第一阶段大纲和授予高等教育专家技术等级并衔接中等专业教育大纲的高等教育第一阶段大纲时,大学生、实习生、学员的最终考核以下列形式进行:

4.1 国家考试。

4.2 国家考试和毕业设计(毕业论文)答辩。

5.在学习授予高等教育专家技术等级的高等教育第一阶段大纲和授予高等教育专家技术等级并衔接中等专业教育大纲的高等教育第一阶段大纲时,大学生、实习生、学员的最终考核成绩采用十分制评定,4分及以上被视为通过。

6.在学习旨在形成科学教育和科研工作所需的知识、能力并使其获得硕士学位的高等教育第二阶段大纲以及深化专家培训以使其获得硕士学位的高等教育第二阶段大纲时,大学生、实习生、学员的最终考核形式为硕士论文答辩。

7.在学习旨在形成科学教育和科研工作所需的知识、能力并使其获得硕士学位的高等教育第二阶段大纲以及深化专家培训以使其获得硕士学位的高等教育第二阶段大纲时,大学生、实习生、学员的最终考核成绩采用十分制或"通过""不通过"评定,4分及以上或"通过"被视为良好。

8.由于正当原因无法参加规定日期内最终考核的大学生、实习生、学员,有权在国家教育机构考试(鉴定)委员会的其他工作时间内参加考试。

9.无正当原因而未参加规定日期内最终考核或成绩为4分以下或"不及格"的大学生、实习生、学员,有权在下列期限内的国家教育机构考试(鉴定)委员会工作日进行补考,但补考间隔时间不少于10个月:

9.1 如大学生、实习生、学员已完成授予高等教育专家技术等级的高等教育第一阶段大纲和授予高等教育专家技术等级并衔接中等专业教育大纲的高等教育第一阶段大纲,则其应在离开高等教育机构三年之内参加补考。

9.2 如大学生、实习生、学员已完成旨在形成科学教育和科研工作所需的知识、能力并使其获得硕士学位的高等教育第二阶段大纲以及深化专家培训以使其获得硕士学位的高等教育第二阶段大纲,则其应在离开高等教育机构两年之内参加补考。

10.大学生、实习生、学员在学习高等教育大纲时的最终考核程序,由《大学生、实习生、学员学习高等教育大纲最终考核办法》规定。

11.学习白俄罗斯共和国武装部队、白俄罗斯共和国其他军队及军事组织、白俄罗斯共和国内务部、白俄罗斯共和国调查委员会、白俄罗斯共和国国家司法鉴定委员会、白俄罗斯共和国国家监察委员会金融调查机构、白俄罗斯共和国紧急情况部相关专业（专业方向、具体专业）高等教育大纲的大学生、实习生、学员,最终考核的特殊性可根据立法规定。

（根据白俄罗斯共和国 2011 年 12 月 13 日颁布的第 325-3 号、2014 年 1 月 4 日颁布的第 126-3 号法律文件修订）

第四十一章　高等教育科学教学方法保障

第二百一十六条　高等教育科学教学方法保障体系

1.高等教育科学教学方法保障体系包括：

1.1 高等教育大纲等教学纲领性文件。

1.2 培养计划和纲领性文件。

1.3 教学方法文件。

1.4 教材。

1.5 信息分析材料。

2.高等教育科学教学方法保障由以下组织提供：

2.1 为高等教育提供科学教学方法保障的组织。

2.2 高等教育机构。

2.3 高等教育科学教学方法保障协会。

2.4 人员培训委托机构。

2.5 从属于白俄罗斯共和国总统且对其负责的国家组织、白俄罗斯共和国国家科学院、白俄罗斯共和国国家行政机关、隶属于白俄罗斯共和国政府的其他国家机构、职权范围涉及高等教育领域的其他组织和个人。

第二百一十七条　高等教育大纲等教学纲领性文件

1.高等教育大纲等教学纲领性文件包括教学计划和教育大纲、硕士个性化计划。

2.教学计划分为：

2.1 常规专业（专业方向）教学计划。

2.2 高等教育机构专业（专业方向、具体专业）教学计划。

2.3 专业（专业方向、具体专业）实验教学计划。

2.4 个性化教学计划。

3.常规专业（专业方向）教学计划是一种技术性法规文件,以高等教育专业教育标准为基础制订,规定必修学科的清单、顺序和范围,分配到每一高等教育机构和专业的学时数,教学研究的顺序和期限,实习的种类和时间；此外,还规定大学生、实习生、学员每周所能承担的最大学习负荷、课程种类与形式以及考核的形式和日期。

常规专业(专业方向)教学计划由为高等教育提供科学教学方法保障的组织同高等教育科学教学方法障碍协会共同制订,由白俄罗斯共和国教育部根据与从属于白俄罗斯共和国的相关机构、白俄罗斯共和国国家科学院、白俄罗斯共和国国家行政机关、隶属于白俄罗斯政府的其他国家机构签署的协定批准。高等教育机构隶属于以上机构并为其培养人才,并须具有国家卫生监督组织和机构出具的证明,以证明其符合卫生防疫法。

4. 高等教育机构专业(专业方向、具体专业)教学计划,以常规专业(专业方向)教学计划为基础制订,规定必修学科的清单、顺序和范围,分配到每一高等教育机构和专业的学时数,教学研究的顺序和期限,实习的种类和时间;此外,还规定大学生、实习生、学员每周所能承担的最大学习负荷、课程种类与形式以及考核的形式和日期。

高等教育机构专业(专业方向、具体专业)教学计划,由高等教育机构制订,并由高等教育机构负责人批准。

5. 专业(专业方向、具体专业)实验教学计划,由高等教育机构制订,并以此为基础开展实验活动。教学计划由白俄罗斯共和国教育部根据与从属于白俄罗斯共和国的相关机构、白俄罗斯共和国国家科学院、白俄罗斯共和国国家行政机关、隶属于白俄罗斯政府的其他国家机构签署的协定批准。同时,专业(专业方向、具体专业)实验教学计划可根据所有高等教育形式制订。

6. 个性化教学计划规定因正当理由经常或暂时不能上课或参加规定日期考核的大学生、实习生、学员接受高等专业教育的特殊情况。

个性化教学计划由高等教育机构制订,以高等教育机构专业(专业方向、具体专业)教学计划为基础,并由高等教育机构负责人批准。

7. 教育大纲分为:

7.1 常规学科教育大纲。

7.2 高等教育机构学科教育大纲。

7.3 学科实验教育大纲。

7.4 副博士普通教学课程考试最低纲领。

7.5 副博士普通教学课程考查(差异化考查)最低纲领。

8. 常规学科教育大纲是一种技术性法规文件,它规定学科目的、任务、内容、分配到每一专题的课时,对大学生、实习生、学员学习成绩的基本要求,推荐教学形式和方法,教育出版物和教具清单。常规学科教育大纲适用于所有形式的高等教育课程。

常规学科教育大纲由为高等教育提供科学教学方法保障的组织同高等教育科学教学方法保障协会共同制定,由白俄罗斯共和国教育部根据与从属于白俄罗斯共和国的相关机构、白俄罗斯共和国国家科学院、白俄罗斯共和国国家行政机关、隶属于白俄罗斯政府的其他国家机构签署的协定批准,高等教育机构隶属于以上机构并为其培养人才。

9.高等教育机构学科教育大纲的制定依据为常规学科教育大纲,规定了学科研究的目的及任务,并使用教学方法示意图规定高等教育机构学科教育大纲的内容,完成学习内容的时间,对大学生、实习生、学员学习成绩的要求,常用教学培养形式和方法,教育出版物和教具清单。

高等教育机构学科教育大纲由高等教育机构制定,并由其负责人批准。

10.学科实验教育大纲由高等教育机构制定,并以此为基础开展实验活动。

课程计划由白俄罗斯共和国教育部根据与从属于白俄罗斯共和国的相关机构、白俄罗斯共和国国家科学院、白俄罗斯共和国国家行政机关、隶属于白俄罗斯政府的其他国家机构签署的协定批准。

11.副博士普通教学课程考试最低纲领和副博士普通教学课程考查(差异化考查)最低纲领,是一种技术性法规文件,规定相应普通教学课程的学习目标、任务、内容、期限及对硕士学习成绩的基本要求、常用教学培养形式和方法。

副博士普通教学课程考试最低纲领和副博士普通教学课程考查(差异化考查)最低纲领由白俄罗斯共和国教育部批准。

12.硕士个性化计划,以高等教育机构专业(专业方向、具体专业)教学计划为基础制订,规定学习旨在形成科学教育和科研工作所需的知识、能力并使其获得硕士学位的高等教育第二阶段大纲,以及深化专家培训以使其获得硕士学位的高等教育第二阶段大纲的措施,并规定包括硕士论文准备大纲、实践、科研工作及报告形式和期限在内的学科学习清单、学习顺序、学习负荷。

硕士个性化计划由高等教育机构制订,并由其负责人批准实施。

第十二编　研究生教育

第四十二章　研究生教育体系

第二百一十八条　研究生教育体系

1.研究生教育属于基础教育层次,旨在发展研究生(军校研究生、博士学位申请人)的个性,发掘受教育者智力和创造方面的潜能。同时使其进行科学研究,达到研究人员的学术水平。

2.研究生教育体系包括:

2.1　实施研究生教育大纲过程的参与者。

2.2　研究生教育大纲。

2.3　实施研究生教育大纲的教育机构。

2.4　实施研究生教育大纲的组织。

2.5　保障研究生教育体系运作的国家教育组织。

2.6　人员培训委托机构。

2.7 从属于白俄罗斯共和国总统且对其负责的国家组织、白俄罗斯共和国国家科学院、白俄罗斯共和国国家行政机关、隶属于白俄罗斯共和国政府的其他国家机构、职权范围涉及研究生教育领域的其他组织和个人。

第二百一十九条 研究生教育大纲

1.研究生教育大纲分为：

1.1 保证受教育者取得"研究人员"职称的研究生（军校研究生）教育大纲。

1.2 博士教育大纲。

2.保证受教育者取得"研究人员"职称的研究生（军校研究生）教育大纲以全日制或函授形式进行，也通过应试形式进行。

3.博士教育大纲以全日制形式进行，也可通过应试形式进行。

4.为白俄罗斯共和国武装部队、白俄罗斯共和国其他军队及军事组织、白俄罗斯共和国内务部、白俄罗斯共和国调查委员会、白俄罗斯共和国国家司法鉴定委员会、白俄罗斯共和国国家监察委员会金融调查机构、白俄罗斯共和国紧急情况部按照特定专业（专业方向、具体专业）培养高技能科学人才时，实施研究生教育大纲的特殊性由相关法律规定。

（根据白俄罗斯共和国2011年12月13日颁布的第325-3号、2014年1月4日颁布的第126-3号法律文件修订）

第二百二十条 研究生教育期限

研究生教育期限为：

以全日制形式接受研究生教育的期限为三年以下；

以函授形式或夜校形式接受研究生教育的期限为四年以下；

以应试形式接受研究生教育的期限为五年以下。

第二百二十一条 实施研究生教育大纲的教育机构和组织

1.实施研究生教育大纲的教育机构和组织包括：

1.1 传统大学、职业大学（学院、音乐学院）、学院。

1.2 继续教育学院、技术等级提升与培训学院。

1.3 隶属于白俄罗斯共和国国家行政机关并为研究生教育提供科学教学方法保障的组织。

1.4 隶属于白俄罗斯共和国国家行政机关、其他国家机构，隶属于白俄罗斯共和国政府、白俄罗斯共和国国家科学院的其他机构。

1.5 由白俄罗斯共和国政府授权实施研究生教育大纲的组织。

2.实施研究生教育大纲的教育机构和组织，在获得从事研究生教育的权利之后，须按照白俄罗斯共和国总统规定的程序开展研究生教学活动。

3.在实施研究生教育大纲的组织中，可以建立机构部门，用以提供研究生教育组织保障及信息保障，同时对研究生（军校研究生、博士学位申请人）教育大纲进行监督。

第四十三章　研究生教育大纲实施过程的参与者

第二百二十二条　对研究生教育大纲实施过程的一般要求

1.研究生教育大纲的实施过程按学年开展,学年划分为学期。

2.以全日制形式学习能够获得"研究人员"科学职称的研究生(军校研究生)和博士生,每年假期规定天数为30个工作日。

3.研究生教育大纲的实施过程,以教学课程(讲座、实践课、讨论课)和科研形式进行。

4.研究生教育大纲的实施过程,以班级形式开展,或依据研究生(军校研究生、博士学位申请人)个性化培养计划以个性化形式进行。

5.研究生教育大纲的实施过程,依据《高技能科学人才培养条例》进行组织,该条例由白俄罗斯共和国总统批准。

第二百二十三条　研究生教育大纲实施过程的参与者

1.研究生教育大纲实施过程的参与者为研究生(军校研究生、博士学位申请人)、教学工作者(包括导师、学科顾问)。

2.完整接受研究生教育的研究生(军校研究生、博士学位申请人)可被授予证书,证书样式由白俄罗斯共和国教育部规定。

3.导师——由教育机构(实施研究生教育大纲的组织)负责人指定的专家,为研究生学习能够获得"研究人员"科学职称的研究生(军校研究生)教育大纲和准备申请副博士学位论文提供帮助。

4.学科顾问——由教育机构(实施研究生教育大纲的组织)负责人指定的专家,为博士生学习博士生教育大纲和准备申请博士学位论文提供帮助。

5.对导师及学科顾问等专家的要求,由白俄罗斯共和国总统规定。

6.导师及学科顾问的职责:

6.1　对研究生(军校研究生、博士学位申请人)的教育大纲学习、科研职称准备工作(论文)进行辅导。

6.2　在科研职称准备工作(论文)过程中,就学习方法和学习资源向研究生(军校研究生、博士学位申请人)提供帮助。

6.3　保证研究生(军校研究生、博士学位申请人)形成专业的组织技能,形成进行科研工作的能力,具备科研道德。

6.4　协助向研究生(军校研究生、博士学位申请人)提供必要材料以及与科研工作相关的科学、科研文献和研究设备。

6.5　将研究生(军校研究生、博士学位申请人)对相应研究生教育大纲的掌握情况和科研工作准备情况记入个人工作计划。

6.6 对研究生(军校研究生、博士学位申请人)对相应研究生教育大纲的掌握情况和科研工作准备情况进行监督。

6.7 履行法律规定的其他义务。

第四十四章 研究生(军校研究生、博士学位申请人) 教育大纲的考核

第二百二十四条 研究生(军校研究生、博士学位申请人)教育大纲的例行考核

1. 研究生(军校研究生、博士学位申请人)学习研究生教育大纲,需进行例行考核。

2. 研究生(军校研究生、博士学位申请人)学习能够获得"研究人员"科学职称的研究生(军校研究生)教育大纲的考核形式为:

2.1 研究生(军校研究生、学位申请人)关于个人工作计划完成情况的报告。

2.2 副博士专业课程考试。

3. 博士学位申请人学习博士教育大纲的例行考核形式,为博士学位申请人个人工作计划完成情况的报告。

4. 研究生(军校研究生、博士学位申请人)个人工作计划完成情况的例行考核,由国家教育机构考试委(鉴定)员会根据导师(学科顾问)建议及研究生(军校研究生、学位申请人)个人工作计划完成情况报告,每半年或每一学年进行一次。

5. 研究生(军校研究生、博士学位申请人)个人工作计划完成情况考核成绩分为"通过"或"未通过"。若研究生(军校研究生、博士学位申请人)个人工作计划完成情况考核结果为"通过",则视为良好。

6. 研究生(军校研究生、学位申请人)副博士专业课程考试形式的例行考核,由国家教育机构考试(鉴定)委员会主持。

7. 研究生(军校研究生、学位申请人)副博士专业课程考试形式的例行考核成绩以十分制评定,4分及以上被视作良好。

8. 研究生(军校研究生、博士学位申请人)学习研究生教育大纲的例行考核,按照白俄罗斯共和国政府规定的程序进行。

第二百二十五条 研究生(军校研究生、博士学位申请人)学习研究生教育大纲的最终考核

1. 研究生(军校研究生、博士学位申请人)学习研究生教育大纲须参加最终考核。

2. 研究生(军校研究生、博士学位申请人)学习研究生教育大纲的最终考核,以研究生(军校研究生、博士学位申请人)个人工作计划完成情况报告为最终考核形式,考核由国家教育机构考试(鉴定)委员会执行。

3. 研究生(军校研究生、博士学位申请人)学习研究生教育大纲的最终考核的结果,以个人工作计划完成情况呈现,最终考核结果分为"通过""未通过","通过"被视作优良。

4.研究生(军校研究生、博士学位申请人)学习研究生教育大纲的最终考核,按照白俄罗斯共和国政府规定的程序进行。

第四十五章　研究生教育科学教学方法保障

第二百二十六条　研究生教育科学教学方法保障体系

1.在学习能够获得"研究人员"科学职称的研究生(军校研究生)教育大纲过程中,科学教学方法保障包括研究生(军校研究生、学位申请人)个人工作计划及副博士专业学科考试最低纲领。

2.学习博士教育大纲过程中研究生教育科学教学方法保障体系,包括博士生及学位申请人的个人工作计划。

3.研究生教育科学教学方法保障由以下组织提供:

3.1　实施研究生教育大纲的教育机构。

3.2　实施研究生教育大纲的组织。

3.3　人员培训委托机构。

3.4　隶属于白俄罗斯共和国政府的管理机构、其他国家机构、地方行政和管理机构,以及权力范围涉及研究生教育的其他组织和个人。

第二百二十七条　研究生(军校研究生、学位申请人)个人工作计划,博士学位申请人个人工作计划,副博士专业学科考试最低纲领

1.研究生(军校研究生、学位申请人)个人工作计划,规定在学习能够获得"研究人员"科学职称的研究生(军校研究生)教育大纲时的以下举措及实施期限:

1.1　准备发表的科技及其他出版物的资料,以证明在准备副博士学位申请资格论文时取得的科研成果。

1.2　专门准备副博士学位申请资格论文的稿件并自拟摘要,以进行论文初步审查。

2.博士、学位申请人个人工作计划,规定在学习博士教育大纲时的以下举措及实施期限:

2.1　准备发表的科技及其他出版物的资料,以证明在准备博士学位申请资格论文时取得的科研成果。

2.2　专门准备博士学位申请资格论文的稿件并自拟摘要,以进行论文初步审查。

2.3　对研究生(军校研究生、博士学位申请人)个人工作计划内容的其他要求和批准流程,由白俄罗斯共和国总统规定。

3.副博士专业学科考试最低纲领是一种技术性法规文件,规定相关专业学科的学习目标、任务、内容,以及对研究生(军校研究生、学位申请人)在学习能够获得"研究人员"科学职称的研究生(军校研究生)教育大纲时的成绩要求。

副博士专业学科考试最低纲领,由教育机构和实施研究生教育大纲的上级国家组织协调管理机构、白俄罗斯共和国国家科学院共同制定,并由白俄罗斯共和国最高鉴定委员会批准。

第十三编　儿童和青少年补充教育

第四十六章　儿童和青少年补充教育体系

第二百二十八条　儿童和青少年补充教育体系

1. 儿童和青少年补充教育是补充教育的一种类型,旨在发展受教育者个性,培养并发展其创造力,满足其在智力、道德、身体素质方面的个性化需求,同时培养受教育者适应社会生活、安排课余时间并形成职业定位的能力。

2. 儿童和青少年补充教育体系包括:

2.1　实施儿童和青少年补充教育大纲过程的参与者。

2.2　儿童和青少年补充教育大纲。

2.3　儿童和青少年补充教育机构。

2.4　实施儿童和青少年补充教育大纲的其他教育机构。

2.5　依法有权开展教学活动并实施儿童和青少年补充教育大纲的其他组织。

2.6　确保儿童和青少年补充教育体系运行的国家教育机构。

2.7　隶属于白俄罗斯共和国政府的管理机构、其他国家机构、地方行政和管理机构,以及权力范围涉及儿童和青少年补充教育的其他组织和个人。

第二百二十九条　儿童和青少年补充教育大纲

1. 儿童和青少年补充教育大纲按专业分为:

1.1　技术类。

1.2　运动技术类。

1.3　地方志与旅游类。

1.4　生物生态类。

1.5　体育文化类。

1.6　艺术类。

1.7　社会经济类。

1.8　社会教育类。

1.9　文化休闲类。

1.10　军事爱国类。

1.11　自然与数学类。

1.12　社会人文类。

1.13　《关于儿童和青少年补充教育机构及其形式条例》规定的其他专业。

2.实施儿童和青少年补充教育大纲的专业,包括儿童和青少年补充教育纲领性文件中规定的专业方向。

3.儿童和青少年补充教育大纲,以全日制和函授形式接受教育的方式实施。

4.儿童和青少年补充教育大纲,由儿童和青少年补充教育机构实施,同时也可在普通中等教育机构、职业技术教育机构、中等专业教育机构、高等教育机构、特殊教育机构、培育保健教育机构、社会教育机构、特殊教育机构、特殊医疗与培育机构及依法有权开展教学活动的其他组织中实施。

第二百三十条　接受儿童和青少年补充教育的期限

接受儿童和青少年补充教育的期限,由相应专业的儿童和青少年补充教育大纲等教学纲领性文件规定。

第四十七章　儿童和青少年补充教育机构

第二百三十一条　儿童和青少年补充教育机构

1.儿童和青少年补充教育机构是实施儿童和青少年补充教育大纲、针对社会处境危险儿童的培养大纲及保护其合法权益的大纲的教育机构,此外,还可以实施工人(职员)职业培训大纲和患病儿童培养大纲。

2.儿童和青少年补充教育机构分为以下类型:

2.1　中心(宫)。

2.2　儿童艺术学校。

3.中心(宫)——实施一个或多个专业的儿童和青少年补充教育大纲、实施针对社会处境危险儿童的培养大纲及保护其合法权益的大纲的儿童和青少年补充教育机构,此外,还可以实施工人(职员)职业培训大纲及患病儿童培养大纲。

4.儿童艺术学校——实施儿童和青少年艺术专业补充教育大纲并学习高层次文化科目以及学科课程的儿童和青少年补充教育机构。

第二百三十二条　儿童和青少年补充教育机构的管理

1.儿童和青少年补充教育机构由机构负责人直接管理。

2.儿童和青少年补充教育机构负责人的任免,由机构创办人决定。

3.儿童和青少年补充教育机构的主要自治机构是以其负责人为首的理事会。

4.儿童和青少年补充教育机构内应成立教务委员会,还可成立(未成年)监护人理事会或家长委员会。

第四十八章　儿童和青少年补充教育大纲实施过程

第二百三十三条　对儿童和青少年补充教育大纲实施过程的一般要求

1.儿童和青少年补充教育大纲可以:

1.1　在教育机构内实施。

1.2 在依法有权开展教学活动的其他组织内实施。

1.3 在家中实施。

1.4 在疗养康复机构内实施。

2.儿童和青少年补充教育大纲的实施过程按学年开展。

学年构成由实施儿童和青少年补充教育大纲的教育机构参照卫生规范、规章和标准的要求划分。

3.教育领域、专题、教学科目、学科课程的学习,按照基础阶段和提升阶段实施。

教育领域、专题、教学科目或学科课程学习的基础阶段,即学习教育领域、专题、教学科目或学科课程的内容,这是在学习相应专业某一方向的儿童和青少年补充教育大纲时的必修内容。

教育领域、专题、教学科目或学科课程学习的提升阶段,即学习教育领域、专题、教学科目或学科课程的内容,其中包括对基础阶段所学内容的深入学习。

4.教育机构(儿童艺术学校除外)及依法有权开展教学活动并实施儿童和青少年补充教育大纲的其他组织的受教育者,学习基础阶段的教育领域、专题、教学科目或学科课程。同时,如法定代理人有意愿且受教育者自身健康状况允许,可在儿童和青少年补充教育大纲等教学纲领性文件中规定的学时内,学习提升阶段的教育领域、专题、教学科目或学科课程。儿童艺术学校的受教育者,学习提升阶段的教育领域、专题、教学课程或学科课程。

5.儿童和青少年补充教育大纲实施过程的主要组织形式为课程。

6.教育机构(儿童艺术学校除外)及依法有权开展教学活动的其他组织在实施儿童和青少年补充教育大纲时,教育过程以兴趣社团或一对一形式开展。

儿童艺术学校在实施儿童和青少年补充教育大纲时,教育过程以班级或一对一形式开展。

7.兴趣社团由数个对某一具体方向的活动感兴趣的儿童或青少年组成,包括兴趣小组、兴趣俱乐部、兴趣部、兴趣团、播音室、实验室、乐队、合唱团、歌舞团、受教育者科学社团和其他社团。兴趣社团可由同龄或非同龄受教育者组成,可以是一个由受教育者组成的具有非固定成员的流动性组织。

8.第一学年兴趣社团容量为 12 至 15 名受教育者,第二学年及以后容量为 8 人以上。如年龄为二至六周岁,则兴趣社团容量为 8 至 10 名受教育者。

9.班级容量为 10 至 12 人,如儿童艺术学校在校人数少于 100 人,则班级容量为 3 至 6 人。

10.实施儿童和青少年补充教育大纲的教育机构创始人,可规定兴趣社团和班级的最小容量。

11.如儿童和青少年补充教育大纲等教学纲领性文件有规定,兴趣社团和班级可划分为小组。

12.根据实施儿童和青少年补充教育大纲的教育机构负责人的决定,教育过程可按照儿童和青少年补充教育个性化大纲一对一进行。

第二百三十四条　对儿童和青少年补充教育招生入学工作的一般要求

1.另有规定除外,儿童和青少年补充教育招生录取工作,须依据受教育者提出的申请进行。受教育者应出示出生证明或身份证明文件,未成年人可由法定代理人以其名义代为提出申请。

2.儿童和青少年补充教育大纲运动技术类、地方志与旅游类、体育文化类、军事爱国类专业的招生录取工作,须依据本条第1款中规定的文件以及健康证明开展。

3.儿童和青少年补充教育大纲艺术类专业(舞蹈编排方向除外)的招生录取工作,须依据本条第1款中规定的文件及能力测验成绩开展,能力测验按照《关于儿童和青少年补充教育机构的相关条例》进行。

4.儿童和青少年补充教育大纲艺术类专业舞蹈编排方向的招生录取工作,须依据本条第1款中规定的文件、健康证明以及能力测验成绩开展,能力测验按照《关于儿童和青少年补充教育机构的相关条例》进行。

5.关于儿童和青少年补充教育招生录取工作,在本法中未规定的其他内容,可根据《关于儿童和青少年补充教育机构的相关条例》进行。

第二百三十五条　在家中接受儿童和青少年补充教育

1.对于在家中接受普通中等教育或特殊教育的受教育者,应为其在家中接受儿童和青少年补充教育创造条件。

2.儿童和青少年在家中接受补充教育的教育过程,由实施儿童和青少年补充教育大纲的教育机构,根据受教育者的住址进行组织。

3.允许儿童和青少年在家中接受补充教育的决议,由组织儿童和青少年在家中接受普通中等教育或特殊中等教育大纲的教育机构,根据受教育者(未成年受教育者的法定代理人)的申请进行批准。

4.在家中接受儿童和青少年补充教育的组织程序,按照《关于儿童和青少年补充教育机构的相关条例》实施。

第二百三十六条　在疗养康复机构接受儿童和青少年补充教育

1.在疗养院或康复机构接受治疗或疗养的受教育者,可以在疗养院或康复机构接受儿童和青少年补充教育。

2.在疗养院或康复机构接受儿童和青少年补充教育的教育过程,由教育机构根据疗养院或康复机构的地址进行组织。

3.在疗养院或康复机构接受儿童和青少年补充教育的组织程序,按照《关于儿童和青少年补充教育机构的相关条例》实施。

第二百三十七条　受教育者学习儿童和青少年补充教育大纲的考核办法

1.受教育者只有在完成儿童和青少年补充教育大纲提升阶段的教育领域、专题、教学科目或学科课程的学习之后,才能通过例行考核和最终考核。

2.受教育者学习儿童和青少年补充教育大纲的例行考核和最终考核形式及成绩评定方法,由《关于受教育者在学习儿童和青少年补充教育大纲时的考核条例》规定。

第四十九章　儿童和青少年补充教育科学教学方法保障

第二百三十八条　儿童和青少年补充教育科学教学方法保障体系

1.儿童和青少年补充教育科学教学方法保障体系包括:

1.1　儿童和青少年补充教育大纲等教学纲领性文件。

1.2　培养计划和纲领性文件。

1.3　教学方法文件。

1.4　教育出版物。

1.5　信息分析材料。

2.儿童和青少年补充教育科学教学方法保障由以下组织实施:

2.1　为儿童和青少年补充教育提供科学教学方法保障的组织。

2.2　儿童和青少年补充教育机构。

2.3　实施儿童和青少年补充教育大纲的其他教育机构。

2.4　依法有权开展教学活动并实施儿童和青少年补充教育大纲的其他组织。

2.5　隶属于白俄罗斯共和国政府的管理机构、其他国家机构、地方行政和管理机构,以及权力范围涉及儿童和青少年补充教育的其他组织和个人。

第二百三十九条　儿童和青少年补充教育大纲等教学纲领性文件

1.儿童和青少年补充教育大纲等教学纲领性文件包括:

1.1　儿童和青少年补充教育常规教育大纲。

1.2　儿童艺术学校常规教学计划。

1.3　儿童艺术学校常规教育大纲。

1.4　兴趣社团大纲。

1.5　儿童和青少年补充教育实验大纲。

1.6　儿童和青少年补充教育个性化大纲。

2.儿童和青少年补充教育常规教育大纲是一种技术性法规文件,它规定相应专业教育领域、专题、教学科目或学科课程内容的学习目标和任务、学习层次、接受补充教育的期限、教学专题计划、分配到学习教育领域、专题、教学科目或学科课程的时间、课程种类、实施儿童和青少年补充教育大纲过程中(在儿童艺术学校实施儿童和青少年补充教育大纲除外)推荐的教学和培养方式方法。

儿童和青少年补充教育常规教育大纲,由白俄罗斯共和国教育部与为儿童和青少年补充教育提供科学教学方法保障的组织共同制定,并由白俄罗斯共和国教育部批准。

3.儿童艺术学校常规教学计划是一种技术性法规文件,它规定教学科目和学科课程的清单、顺序及范围，规定在儿童艺术学校接受补充教育的期限以及进行教学实践的程序。

儿童艺术学校常规教学计划，由白俄罗斯共和国文化部与为儿童和青少年补充教育提供科学教学方法保障的组织共同制订，由白俄罗斯共和国文化部与教育部协商批准，并须具有国家卫生监督组织和机构出具的证明，以证明其符合卫生防疫法。

4.儿童艺术学校常规教育大纲是一种技术性法规文件，它规定学习教育领域、专题、教学科目或学科课程内容的学习目标和任务、学习层次、课程种类，以及在儿童艺术学校推荐的教学和培养方式方法。

儿童艺术学校常规教育大纲由白俄罗斯共和国教育部为儿童和青少年补充教育提供科学教学方法保障的组织共同制定，并由白俄罗斯共和国文化部批准。

5.兴趣社团大纲规定相应教育领域、专题、教学科目或学科课程内容的学习目标和任务，学习阶段，接受补充教育的期限，教学专题计划，分配到学习教育领域、专题、教学科目或学科课程的时间，课程种类以及教学和培养方式方法。

兴趣社团大纲，由实施儿童和青少年补充教育大纲的教育机构根据儿童和青少年补充教育示范大纲制定。

学习提升阶段的教育领域、专题、教学科目或学科课程的兴趣社团大纲，由白俄罗斯共和国教育部批准。

学习基础阶段的教育领域、专题、教学科目或学科课程的兴趣社团大纲，由实施儿童和青少年补充教育大纲的教育机构的负责人与（国家教育机构的）创办人或（其他组织的）地方行政和管理机构协商制定。

6.儿童和青少年补充教育实验大纲由实施儿童和青少年补充教育大纲的教育组织制定，并以此为基础开展实验活动，并由白俄罗斯共和国教育部批准。

7.儿童和青少年补充教育个性化大纲，规定针对资优受教育者、身心障碍者及因正当理由经常或暂时不能上课的受教育者在接受儿童和青少年补充教育时的特点。

儿童和青少年补充教育个性化大纲，由实施儿童和青少年补充教育大纲的教育机构以儿童和青少年补充教育示范大纲或儿童艺术学校常规教学计划、儿童艺术学校常规教育大纲为基础制定，并由教育机构的负责人批准。

第十四编　成人补充教育

第五十章　成人补充教育体系

第二百四十条　成人补充教育体系

1.成人补充教育——提升学员、进修生专业能力并满足其认知需求的补充教育。

2.成人补充教育体系包括：

2.1　成人补充教育大纲实施过程的参与者。

2.2 成人补充教育大纲。

2.3 成人补充教育机构。

2.4 实施成人补充教育大纲的其他教育机构。

2.5 依法有权开展教学活动并实施成人补充教育大纲的其他组织。

2.6 依法有权开展教学活动并实施成人补充教育大纲的个人教育机构。

2.7 成人补充教育教学方法协会。

2.8 派遣员工学习成人补充教育大纲的机构。

2.9 保障成人补充教育体系运作的国家教育机构。

2.10 隶属于白俄罗斯共和国政府的管理机构、其他国家机构、地方行政和管理机构,以及权力范围涉及成人补充教育的其他组织和个人。

第二百四十一条 成人补充教育大纲实施过程的参与者

1.成人补充教育大纲实施过程的参与者为学员、进修生、未成年受教育者的法定代理人和教育工作者。

2.学习为受过高等教育(中等专业教育)的管理人员和专家制定的再培训教育大纲、工人(职员)再培训教育大纲、工人(职员)职业培训教育大纲、白俄罗斯共和国教育机构个人入学培训教育大纲的学员,在接受成人补充教育期间可获学员证和记分簿。

第二百四十二条 成人补充教育大纲

1.成人补充教育大纲可以分为:

1.1 管理人员和专家技术等级提升教育大纲。

1.2 为受过高等教育的管理人员和专家制定的再培训教育大纲。

1.3 为受过中等专业教育的管理人员和专家制定的再培训教育大纲。

1.4 管理人员和专家进修教育大纲。

1.5 某些职位岗前职业培训教育大纲。

1.6 工人(职员)技术等级提升教育大纲。

1.7 工人(职员)再培训教育大纲。

1.8 工人(职员)职业培训教育大纲。

1.9 培训课程教育大纲(讲座、专题研讨会、实践课程、训练、军官课程及其他培训课程)。

1.10 组织内培训教育大纲。

1.11 个人潜力和能力提升教育大纲。

1.12 白俄罗斯共和国教育机构个人入学培训教育大纲。

2.管理人员和专家技术等级提升教育大纲是旨在提升工作人员专业技能的教育大纲。

3.为受过高等教育的管理人员和专家制定的再培训教育大纲是旨在授予高等教育层次的新技术等级的教育大纲。

4. 为受过中等专业教育的管理人员和专家制定的再培训教育大纲是旨在授予中等专业教育层次的新技术等级的教育大纲。

5. 管理人员和专家进修教育大纲是确保其掌握新方法、技术和专业活动要素的教育大纲。本法的规定不适用于法规规定的岗前进修。

6. 某些职位岗前职业培训教育大纲是旨在使学位申请人（法规规定上岗需经专业培训的职位）深化知识并获得实用专业技能的教育大纲。

7. 工人（职员）技术等级提升教育大纲是旨在提高工人（职员）专业技能，使工人（职员）获得更高技术等级（级别、类别）的教育大纲。

8. 工人（职员）再培训教育大纲是旨在使具有某一职业背景的人员获得其他职业岗位的教育大纲。

9. 工人（职员）职业培训教育大纲是旨在帮助无业人员就业的教育大纲。

10. 培训课程教育大纲（讲座、专题研讨会、实践课程、训练、军官课程及其他培训课程）是旨在满足学员对某一专业领域或某一知识领域认知需求的教育大纲。

11. 组织内培训教育大纲是旨在培养组织内员工履行岗位职责所必需的专业技能的教育大纲。

12. 个人潜力和能力提升教育大纲是旨在促进学员个人道德、文化和身体素质发展并使学员形成日常生活所必需的技能的教育大纲。

13. 白俄罗斯共和国教育机构个人入学培训教育大纲是旨在学习进入白俄罗斯共和国教育机构所必需的教学课程的教育大纲。

14. 成人补充教育大纲以全日制或函授形式实施，工人（职员）技术等级提升教育大纲、工人（职员）再培训教育大纲、工人（职员）职业培训教育大纲除外，以上教育大纲只能以全日制形式实施。

15. 成人补充教育大纲可在成人补充教育机构内实施，也可在以下组织内实施：中学、夜校、古典中学、寄宿古典中学、中等教育学校、专业中等教育学校、孤儿和失依儿童寄宿学校、教育教学综合系统（托儿所－初级学校、托儿所－基础学校、幼儿园－初级学校、幼儿园－基础学校、基础艺术专业学校除外）、校际劳动与职业生产教学综合学校、智力障碍儿童寄宿学校、特殊教育寄宿学校、职业技术教育机构、中等专业教育机构、高等教育机构、特殊教学培育机构、特殊医疗培育机构、中心（宫）、依法有权开展教学活动的其他组织和个人教育机构。

上述教育机构、依法有权开展教学活动的其他组织和个人教育机构实施成人补充教育大纲的类型，由本法规定。

第二百四十三条　管理人员和专家再培训教育标准

1. 管理人员和专家再培训教育标准，针对不同专业单独制定，规定对相应成人补充教育大纲等教学纲领性文件内容、接受成人补充教育的形式及期限、教育过程组织、成人补充教育入学人员的基础教育水平、学员所能承受的最大学习负荷、毕业生的培训水平及最终考核方面的要求。

2.管理人员和专家再培训教育标准的制定工作,由白俄罗斯共和国教育部组织,并与管理不同教育专业和教育方向的其他国家行政和管理机构,以及成人补充教育教学方法协会共同实施。国家行政和管理机构名单及为其分配的教育专业和教育方向名单由白俄罗斯共和国政府批准。

3.管理人员和专家再培训教育标准,由白俄罗斯共和国教育部与白俄罗斯共和国总统直属的相关国家机构、国家行政机关和隶属于白俄罗斯共和国政府的其他国家机构协商批准。

第二百四十四条　成人补充教育的学习期限

1.白俄罗斯共和国总统另有规定除外,在学习管理人员和专家技术等级提升教育大纲、学习为受过高等教育(中等专业教育)的管理人员和专家制定的再培训教育大纲时,接受成人补充教育的学习期限由白俄罗斯共和国政府批准。

2.白俄罗斯共和国总统另有规定除外,在学习管理人员和专家进修教育大纲时,国家机构和其他国家机构的管理人员接受成人补充教育的期限最长为一周,其他管理人员和专家为:

2.1　若以全日制形式接受教育,则期限最长为五个月。

2.2　若以函授形式接受教育,则期限最长为八个月。

3.学习某些职位岗前职业培训教育大纲时,接受成人补充教育的期限为两年以内。

4.学习工人(职员)技术等级提升教育大纲时,接受成人补充教育的期限为一周至三个月。

5.学习工人(职员)再培训教育大纲时,接受成人补充教育的期限为两周至十一个月。

6.学习工人(职员)职业培训教育大纲时,接受成人补充教育的期限为一至十二个月。在中等专业教育机构学习工人(职员)职业培训教育大纲时,接受成人补充教育的期限可在工人(职员)职业培训教育大纲等教学纲领性文件中规定的学时范围内延长。

7.学习培训课程教育大纲(讲座、专题研讨会、实践课程、训练、军官课程及其他培训课程)、组织内培训教育大纲、个人潜力和能力提升教育大纲时,接受成人补充教育的期限,由教育机构、依法有权开展教学活动的其他组织和个人教育机构决定。

8.学习白俄罗斯共和国教育机构个人入学培训教育大纲时,接受成人补充教育的期限为九个月以内。

第五十一章　成人补充教育机构

第二百四十五条　成人补充教育机构

1.成人补充教育机构是实施成人补充教育大纲、研究生教育大纲的教育机构。

2.成人补充教育机构分为以下几种:

2.1　继续教育学院。

2.2 技术等级提升与再培训学院。
2.3 教育发展学院。
2.4 管理人员和专家技术等级提升中心。
2.5 工人培训、技术等级提升和再培训中心。

3.继续教育学院是成人补充教育机构。学院内实施管理人员和专家技术等级提升教育大纲以及为受过高等教育(中等专业教育)的管理人员和专家制定的再培训教育大纲,开展基础型和实用型科学研究,履行成人补充教育领域内的鉴定、预测、信息分析和教学方法职能,协调成人补充教育教学方法协会的活动,还可实施其他类型的成人补充教育大纲和研究生教育大纲。

4.技术等级提升与再培训学院是成人补充教育机构。学院内实施管理人员和专家技术等级提升教育大纲以及为受过高等教育(中等专业教育)的管理人员和专家制定的再培训教育大纲,开展基础和实用型科学研究,还可实施其他类型的成人补充教育大纲和研究生教育大纲。

5.教育发展学院是成人补充教育机构。学院内实施管理人员和专家技术等级提升教育大纲以及管理人员和专家进修教育大纲,执行成人补充教育领域内的信息分析、科学教学方法、组织教学方法职能,还可与白俄罗斯共和国教育部协商实施其他类型的成人补充教育大纲。

6.管理人员和专家技术等级提升中心是成人补充教育机构。中心内实施管理人员和专家技术等级提升教育大纲,同时可以根据白俄罗斯共和国政府的决议,实施为受过高等教育(中等专业教育)的管理人员和专家制定的再培训教育大纲,还可实施工人(职员)技术等级提升教育大纲、工人(职员)再培训教育大纲、工人(职员)职业培训教育大纲、培训课程教育大纲(讲座、专题研讨会、实践课程、训练、军官课程及其他培训课程)、组织内培训教育大纲以及个人潜力和能力提升教育大纲。

7.工人培训、技术等级提升和再培训中心是成人补充教育机构。中心内实施工人(职员)技术等级提升教育大纲、工人(职员)再培训教育大纲和工人(职员)职业培训教育大纲,还可实施培训课程教育大纲(讲座、专题研讨会、实践课程、训练、军官课程及其他培训课程)、组织内培训教育大纲以及个人潜力和能力提升教育大纲。

第二百四十六条 依法有权开展教学活动并落实成人补充教育大纲的其他组织和个人教育机构

1.依法有权开展教学活动的其他组织,可实施以下成人补充教育大纲:
1.1 管理人员和专家进修教育大纲。
1.2 某些职位岗前职业培训教育大纲。
1.3 工人(职员)技术等级提升教育大纲。
1.4 工人(职员)再培训教育大纲。
1.5 工人(职员)职业培训教育大纲。

1.6　培训课程教育大纲(讲座、专题研讨会、实践课程、训练、军官课程及其他培训课程)。

1.7　组织内培训教育大纲。

1.8　个人潜力和能力提升教育大纲。

2.依法有权开展教学活动的其他组织,根据白俄罗斯共和国政府的决议,方可实施管理人员和专家技术等级提升教育大纲。

3.依法有权开展教学活动的个人教育机构,可实施以下成人补充教育大纲:

3.1　培训课程教育大纲(讲座、专题研讨会、实践课程、训练、军官课程及其他培训课程)。

3.2　个人潜力和能力提升教育大纲。

第二百四十七条　成人补充教育的管理机构

1.成人补充教育机构的负责人直接管理机构。

2.经白俄罗斯共和国教育部同意后,成人补充教育机构的创办人可以任命或解聘机构负责人。

3.成人补充教育机构的主要自治机构是以其负责人为首的理事会。

4.成人补充教育机构内可成立(未成年)监护人理事会。

第二百四十八条　重点成人补充教育机构

1.为进一步完善成人补充教育体系、加强成人补充教育机构在解决成人补充教育体系中的科技及其他问题方面的作用,推动某一具体领域内的科研发展,协调成人补充教育教学方法协会的活动以及研制现代教育技术和教学设备,可对机构授予行业内重点成人补充教育机构的地位。

2.行业内重点成人补充教育机构的地位,由白俄罗斯共和国教育部根据管辖成人补充教育机构的国家机构的建议授予。

第二百四十九条　成人补充教育教学方法协会

1.为完善成人补充教育教学方法保障,白俄罗斯共和国教育部可以重点成人补充教育机构为基础,设立成人补充教育教学方法协会。

2.成人补充教育教学方法协会,根据不同教育专业、教育方向以及某些专业设立。

3.成人补充教育教学方法协会的人员构成,由实施成人补充教育大纲且经认证符合申报教育机构类型的教育机构的教育和科研工作者、国家机构代表及其他成人补充教育培训领域的组织代表和个人代表组成。

4.成人补充教育教学方法协会的主要职能为:

4.1　参与管理人员和专家再培训教育标准的制订和完善工作。

4.2　参与成人补充教育大纲等教学纲领性文件的制订、审查及完善工作。

4.3　协商通过教科书、教学参考书及教学方法参考书的原稿。

5.成人补充教育教学方法协会所做的决定,具有咨询性质。

6.关于成人补充教育教学方法协会的相关条例,由白俄罗斯共和国教育部批准。

第五十二章　成人补充教育大纲实施过程

第二百五十条　对成人补充教育大纲实施过程的一般要求

1.在实施管理人员和专家技术等级提升教育大纲、为受过高等教育（中等专业教育）的管理人员和专家制定的再培训教育大纲、工人（职员）技术等级提升教育大纲、工人（职员）再培训教育大纲、工人（职员）职业培训教育大纲和白俄罗斯共和国教育机构个人入学培训教育大纲的过程中，教育过程的组织根据对实施高等教育大纲、中等专业教育大纲、职业技术教育大纲和普通中等教育大纲的要求进行。同时，应适当兼顾本章所述的特殊情况，以及白俄罗斯共和国政府批准的《管理人员和专家的持续职业教育条例》《各专业工人（职员）的持续职业培训条例》。

2.在特殊教育寄宿学校实施工人（职员）职业培训教育大纲时，教育过程在10～11或11～12年级开展，而在智力障碍儿童寄宿学校中，则在11～12年级开展深入的社会和职业培训。

3.工人（职员）职业培训教育大纲的教育过程，在普通中等教育机构的10～11（12）年级开展实施。

4.依靠国家和地方预算资金开展教学和培养活动的班级，班级容量为25～30名学员。

普通中等教育机构实施工人（职员）职业培训教育大纲时，班级容量不超过20名学员。

对于旨在保障人员生命安全、健康及白俄罗斯共和国政府规定的其他情况的成人补充教育大纲，其教育和培育活动由国家和地方预算资金出资，班级容量可根据隶属于白俄罗斯共和国总统并对其负责的国家机构（国家行政机关，隶属于白俄罗斯共和国政府的其他国家机构）（教育机构和依法有权开展教学活动的其他组织均隶属于该国家机构），经与白俄罗斯共和国财政部、劳动与社会保障部、教育部达成决议之后缩减。

实施白俄罗斯共和国教育机构个人入学培训教育大纲时，班级容量由教育机构自行决定，且不超过12名学员。

5.实施管理人员和专家进修教育大纲以及组织内培训教育大纲时，教育过程根据本法以及《管理人员和专家的持续职业教育条例》组织实施。

6.实施某些职位岗前职业培训教育大纲时，教育过程的组织应符合本法相关规定，并按照专业培训相关法律中规定的程序进行。

7.实施培训课程教育大纲（讲座、专题研讨会、实践课程、训练、军官课程及其他培训课程）时，根据本法以及《成人补充教育培训课程条例》进行，该条例由白俄罗斯共和国政府批准。

8.实施白俄罗斯共和国教育机构个人入学培训教育大纲时，教育过程根据本法以及《关于预科系、预科部、预科班的条例》组织，该条例由白俄罗斯共和国政府批准。

9.白俄罗斯共和国教育机构个人入学培训教育大纲除外,成人补充教育大纲的开课时间,由班级内学员人数决定,人满即开课。但开课时间不晚于签订相关合同之日起三个月。

白俄罗斯共和国教育机构个人入学培训教育大纲开课时间,由班级内学员人数决定,人满即开课,同时须兼顾完成大纲学习所必需的时间。但开课时间不晚于相应教育招生结束前两个月。

第二百五十一条　在家中接受成人补充教育

1.对于因疾病暂时或永久性无法进入教育机构学习的身心障碍者,应创造条件使其在家中接受成人补充教育,学习某些专业或技术等级的工人(职员)职业培训教育大纲。

可允许在家中接受成人补充教育的疾病种类清单,由白俄罗斯共和国卫生部确定。

可在家中学习的成人补充教育专业和技术等级清单,由白俄罗斯共和国教育部、卫生部和劳动与社会保障部共同决定。

2.在家中接受成人补充教育大纲的教育过程,由实施成人补充教育大纲的教育机构根据指定专业和技术等级组织,教育过程的组织地点要尽可能靠近学员所在地。

3.教育机构根据受教育者(未成年受教育者的法定代理人)申请和医疗咨询委员会的结论,决定能否在家中接受成人补充教育。

4.在家中接受成人补充教育的程序由白俄罗斯共和国教育部与白俄罗斯共和国卫生部协商决定。

第五十三章　学员、进修生学习成人补充教育大纲时的考核办法

第二百五十二条　学员、进修生学习成人补充教育大纲时的例行考核办法

1.学员只有在完成以下教育大纲之后,才能通过例行考核:为受过高等教育的管理人员和专家制定的培训教育大纲、为受过中等专业教育的管理人员和专家制定的培训教育大纲、工人(职员)专业技能提升教育大纲、工人(职员)培训教育大纲、工人(职员)职业培训教育大纲和白俄罗斯共和国教育机构个人入学培训教育大纲。

2.学员在学习为受过高等教育的管理人员和专家制定的培训教育大纲、为受过中等专业教育的管理人员和专家制定的培训教育大纲、白俄罗斯共和国教育机构个人入学培训教育大纲时,例行考核形式和评分流程,分别按照《学员学习高等教育大纲的考核条例》《学员学习中等专业教育大纲的考核条例》《学员学习普通中等教育大纲的考核条例》进行。

3.学员在学习工人(职员)专业技能提升教育大纲、工人(职员)培训教育大纲和工人(职员)职业培训教育大纲时,例行考核形式和评分流程,按照《工人(职员)继续职业教育规定》进行。

4.学员学习成人补充教育大纲时,例行考核流程,按照《学员、进修生学习成人补充教育大纲的考核条例》进行。

第二百五十三条　学员、进修生学习成人补充教育大纲时的最终考核办法

1.学习培训课程(讲座、专题研讨会、实践课程、训练、军官课程以及其他培训课程)教育大纲、组织内培训教育大纲、个人潜力和能力提升教育大纲的学员,不参加最终考核。

2.学员在学习为受过高等教育的管理人员和专家制定的培训教育大纲、为受过中等专业教育的管理人员和专家制定的培训教育大纲、白俄罗斯共和国教育机构个人入学培训教育大纲时,最终考核形式和评分流程,分别按照《学员学习高等教育大纲的考核条例》《学员学习中等专业教育大纲的考核条例》《学员学习普通中等教育大纲的考核条例》进行。

3.学员在学习工人(职员)专业技能提升教育大纲、工人(职员)培训教育大纲和工人(职员)职业培训教育大纲时,最终考核形式和评分流程,按照《工人(职员)继续职业教育规定》进行。

4.进修生的最终考核,以进修成果报告答辩的形式进行。

5.学员在学习管理人员和专家专业技能提升教育大纲时,最终考核以下列形式之一进行:

5.1　毕业答辩、专题报告。

5.2　考试(专业技能考试)。

5.3　考查。

5.4　面试。

6.学员在学习某些职位岗前职业培训教育大纲时,最终考核形式,依照有关专门培训课程的法规进行。

7.学员、进修生在学习成人补充教育大纲时,最终考核流程,按照《学员、进修生学习成人补充教育大纲的最终考核条例》进行。

第五十四章　成人补充教育科学教学方法保障

第二百五十四条　成人补充教育科学教学方法保障体系

1.成人补充教育科学教学方法保障体系包括以下内容:

1.1　成人补充教育大纲等教学纲领性文件。

1.2　培养计划和纲领性文件。

1.3　教学方法文件。

1.4　教育出版物。

1.5　信息分析材料。

2.成人补充教育科学教学方法保障由以下组织提供:

2.1　为成人补充教育提供科学教学方法保障的组织。

2.2 成人补充教育机构。

2.3 实施成人补充教育大纲的其他教育机构。

2.4 依法有权开展教学活动并实施成人补充教育大纲的其他组织。

2.5 依法有权开展教学活动并实施成人补充教育大纲的个人教育机构。

2.6 派遣员工学习成人补充教育大纲的组织。

2.7 成人补充教育教学方法协会。

2.8 隶属于白俄罗斯共和国政府的管理机构、其他国家机构、地方行政和管理机构,以及权力范围涉及成人补充教育的其他组织和个人。

第二百五十五条 成人补充教育大纲中等教学纲领性文件

1.管理人员和专家专业技能提升教育大纲等教学纲领性文件包括:

1.1 教学专题计划。

1.2 专业技能提升教育大纲。

1.3 教学专题计划,规定管理人员和专家学习专业技能提升教育大纲的顺序、形式和类型,以及关于授课和最终考核的时间安排。

1.4 专业技能提升教育大纲,规定管理人员和专家专业技能提升教育大纲目的、任务和内容,规定分配到每一专题的课时、培训课程的类型,以及对学员学习成绩的基本要求。

1.5 管理人员和专家专业技能提升教育大纲等教学纲领性文件,由教育机构和依法有权开展教学活动并实施管理人员和专家专业技能提升教育大纲的其他组织制定,并提交其负责人批准。

2.为受过高等教育(中等专业教育)的管理人员和专家制定的再培训教育大纲等教学纲领性文件包括:

2.1 专业培训常规教学计划。

2.2 实施为受过高等教育(中等专业教育)的管理人员和专家制订的再培训教育大纲的教育机构的专业培训教学计划。

2.3 常规学科教育大纲。

2.4 实施为受过高等教育(中等专业教育)的管理人员和专家制订的再培训教育大纲的教育机构的学科教学计划。

专业培训常规教学计划是一种技术法规,它依据管理人员和专家的专业培训教育标准制订,规定必修学科的清单和范围、分配给各负责实施为受过高等教育(中等专业教育)的管理人员和专家制定的再培训教育大纲的教育机构的学时数,以及学科学习的顺序、培训课程的种类、学员考核的形式和期限。

专业培训常规教学计划由重点成人补充教育机构、成人补充教育机构、从事成人补充教育应用性科学研究的机构制订,由白俄罗斯共和国教育部协调其他直属或从属于白俄罗斯共和国总统的相关国家机构、国家行政机关以及白俄罗斯共和国政府直属的国家其他机构批准,并须具有国家卫生监督组织和机构出具的证明以证明其符合卫生防疫法。

实施为受过高等教育(中等专业教育)的管理人员和专家制定的再培训教育大纲的教育机构,专业培训教学计划依据专业培训常规教学计划制订,规定必修学科的清单和范围,分配给各负责实施为受过高等教育(中等专业教育)的管理人员和专家制定的再培训教育大纲的教育机构的学时数,以及学科学习的顺序和期限、培训课程的种类、学员考核的形式和期限。

实施为受过高等教育(中等专业教育)的管理人员和专家制定的再培训教育大纲的教育机构,专业培训教学计划由相关教育机构制订,并提交其负责人批准。

常规学科教育大纲是一种技术法规文件,它规定学科目的、任务、内容、分配到每一专题的课时、对学员学习成绩的基本要求、推荐教学形式和方法、教育出版物和教具清单。

常规学科教育大纲由白俄罗斯共和国教育部与成人补充教育教学方法协会、重点成人补充教育机构共同制定,并由白俄罗斯共和国教育部协调其他直属或从属于白俄罗斯共和国总统的相关国家机构、国家行政机关以及白俄罗斯共和国政府直属的国家其他机构批准。

实施为受过高等教育(中等专业教育)的管理人员和专家制定的再培训教育大纲的教育机构,学科教育大纲由相关教育机构依据常规学科教育大纲制定,其中规定学科目的、任务、分配到每一专题的课时、对学员学习成绩的基本要求、推荐的教学形式和方法、教育出版物和教具清单。

实施为受过高等教育(中等专业教育)的管理人员和专家制定的再培训教育大纲的教育机构,学科教育大纲由相关教育机构制定,并提交其负责人批准。

3.管理人员和专家进修教育大纲等教学纲领性文件包括进修教育大纲。

进修教育大纲,规定管理人员和专家进修教育大纲的目的、任务和内容,以及实施教育大纲的期限、对学员学习成绩的基本要求。

进修教育大纲,由派遣员工学习管理人员和专家进修教育大纲的组织制定,并提交其负责人,由其负责人与其他实施管理人员和专家进修教育大纲的组织负责人协调批准。

4.工人(职员)培训教育大纲等教学纲领性文件包括:

4.1 工人(职员)职业培训常规教学计划。

4.2 教育机构、依法有权开展教学活动并实施工人(职员)再培训教育大纲的其他组织制订的工人(职员)职业培训教学计划。

4.3 教育机构、依法有权开展教学活动并实施工人(职员)再培训教育大纲的其他组织制定的学科教育大纲。

工人(职员)职业培训常规教学计划是一种技术法规文件,依据专业职业技术教育标准制订,规定必修学科的清单和范围、分配到各负责实施工人(职员)培训教育大纲的教育机构的课时、学科学习的顺序、培训课程的种类,以及学员考核的形式和期限。

工人(职员)职业培训常规教学计划,由重点成人补充教育机构制订,由白俄罗斯共和国教育部协调其他直属或从属于白俄罗斯共和国总统的相关国家机构、国家行政机关以及白俄罗斯共和国政府直属的其他国家机构批准,并须具有国家卫生监督组织和机构出具的证明,以证明其符合卫生防疫法。

实施工人(职员)培训教育大纲的教育机构和依法有权开展教学活动的其他组织,工人(职员)职业培训教学计划,依据工人(职员)职业培训常规教学计划制订,其中规定学科学习的清单、范围和顺序,培训课程的种类以及学员的考核形式和期限。

实施工人(职员)培训教育大纲的教育机构和依法有权开展教学活动的其他组织,工人(职员)职业培训教学计划由相关教育机构制订,并提交其负责人批准。

实施工人(职员)培训教育大纲的教育机构和依法有权开展教学活动的其他组织,学科教育大纲规定学科研究的目的、任务和教学内容、分配到每一专题的课时、对学员学习成绩的基本要求、推荐的教学形式和方法、教育出版物和教具清单。

实施工人(职员)培训教育大纲的教学机构和依法有权开展教学活动的其他组织,学科教育大纲由相关教育机构制定,并提交其负责人批准。

5. 工人(职员)职业培训教育大纲等教学纲领性文件包括:

5.1 职业常规教学计划。

5.2 实施工人(职员)培训教育大纲的教育机构和依法有权开展教学活动的组织的其他职业教学计划。

5.3 实施工人(职员)培训教育大纲的教育机构和依法有权开展教学活动的组织的其他学科教育大纲。

职业常规教学计划是一种技术法规文件,依据相关工人(职员)工资技术等级评定办法制订,规定必修学科的清单和范围、分配给各负责实施工人(职员)职业培训教育大纲的教育机构的学时,以及学科学习的顺序、培训课程的种类、学员考核的形式和期限。

职业常规教学计划由重点成人补充教育机构制订,由白俄罗斯共和国教育部协调其他直属或从属于白俄罗斯共和国总统的相关国家机构、国家行政机关以及白俄罗斯共和国政府直属的其他国家机构批准,并须具有国家卫生监督组织和机构出具的证明,以证明其符合卫生防疫法。

实施工人(职员)职业培训教育大纲的教育机构,职业教学计划依据示范职业教学计划制订,并规定学科学习的清单、数量和顺序,培训课程的种类,以及学员的考核形式和期限。

实施工人(职员)职业培训教育大纲的教育机构和依法有权开展教学活动的其他组织,职业教学计划由相关教育机构制订,并提交其负责人批准。

实施工人(职员)职业培训教育大纲的教育机构,学科教育大纲规定学科学习的目的、任务和教学内容、分配到每一专题的课时、对学员学习成绩的基本要求、推荐的教学形式和方法、教育出版物和教具清单。

实施工人(职员)职业培训教育大纲的教育机构和依法有权开展教学活动的其他组织,学科教育大纲由相关教育机构制定,并提交其负责人批准。

6.培训课程（讲座、专题研讨会、实践课程、训练、军官课程及其他培训课程）的教学纲领性文件包括培训课程教育大纲。

培训课程教育大纲，规定培训课程（讲座、专题研讨会、实践课程、训练、军官课程及其他培训课程）教育大纲的目的、任务、内容和实施大纲的期限。

培训课程教育大纲，由依法有权开展教学活动并实施培训课程（讲座、专题研讨会、实践课程、训练、军官课程及其他培训课程）教育大纲的教育机构、其他组织和个人教育机构制定，并提交其负责人（个人教育机构）批准。

7.白俄罗斯共和国教育机构个人入学培训教育大纲等教学纲领性文件包括：

7.1 实施白俄罗斯共和国教育机构个人入学培训教育大纲的教育机构的教学计划。

7.2 实施白俄罗斯共和国教育机构个人入学培训教育大纲的教育机构的学科教育大纲。

实施白俄罗斯共和国教育机构个人入学培训教育大纲的教育机构，教学计划规定学科学习的清单、范围、顺序和学习期限，以及培训课程的种类、学员的考核形式和期限。

实施白俄罗斯共和国教育机构个人入学培训教育大纲等教育机构，学科教育大纲规定学科学习的目的、任务和教学内容，分配到每一专题的课时，对学员学习成绩的基本要求、推荐的教学形式和方法、教育出版物和教具清单。

白俄罗斯共和国教育机构个人入学培训教育大纲等教学纲领性文件，由实施白俄罗斯共和国教育机构个人入学培训教育大纲的教育机构制定，并提交其负责人批准。

8.某些职位岗前职业培训教育大纲的教学纲领性文件清单的制定和批准程序依照专门培训的相关法规进行。

9.组织内培训教育大纲与个人潜力和能力提升教育大纲等教学纲领性文件清单，由依法有权开展教学活动并实施组织内培训教育大纲与个人潜力和能力提升教育大纲的教育机构、其他组织和个人教育机构制定。

组织内培训教育大纲与个人潜力和能力提升教育大纲，由依法有权开展教学活动并实施组织内培训教育大纲（个人潜力和能力提升教育大纲）的教育机构、其他组织和个人教育机构制定，并提交依法有权开展教学活动的教育机构及其他组织负责人（个人教育机构）批准。

第十五编　特殊教育

第五十五章　特殊教育体系

第二百五十六条　特殊教育体系

1.特殊教育，旨在培养身心障碍者学习劳动技能、适应家庭生活、完成社会化并融入社会。

2.特殊教育体系包括：

2.1　特殊教育大纲实施过程的参与者。

2.2　特殊教育大纲。

2.3　特殊教育机构。

2.4　实施特殊教育大纲的其他教育机构。

2.5　依法有权开展教学活动并实施特殊教育大纲的其他组织。

2.6　依法有权开展教学活动并实施特殊教育大纲的个人教育机构。

2.7　确保特殊教育体系运作的国家教育机构。

2.8　隶属于白俄罗斯共和国政府的管理机构、其他国家机构、地方行政和管理机构，以及职权范围涉及成人补充教育的其他组织和个人。

第二百五十七条　特殊教育大纲

1.特殊教育大纲分为：

1.1　特殊学前教育大纲。

1.2　特殊中等教育大纲。

1.3　针对智力障碍儿童制定的特殊学前教育大纲。

1.4　针对智力障碍儿童制定的普通中等特殊教育大纲。

2.特殊教育大纲依据学前和普通中等教育大纲制定。

3.特殊教育大纲可以通过全日制和函授教育的方式实施，只允许受教育者在夜校接受夜间和函授教育。

4.特殊教育大纲在特殊教育机构实施除外，还可以由学前教育机构、普通中等教育机构、托儿所、特殊教学培育机构、特殊医疗培育机构、教育康复中心、其他组织，以及依法有权开展教学活动的个人教育机构实施。上述教育机构、其他组织、依法有权开展教学活动的个人教育机构实施的特殊教育大纲类型，由本法规定。

第二百五十八条　特殊教育标准

1.特殊教育标准，规定对特殊教育大纲等教学纲领性文件内容、教育过程组织、受教育者最大学习负荷、矫正课程必修学时和毕业生培训水平的要求。

2.特殊学前教育大纲，包括学前教育标准。普通中等特殊教育大纲，包括普通中等教育标准。

3.特殊教育标准的制定工作，由白俄罗斯共和国教育部组织，并与为特殊教育提供科学教学方法保障的组织共同实施。

4.特殊教育标准，由白俄罗斯共和国教育部批准。

第二百五十九条　特殊教育大纲学习者接受教育的期限

1.针对特殊学前教育大纲的学习者，其接受特殊学前教育的期限应符合接受学前教育的期限时长。但根据国家矫正教学与康复中心的鉴定结论，学员接受特殊学前教育的期限可以延长一至两年。

2. 针对特殊中等教育大纲的学习者,其接受特殊中等教育的期限取决于其所学习大纲的内容和结构、身心障碍程度,具体为:

2.1　接受普通基础教育——9～10 年。

2.2　接受普通中等教育——11～12 年。

2.3　接受夜校普通中等教育——12～13 年。

3. 身心障碍者在普通中等教育阶段的学习期限为:

3.1　第一阶段——4～5 年。

3.2　第二阶段——5 年。

3.3　第三阶段——2 年(若在夜校和夜班中接受教育,则期限为 3 年)。

4. 有智力障碍的受教育者,学习特殊教育大纲的期限由其认知能力决定,具体为:

4.1　智力障碍儿童学校(智力障碍儿童寄宿学校)一学段——10～12 年。

4.2　智力障碍儿童学校(智力障碍儿童寄宿学校)二学段和国家矫正教学与康复中心——9 年。

第五十六章　实施特殊教育大纲并依法有权开展教学活动的教育机构、其他组织和个人教育机构

第二百六十条　实施特殊教育大纲的教育机构

实施特殊教育大纲的教育机构包括:

特殊教育机构;

其他实施特殊教育大纲的教育机构。

第二百六十一条　特殊教育机构

1. 特殊教育机构是实施下列教育大纲的教育机构:特殊教育大纲、针对社会处境危险儿童的培养大纲及保护其合法权益的大纲、儿童和青少年补充教育大纲、患病儿童培养大纲和工人(职员)职业培训教育大纲。

2. 特殊教育机构分为以下几种类型:

2.1　特殊学前教育机构。

2.2　特殊教育寄宿学校。

2.3　智力障碍儿童寄宿学校。

2.4　国家矫正教学与康复中心。

2.5　其他特殊教育机构。

3. 根据以下身心障碍类型,分别设置不同的特殊教育机构:

3.1　智力障碍。

3.2　严重言语障碍。

3.3　听力障碍。

3.4　视力障碍。

3.5 精神障碍。

3.6 肌肉骨骼系统功能障碍。

3.7 严重身心障碍。

第二百六十二条 特殊学前教育机构

1.特殊学前教育机构是实施下列教育大纲的特殊教育机构：特殊学前教育大纲、智力障碍儿童特殊学前教育大纲、针对社会处境危险儿童的培养大纲及保护其合法权益的大纲、儿童和青少年补充教育大纲。

2 特殊学前教育机构包括：

2.1 特殊托儿所。

2.2 特殊婴幼儿园。

2.3 国家学龄前听力障碍儿童中心。

3.特殊托儿所是为婴幼儿和学龄前身心障碍儿童设立的特殊学前教育机构。特殊托儿所实施特殊学前教育大纲、智力障碍儿童特殊学前教育大纲、针对社会处境危险儿童的培养大纲及保护其合法权益的大纲，此外，还可以实施儿童和青少年补充教育大纲。

4.特殊婴幼儿园是为学龄前身心障碍儿童设立的特殊学前教育机构。特殊婴幼儿园实施特殊学前教育大纲、智力障碍儿童特殊学前教育大纲、针对社会处境危险儿童的培养大纲及保护其合法权益的大纲，此外，还可以实施儿童和青少年补充教育大纲。

5.国家学龄前听力障碍儿童中心是为学龄前听力障碍儿童设立的全年寄宿制特殊教育机构。国家学龄前听力障碍儿童中心实施特殊学前教育大纲、智力障碍儿童特殊学前教育大纲、针对社会处境危险儿童的培养大纲及保护其合法权益的大纲，此外，还可以实施儿童和青少年补充教育大纲。

第二百六十三条 特殊教育寄宿学校

1.特殊教育寄宿学校是实施特殊中等教育大纲和针对社会处境危险儿童的培养大纲及保护其合法权益的特殊教育机构。该机构应为受教育者的健康发展和社会化创造条件，并可以实施智力障碍儿童特殊中等教育大纲、特殊学前教育大纲、智力障碍儿童特殊学前教育大纲、儿童和青少年补充教育大纲、患病儿童培养大纲和工人（职员）职业培训教育大纲。特殊教育寄宿学校应为受教育者提供食宿。

2.实施特殊中等教育大纲的特殊教育学校，以协助家庭教育和培养受教育者，并为受教育者创造能力的提升提供条件，具体规定由白俄罗斯共和国教育部批准。

3.特殊教育寄宿学校应配备残疾儿童教师（言语障碍教师）为患有视力障碍、精神障碍或肌肉骨骼系统功能障碍、言语障碍的受教育者提供矫正治疗。

4.特殊教育寄宿学校应为患有听力障碍的儿童建立听力工作室。

第二百六十四条 智力障碍儿童寄宿学校

1.智力障碍儿童寄宿学校是实施智力障碍儿童特殊中等教育大纲和针对社会处境危险儿童的培养大纲及保护其合法权益的特殊教育机构。该机构应为受教育者的健康发展和社会化创造条件,并可以实施智力障碍儿童特殊中等教育大纲、特殊学前教育大纲、智力障碍儿童特殊学前教育大纲、儿童和青少年补充教育大纲、患病儿童培养大纲和工人(职员)职业培训教育大纲。智力障碍儿童寄宿学校应为受教育者提供食宿。

2.智力障碍儿童学校可以在1~10年级开设长日班,以协助家庭教育和培养受教育者,具体规定由白俄罗斯共和国教育部批准。

3.智力障碍儿童寄宿学校应配备残疾儿童教师(言语障碍教师)为患有言语障碍的受教育者提供矫正治疗。

第二百六十五条 国家矫正教学与康复中心

1.国家矫正教学与康复中心是实施智力障碍儿童特殊学前教育大纲、智力障碍儿童特殊中等教育大纲、针对社会处境危险儿童的培养大纲及保护其合法权益的大纲、儿童和青少年补充教育大纲以及患病儿童培养大纲的特殊教育机构。

国家矫正教学与康复中心是为身心障碍儿童提供心理-医学-教育帮助的综合体系,提供教育(包括为三周岁以下儿童提供婴幼儿综合帮助)、矫正教育、社会、教学方法、咨询与信息分析活动以及心理帮助。

国家矫正教学与康复中心还提供诊断,建立残疾儿童数据库,并协调相应行政单位内的特殊教学活动。

2.在国家矫正教学与康复中心内设有心理-医学-教学委员会,为身心障碍儿童进行心理-医学-教育检查。

对身心障碍儿童进行心理-医学-教育检查,须取得法定代理人同意,法定代理人须在场。国家矫正教学与康复中心根据心理-医学-教育检查结果,得出鉴定结论,鉴定结论中包括以下建议内容:建议按照特殊教育大纲对身心障碍儿童进行教育和培养,为他们提供矫正教育帮助或为他们创造特殊条件,以接受职业技术教育、中等专业教育、高等教育或补充教育。

根据国家矫正教学与康复中心的建议,按照特殊教育大纲对身心障碍儿童进行教育和培养时,应取得法定代理人的书面许可。

当身心障碍儿童的法定代理人拒绝按照国家矫正教学与康复中心推荐的特殊教育大纲对身心障碍儿童进行教育和培养时,应向该法定代理人详细说明可能导致的后果。

3.有严重或多重身心障碍的儿童,可在国家矫正教学与康复中心接受教育。

严重身心障碍是指一种身体和心理方面的损伤,具体表现为无法按照特殊教育标准接受教育,以及认识周围世界的基本能力、生活自理能力、基本劳动技能受限。

两种及以上身心障碍,即多重身心障碍。

4.在国家矫正教学与康复中心内应设立教学设备器材室。

5.在具有明显身心障碍的临床诊断并征得法定代理人同意的前提下,有关身心障碍儿童的信息,可以由医疗机构提交给国家矫正教学与康复中心。国家矫正教学与康复中心负责协调相应行政单位内的特殊教学活动。

第二百六十六条 特殊教育的管理机构

1.特殊教育机构的负责人(院长、主任)直接管理机构。

2.经白俄罗斯共和国教育部同意之后,特殊教育机构的创办人可以任命或解聘其负责人。

3.特殊教育机构的主要自治机构是以其负责人为首的理事会。

4.特殊教育机构内应成立教务委员会,还可成立(未成年)监护人理事会或家长委员会。

第二百六十七条 其他教育机构、依法有权开展教学活动并实施特殊教育大纲的其他组织和个人教育机构

1.其他教育机构、依法有权开展教学活动并实施特殊教育大纲的其他组织和个人教育机构:

1.1 学前教育机构。

1.2 普通中等教育机构。

1.3 儿童之家。

1.4 特殊教学培育机构。

1.5 特殊医疗培育机构。

1.6 教育和康复中心。

1.7 依法有权开展教学活动的其他组织。

1.8 依法有权开展教学活动的个人教育机构。

2.依法有权开展教学活动的其他组织和个人教育机构,可实施特殊学前教育大纲,并可在实施学前教育大纲的前提下,实施智力障碍儿童特殊学前教育大纲。

3.学前教育机构、普通中等教育机构、依法有权开展教学活动并实施特殊教育大纲的其他组织和个人教育机构,可开展综合教育。

综合教育是指使身心障碍者与身心健康者同时接受特殊教育的过程。

4.在特殊学前教育机构、普通中等教育机构、依法有权开展教学活动并实施特殊教育大纲的其他组织和个人教育机构中,身心障碍者不应超过受教育者总人数的20%。

第五十七章 特殊教育大纲实施过程

第二百六十八条 对特殊教育大纲实施过程的一般要求

1.特殊教育大纲可以:

1.1 在教育机构内实施。

1.2 在依法有权开展教学活动的其他组织内实施。

1.3 在依法有权开展教学活动的其他个人教育机构内实施。

1.4 在家中实施。

1.5 在医疗机构内实施。

1.6 在疗养康复机构内实施。

1.7 在社会服务机构内实施。

2.特殊教育大纲的教育过程组织形式,应以矫正为目的,依托特殊教育大纲等教学纲领性文件组织,并应综合考虑受教育者身心障碍的结构、程度以及受教育者的年龄。

3.特殊学前教育大纲和智力障碍儿童特殊学前教育大纲的教育过程组织形式,按照学前教育大纲教育过程组织形式的要求开展,同时应考虑本章所述的特殊性。受教育者的身心障碍,通过矫正课程矫正。

4.特殊中等教育大纲和智力障碍儿童特殊中等教育大纲的教育过程组织形式,按照普通中等教育大纲教育过程组织形式要求开展,同时应考虑本章所述受教育者的缺陷。受教育者的身心障碍通过矫正课程矫正。

5.特殊教育机构应根据受教育者身心结构、残疾程度,以及年龄设置年级和班。

6.听力障碍儿童特殊教育寄宿学校和智力障碍儿童寄宿学校的教育过程组织形式,在由各年级组成的学段(一学段和二学段)内进行。一学段和二学段根据受教育者身心障碍的结构和严重程度划分。

7.特殊教育寄宿学校可开设夜间班级,班级容纳量为10人。

8.在智力障碍儿童寄宿学校内,可开设设在强化社会职业培训的11～12年级,受教育者人数为12人。11～12年级同时实施智力障碍者特殊中等教育大纲和工人(职员)职业培训教育大纲。

9.在开展综合教育过程中,在实施特殊学前教育大纲和智力障碍儿童特殊学前教育大纲时,教育过程应在特殊班级和综合教育班级内进行。在实施特殊中等教育大纲以及智力障碍者特殊中等教育大纲时,教育过程应在特殊年级与综合教育年级内进行。

特殊班级(特殊年级)——针对身心障碍者接受教育的班级(年级)。

综合教育班级(综合教育年级)——针对身心障碍者与身心健康者接受教育的班级(年级)。

10.综合教育班除外,特殊班的班级容量为:

10.1 三周岁以下患有严重言语障碍的儿童6名,三至八周岁12名。

10.2 失聪儿童6名。

10.3 三周岁以下弱听儿童6名,三至八周岁8名。

10.4 失明儿童6名。

10.5 三周岁以下患有视力障碍的儿童6名,三至八周岁10名。

10.6 三周岁以下弱视儿童6名,三至八周岁10名。

10.7 三周岁以下斜视儿童6名,三至八周岁10名。

10.8 盲聋儿童2名。

10.9 三周岁以下患有智力障碍的儿童6名,三至八周岁10名。

10.10 患有自闭症的儿童6名。

10.11 三周岁以下肌肉骨骼系统功能受损的儿童6名,三至八周岁8名。

10.12 肌肉骨骼系统功能受损的儿童3名。

10.13 轻度智力障碍儿童6名。

10.14 中度、重度智力障碍儿童4名。

10.15 有严重身心障碍的儿童4名。如同班内有1名儿童肌肉骨骼系统功能受损,则为3名。

11. 三周岁以下儿童综合教育班级容量为8至10人,其中:

11.1 有下列同一身心障碍的儿童1人,例如智力障碍、失聪、失明和肌肉骨骼系统功能受损。

11.2 有下列同一身心障碍的儿童不超过3人,例如听力障碍、视力障碍、严重言语障碍和智力障碍。

11.3 有多种身心障碍(不超过两种)的儿童不超过2人。

12. 三至八周岁儿童综合教育班级容量为10~12人,其中:

12.1 有下列同一身心障碍的儿童不超过2人,例如智力障碍、失聪、失明和肌肉骨骼系统功能受损。

12.2 有下列同一身心障碍的儿童不超过4人,例如听力障碍、视力障碍、严重言语障碍和智力障碍。

12.3 有多种身心障碍(不超过两种)的儿童不超过3名。

13. 综合教育年级除外,特殊年级容量为:

13.1 语言能力较好的听力障碍儿童10名。

13.2 失聪儿童、严重言语障碍的儿童8名。

13.3 失明儿童8名。

13.4 有视力障碍的儿童12名。

13.5 盲聋儿童3名。

13.6 智力障碍儿童12名。

13.7 有严重言语障碍的儿童12名。

13.8 肌肉骨骼系统功能受损儿童10名,如同一年级内有1名受教育者患有肌肉骨骼系统功能受损,则为6名。

13.9 轻度智力障碍儿童12名。

13.10 中度、重度智力障碍儿童6名。

13.11 有严重身心障碍的儿童6名。

14. 综合教育各年级受教育者人数不超过20人,其中:

14.1 有下列同一身心障碍的儿童不超过3人,例如智力障碍、失聪、失明和肌肉骨骼系统功能受损。

14.2 有下列同一身心障碍的儿童不超过6人,例如听力障碍、视力障碍、严重言语障碍和智力障碍。

14.3 有多种身心障碍(不超过2种)的儿童不超过4名。

15.特殊班、综合教育班、特殊年级、综合教育年级的设立程序及其教育过程的组织程序,由白俄罗斯共和国教育部确定。

16.在《关于特殊教育及其形式的条例》规定的情况下,年级可划分为班级,划分程序根据该条例进行。

17.在教育机构、其他组织、依法有权开展教学活动的个人教育机构内实施特殊教育大纲时,可根据其负责人的决定,设置下列班级的最小容量:特殊班、班、综合教育班、特殊年级、年级、综合教育年级、夜校、旨在强化社会和职业培训的11～12年级。

18.对于有视力障碍的受教育者,特殊教育大纲教育过程须借助盲人专用设备和器材进行,应为盲童提供点字盲文特殊设备,为视力障碍儿童提供大号字体印刷的教科书。

19.对于有听力障碍的受教育者,特殊教育大纲教育过程须借助供扩音设备以及能够将教学资料或其他信息转换成视觉信号的设备进行。

20.对于有听力障碍的受教育者(失聪和听力损失在70～90分贝的听力障碍儿童),特殊教育大纲教育过程应以白俄罗斯语、俄语和手语开展。

21.对于有严重言语障碍的受教育者,特殊教育大纲教育过程以白俄罗斯语或俄语开展。

22.对于有听力障碍(在特殊教育寄宿学校二学段学习)的受教育者和患有严重言语障碍的受教育者,如有意愿可学习外语。

第二百六十九条 对三周岁以下身心障碍儿童教育过程的一般要求

实施针对三周岁以下身心障碍儿童的特殊教育大纲时,教育过程应提供早期婴幼儿综合治疗,从而矫正、减轻患儿身心障碍,预防和克服其活动限制,陪护患儿成长,辅导和培训法定代理人照顾患儿。婴幼儿综合治疗是一种系统措施,包括识别、检查、矫正身心障碍,为三周岁以下患儿提供个性化教育方案,在家庭、教育机构和医疗组织中提供心理和教育陪护。

第二百七十条 对教育机构接收学习特殊教育大纲的身心障碍者的一般要求

教育机构如接收身心障碍者学习特殊教育大纲,应具有国家矫正教学与康复中心出具的鉴定,并要符合教育机构接收身心障碍者学习特殊学前教育、特殊中等教育大纲的规定程序。

第二百七十一条 在家中接受特殊教育

1.因疾病暂时或永久性无法进入教育机构学习的身心障碍者,应为其创造在家中接受特殊教育的条件。可在家中接受特殊教育的疾病种类,由白俄罗斯共和国卫生部确定。

2.受教育者在家中接受特殊教育的教育过程,由国家教育机构根据身心障碍者所在地组织,或其在出现医学症候之前由接受特殊教育的国家教育机构组织开展。

3.在家中接受特殊教育的决定,由身心障碍者所在地的地方政府教育处(教育局)批准。批准决定应依据受教育者提交的申请(未成年人由法定代理人提交申请)和国家矫正教学与康复中心出具的鉴定。

4. 在家中接受特殊教育的组织程序,由白俄罗斯共和国教育部与卫生部协商决定。

第二百七十二条 身心障碍者在医疗机构的教学活动

1. 学习特殊教育大纲并在医疗机构住院接受治疗的身心障碍者,应按照白俄罗斯共和国教育部与卫生部协商决定的程序,为其创造接受教育的条件。

2. 身心障碍者在医疗机构的教育过程,由医疗机构所在地的教育机构开展。

3. 身心障碍者在医疗机构接受教育的决定,由医疗机构所在地的地方政府教育处(教育局)依据医疗机构出具的材料批准。

第二百七十三条 身心障碍者在疗养康复机构的教学活动

1. 对于以班级为单位被送至疗养康复机构的身心障碍者,应按照白俄罗斯共和国教育部规定的程序,为其创造接受教育的条件。

2. 疗养康复机构内的教育过程,由派遣班级的教育机构开展。

第二百七十四条 在社会服务机构接受特殊教育

1. 身心障碍者可在社会服务机构接受特殊教育。

2. 在社会服务机构接受特殊教育的教育过程,由社会服务机构所在地的教育机构组织开展。

3. 在社会服务机构接受特殊教育的决定,由社会服务机构所在地的地方政府教育处(教育局)依据社会服务机构出具的材料批准。

4. 在社会服务机构接受特殊教育的规定,由白俄罗斯共和国教育部与劳动和社会保障部协商决定。

第五十八章 身心障碍者学习特殊教育大纲的考核办法

第二百七十五条 身心障碍者学习特殊教育大纲的考核办法

1. 身心障碍者学习特殊中等教育大纲的考核办法,应按照《受教育者学习普通中等教育大纲的考核办法》进行,同时应考虑本章所述的特殊情况。

2. 对于须接受5年普通中等第一阶段教育的1～3年级身心障碍者和根据一学段教学计划在智力障碍儿童寄宿学校学习的1～3年级受教育者,例行考核和期中考核按照内容考评进行,对受教育者的学习成绩采用文字评价的形式,不打分。

3. 智力障碍者学习特殊中等教育大纲的考核办法,应按照《智力障碍者学习普通中等教育大纲的考核办法》进行。

第二百七十六条 关于患有听力障碍、严重言语障碍的受教育者学习特殊中等教育大纲的最终考核细则

1. 患有听力障碍、严重言语障碍的受教育者,应根据其所接受教育和培养的语言,参加以俄语或白俄罗斯语教学的考试及其他毕业考试。

2.患有听力障碍的俄语或白俄罗斯语受教育者最终考核,以笔试形式进行。

3.针对患有严重言语障碍的俄语或白俄罗斯语受教育者的最终考核,可依据受教育者言语障碍的类型,以笔试形式进行。

第二百七十七条 关于智力障碍者学习特殊中等教育大纲的考核细则

1.智力障碍儿童寄宿学校二学段和国家矫正教学与康复中心的受教育者,仅需通过例行考核。例行考核按照内容考评进行,对受教育者的学习成绩采用文字评价的形式,不打分。

2.智力障碍儿童寄宿学校一学段的最终考核,以劳动培训毕业考试的形式进行。

第五十九章 特殊教育科学教学方法保障

第二百七十八条 特殊教育科学教学方法保障体系

1.特殊教育科学教学方法保障体系包括:

1.1 特殊教育大纲等教学纲领性文件。

1.2 培养计划和纲领性文件。

1.3 教学方法文件。

1.4 教育出版物。

1.5 信息分析材料。

2.特殊教育科学教学方法保障由以下组织提供:

2.1 为特殊教育提供科学教学方法保障的组织。

2.2 实施特殊教育大纲的教育机构。

2.3 依法有权开展教学活动并实施特殊教育大纲的其他机构。

2.4 依法有权开展教学活动并实施特殊教育大纲的个人教育机构。

2.5 隶属于白俄罗斯共和国政府的管理机构、其他国家机构、地方行政和管理机构,以及权力范围涉及特殊教育的组织和个人。

第二百七十九条 特殊教育大纲等教学纲领性文件

1.特殊教育大纲等教学纲领性文件包括:

1.1 特殊教育教学计划。

1.2 特殊教育大纲。

2.特殊教育教学计划包括:

2.1 特殊学前教育教学计划。

2.2 特殊中等教育大纲。

2.3 实验教学计划。

2.4 个性化教学计划。

2.5 智力障碍儿童寄宿学校当前学年教学计划。

2.6 特殊教育寄宿学校当前学年教学计划。

2.7 国家矫正教学与康复中心当前学年教学计划。

2.8 综合教学和教育班当前学年教学计划。

2.9 综合教学和教育年级当前学年教学计划。

3.特殊学前教育教学计划包括：

3.1 国家矫正教学与康复中心为有严重身心障碍的受教育者制订的教学计划。

3.2 特殊学前教育机构为患有听力障碍的儿童制订的教学计划。

3.3 特殊学前教育机构为患有视力障碍的儿童制订的教学计划。

3.4 特殊学前教育机构为患有严重言语障碍的儿童制订的教学计划。

3.5 特殊学前教育机构为智力障碍儿童制订的教学计划。

3.6 特殊学前教育机构为肌肉骨骼系统功能受损儿童制订的教学计划。

3.7 特殊学前教育机构为智力障碍儿童制订的教学计划。

4.特殊中等教育大纲包括：

4.1 国家矫正教学与康复中心为有严重身心障碍的受教育者制订的教学计划。

4.2 智力障碍儿童寄宿学校二学段为智力障碍儿童制订的教学计划。

4.3 智力障碍儿童寄宿学校一学段为智力障碍儿童制订的教学计划。

4.4 特殊教育寄宿学校二学段为听力障碍儿童制订的教学计划。

4.5 特殊教育寄宿学校一学段为听力障碍儿童制订的教学计划。

4.6 特殊教育寄宿学校为患有视力障碍的儿童制订的教学计划。

4.7 特殊教育寄宿学校为患有严重言语障碍的儿童制订的教学计划。

4.8 特殊教育寄宿学校为智力障碍儿童制订的教学计划。

4.9 特殊教育寄宿学校为肌肉骨骼系统功能受损儿童制订的教学计划。

5.特殊学前教育教学计划（国家矫正教学与康复中心为有严重身心障碍的受教育者制订的教学计划除外）是一种技术性法规文件，以学前教育常规教学计划为依据，并综合考虑儿童身心障碍的结构和程度制订。它规定教育领域清单、儿童班内学习时间、矫正课程学习时间、最长学习时间和一周学习总时长。

6.特殊中等教育大纲（国家矫正教学与康复中心为有严重身心障碍的受教育者制定的教学计划除外）是一种技术性法规文件，以中学常规教学计划为依据，并综合考虑身心障碍儿童的情况制定。它规定年级必修科目清单、必修课学时、矫正课和选修课学时、班内每个受教育者每周必修和最长学习时间，以及由国家和地方预算资金拨款开设的教学课程的总学时数。

7.智力障碍儿童寄宿学校一学段为智力障碍儿童制订的教学计划、特殊教育寄宿学校二学段为听力障碍儿童制订的教学计划、特殊教育寄宿学校一学段为听力障碍儿童制订的教学计划、特殊教育寄宿学校为患有视力障碍的儿童制订的教学计划、特殊教育寄宿学校为患有严重言语障碍的儿童制订的教学计划、特殊教育寄宿学校为智力障碍儿童制订的教学计划、特殊教育寄宿学校为肌肉骨骼系统功能受损儿童制订的教学计划，以上计划中规定的用于学习某一学科课程的清单和学时数，由某一患儿群体学习学科课程内容的能力决定,实际可能与中学常规教学计划中规定的用于学习某一学科课程的清单和学时数不符。

中学常规教学计划中规定的用于学习某一学科课程的学时数,不包括本条所述的特殊中等教育大纲。特殊中等大纲计划学时数应再分配给其他学科课程或选修课。矫正课程学时数不计算在每个受教育者每周最长学习时间内。

8.国家矫正教学与康复中心为有严重身心障碍的儿童制订的教学计划、国家矫正教学与康复中心为有严重身心障碍的受教育者制订的教学计划以及智力障碍儿童寄宿学校二学段为智力障碍儿童制订的教学计划,是一种技术法规文件,内容包括教育领域、学科课程清单,包括部分受教育者可以学习认识周围世界的基本知识,掌握生活自理能力和基本劳动技能,确定学习时间、矫正课程学习时间以及由国家和地方预算资金拨款开设的教学课程的总学时数,矫正课程学时数不计算在每个受教育者每周最长学习时间内。

9.特殊学前教育和特殊中等教育大纲的制定和批准工作,由白俄罗斯共和国教育部负责。

10.实验教学计划在开设特殊教育大纲的教育机构内进行测试,并在此基础上开展实验教育过程组织形式。

实验教学计划由为特殊教育提供科学教学方法保障的组织制订,并由白俄罗斯共和国教育部批准。

11.个性化教学计划,为有严重身心障碍的受教育者规定学科课程清单和教学范围,并综合考虑了其身心障碍的结构和程度。

个性化教学计划,依据智力障碍儿童寄宿学校二学段为智力障碍儿童制订的教学计划、智力障碍儿童寄宿学校一学段为智力障碍儿童制订的教学计划、国家矫正教学与康复中心为有严重身心障碍的受教育者制订的教学计划、由开设特殊教育大纲的教育机构(有严重身心障碍的受教育者可在此接受教育)制订,并由教育机构负责人与国家矫正教学与康复中心协商后批准,国家矫正教学与康复中心负责协调各行政区域单位内相应的特殊教学活动。

12.智力障碍儿童寄宿学校、特殊教育寄宿学校和国家矫正教学与康复中心,依据特殊中等教育大纲,制订当前学年相应的教学计划。

制定本项所述教学计划时,由国家和地方预算资金拨款开设的教学课程的总学时数,可由教育机构负责人依据《关于特殊教育机构或其形式的规定》适当增加。

13.综合教学和教育班、综合教学和教育年级当前学年教学计划,由教育机构依据学前教育或中等教育常规教学计划相应制订,并依据该教学计划设置班级或年级。该教学计划应符合特殊教育教学计划,并由教育机构负责人与国家矫正教学与康复中心协商后批准,国家矫正教学与康复中心负责协调各行政区域单位内相应的特殊教学活动。

14. 特殊教育大纲包括：

14.1 婴幼儿综合治疗大纲。

14.2 教育领域的教育大纲。

14.3 科目课程教育大纲。

14.4 选修课程教育大纲。

14.5 学前教育特殊教学计划内矫正课程大纲。

14.6 普通中等教育特殊教学计划内矫正课程大纲。

14.7 科目课程实验教育大纲。

14.8 个性化教育大纲。

15. 婴幼儿综合治疗大纲是一种技术性法规文件。该大纲为3周岁以下有身心障碍的儿童制定，旨在帮助患儿成长，激活适应和补偿机制，矫正、减轻患儿身心障碍，使患儿寿命达到正常水平。婴幼儿综合治疗课程由白俄罗斯共和国教育部批准。

16. 教育领域的教育大纲是一种技术性法规文件。该大纲基于学前教育大纲制定，并综合考虑了患儿身心障碍的结构和程度。教育领域的教育大纲规定特殊学前教育的内容，由白俄罗斯共和国教育部批准。

17. 科目课程教育大纲是一种技术性法规文件。该大纲基于普通中等教育和特殊教育标准制定，并综合考虑了患儿身心障碍的结构和程度。科目课程规定特殊中等教育大纲，由白俄罗斯共和国教育部批准。

18. 选修课程教育大纲是一种技术性法规文件。该大纲规定选修课的目标和任务、内容、课时、推荐教学形式、推荐教育过程组织形式和教学方法，由白俄罗斯共和国教育部批准。

19. 学前教育特殊教学计划内矫正课程大纲和普通中等教育特殊教学计划内矫正课程大纲，是一种技术性法规文件，旨在矫正患儿认知活动、运动技能、空间和社会生活定位、沟通能力及其他行动能力。

学前教育特殊教学计划内矫正课程大纲和普通中等教育特殊教学计划内矫正课程大纲，依据矫正、减轻患儿身心障碍的结构系统方法制定，由白俄罗斯共和国教育部批准。

20. 科目课程实验教育大纲在开设特殊教育大纲的教育机构内进行测试，并在此基础上开展实验教学活动。

科目课程实验教育大纲由为特殊教育提供科学教学方法保障的组织制定，并由白俄罗斯共和国教育部批准。

21. 个性化教育大纲为有严重身心障碍的受教育者制定，由开设特殊教育大纲的教育机构制定，并由教育机构负责人与国家矫正教学与康复中心协商后批准。国家矫正教学与康复中心负责协调各行政区域单位内相应的特殊教学活动。

第十六编　对学业优秀儿童、患病儿童、社会处境危险儿童、需接受特殊教育儿童的扶助

第六十章　对学业优秀儿童、患病儿童、社会处境危险儿童、需接受特殊教育儿童的扶助体系

第二百八十条　对学业优秀儿童、患病儿童、社会处境危险儿童、需接受特殊教育儿童的扶助体系

1. 对学业优秀儿童、患病儿童的扶助，是指一系列综合措施，由国家制定，致力于发展儿童的智力、创造力和领导力，并增强其体质。

2. 学业优秀儿童是指年龄六至十八周岁，学业水平高，或在地区级(市级)、州级(明斯克市)、国家级或世界级奥林匹克竞赛、比赛、锦标赛、艺术节、国际会议、研讨会及其他教育性活动、体育竞赛上受过嘉奖，或参与教育自治管理机构、青年与儿童社会组织工作的儿童。

3. 患病儿童是指年龄在六至十八周岁。

4. 对社会处境危险儿童、需接受特殊教育儿童的扶助是一系列综合措施，由国家制定，致力于保障社会处境危险儿童、需接受特殊教育儿童的合法利益。

5. 对社会处境危险儿童、需接受特殊教育儿童的认定工作，依据预防未成年被忽视和犯罪的相关法律开展。

6. 学业优秀儿童、患病儿童、社会处境危险儿童、需接受特殊教育儿童扶助体系包括：

6.1　制定与实施国家对学业优秀儿童、患病儿童、社会处境危险儿童、需接受特殊教育儿童的扶助政策。

6.2　发现查明学业优秀儿童、社会处境危险儿童、需接受特殊教育儿童，并对其进行统计。

6.3　通过并实施针对学业优秀儿童的培养大纲。

6.4　通过并实施针对患病儿童的培养大纲。

6.5　通过并实施针对社会处境危险儿童培养大纲及保护其合法权益的大纲。

6.6　通过并实施针对需接受特殊教育儿童的培养大纲。

6.7　成立专门实施培养大纲的教育机构，发展教育机构网。

6.8　在专门实施培养大纲的教育机构内组织教育过程，在教育机构内组织开展培育过程。

6.9　教育大纲的科学教学方法保障。

6.10　协调与国家行政机关、其他国家直属机构、地方行政机关、其他扶助学业和社会工作表现优秀儿童、患病儿童、社会处境危险儿童、需接受特殊教育儿童的机构进行的相互协作。

第二百八十一条　国家对学业优秀儿童、患病儿童、社会处境危险儿童、需接受特殊教育儿童的扶助政策

1.国家对学业优秀儿童、患病儿童的扶助政策,是指一系列社会措施、法律措施以及国家所规定其他措施的综合体系,以上措施致力于创造条件以提升儿童的创造性,实现儿童自我价值,增强儿童体质。

2.国家对社会处境危险儿童、需接受特殊教育儿童的扶助政策,是指一系列社会措施、法律措施以及国家所规定其他措施的综合体系。以上措施致力于查明和消除使未成年人陷入危险处境,或使儿童生命或健康受到威胁,或陷入不符合儿童培育和成长的环境等因素和条件,以及查明和消除导致未成年人犯罪的因素与条件,预防未成年人或需接受特殊教育儿童陷入危险处境。

第二百八十二条　排查和统计学业优秀儿童、社会处境危险儿童、需接受特殊教育儿童

对学业优秀儿童、社会处境危险儿童、需接受特殊教育儿童的排查和统计工作,须依照法律进行。

第二百八十三条　培养大纲

1.培养大纲是一种规定教学目标、任务、形式、方法,并在制定过程中综合考虑了儿童的特点、需求与兴趣的文件。

2.培养大纲分为:

2.1 学业优秀儿童培养大纲。

2.2 患病儿童培养大纲。

2.3 培养及保护社会处境危险儿童合法权益的大纲。

2.4 需接受特殊教育儿童培养大纲。

3.学业优秀儿童培养大纲,规定培育学业优秀儿童的目标、任务、形式和方法,旨在使儿童积极参与创造性活动、实现自我价值,同时培养儿童交际、组织等其他能力。

4.患病儿童培养大纲,规定培育患病儿童的目标、任务、形式和方法,旨在增强儿童体质,使儿童形成健康的生活习惯和安全负责任的行为举止。

5.培养及保护社会处境危险儿童合法权益的大纲,规定培养及保护社会处境危险儿童合法权益的目标、任务、形式和方法,旨在促进社会处境危险儿童的社会康复,并保障其合法权益。

6.需接受特殊教育儿童培养大纲,规定需接受特殊教育儿童的培育目标、任务、形式和方法,从而保障需接受特殊教育儿童能够接受矫正和社会康复,并帮助他们接受矫正、社会康复和培育。

7.患病儿童培养大纲在培育康复机构、特殊教育机构、特殊医疗培育机构内实施,也可在普通中等教育机构(夜校除外)、特殊教育机构(特殊学前教育机构除外)、中心(宫)以及依法有权实施患病儿童培养大纲的其他组织内实施。

（根据白俄罗斯共和国 2016 年 7 月 18 日颁布的第 404-3 号法律文件修订）

8.培养及保护社会处境危险儿童合法权益的大纲,由社会教育机构、学前教育机构、普通中等教育机构、职业技术教育机构、中等专业教育机构、高等教育机构以及培育康复机构实施,并与教育大纲同步实施。

9.需接受特殊教育儿童培养大纲由特殊教育机构、特殊医疗培育机构实施,既可与教育大纲同时实施,也可单独实施。

10.培养大纲由白俄罗斯共和国教育部制定并批准。

第六十一章 实施培养大纲的教育机构和依法有权实施患病儿童培养大纲的其他组织

第二百八十四条 实施培养大纲的教育机构和依法有权实施患病儿童培养大纲的其他组织

1.实施培养大纲的教育机构,包括专门实施培养大纲的教育机构及其他实施培养大纲的教育机构。

2.专门实施培养大纲的教育机构包括：

2.1 培育康复机构。

2.2 社会教育机构。

2.3 特殊教学培育机构。

2.4 特殊医疗培育机构。

3.培育康复机构是实施学业优秀儿童培养大纲、患病儿童教育大纲、特殊中等教育大纲以及儿童和青少年补充教育大纲的教育机构。

4.培育康复机构分为以下几种类型：

4.1 教育康复中心。

4.2 康复夏令营。

5.教育康复中心是实施学业优秀儿童培养大纲、患病儿童教育大纲、特殊中等教育大纲以及儿童和青少年补充教育大纲的培育康复机构。教育康复中心为学业优秀儿童和患病儿童提供食宿,协助康复夏令营实施教育科学教学方法保障,并修建适合于康复和休养的地方。

6.康复夏令营是实施患病儿童教育大纲、儿童和青少年补充教育大纲的培育康复机构,为患病儿童提供食宿,通常建于有利于患儿康复和休养的地方。（《关于康复夏令营和运动康复夏令营中儿童康复活动的组织程序规定》2004 年 6 月 2 日由白俄罗斯共和国部长会议第 662 号决议批准。）

7.社会教育机构是实施培养及保护社会处境危险儿童合法权益的大纲、学前教育大纲、特殊教育大纲和青少年补充教育大纲的教学机构。

8.社会教育机构分为以下几种类型：

8.1 社会教育中心。

8.2 儿童之家。

8.3 儿童村(小镇)。

9.社会教育中心是实施培养及保护社会处境危险儿童合法权益的大纲、学前教育大纲、儿童和青少年补充教育大纲的社会教育机构,负责协调各行政区域内其他教育机构的活动,排查和统计社会处境危险儿童,使其接受社会康复教育,为其提供心理援助,并制订和协调完成保护社会处境危险儿童合法权益的个性化计划,向受教育者的法定代理人提供心理和社会教育援助,为三至八周岁的社会处境危险儿童、孤儿和失依儿童提供临时住所(不超过6个月)和社会康复服务,直至他们回家或找到将来的寄身之所。

10.儿童之家是实施培养及保护社会处境危险儿童合法权益的大纲、学前教育大纲、特殊教育大纲和儿童和青少年补充教育大纲的社会教育机构,旨在为三至十八周岁的孤儿和失依儿童以及白天在教育机构接受教育的孤儿和失依儿童提供住所。

11.儿童村(小镇)是实施培养及保护社会处境危险儿童合法权益的大纲和学前教育大纲的社会教育机构,旨在为一至十八周岁的孤儿和失依儿童提供住所,儿童的教育和抚养责任由儿童村(小镇)的工作人员(保育员家长)承担。儿童村(小镇)可为白天在教育机构接受教育的孤儿和失依儿童提供住所。

12.特殊教学培育机构是实施培养及保护社会处境危险儿童合法权益的大纲、普通中等教育大纲、确保能够获得工人(职员)技术等级的职业技术教育大纲、确保能够获得工人(职员)技术等级并接受普通中等教育的职业技术教育大纲、特殊中等教育大纲、智力障碍儿童特殊中等教育大纲、儿童和青少年补充教育大纲、工人(职员)职业培训教育大纲以及患病儿童教育大纲的教育机构。特殊教育机构按照不同性别受教育者分别授课、教育和培育的原则建立,并为受教育者提供医疗帮助,包括那些有身心障碍和疾病的受教育者,帮助名单由白俄罗斯共和国卫生部批准。

(根据白俄罗斯共和国2016年7月18日颁布的第404-3号法律文件修订)

13.特殊教学培育机构分为以下几种类型:

13.1 封闭式特殊学校。

13.2 封闭式特殊职业技术学校。

14.封闭式特殊学校是实施需接受特殊教育儿童教育大纲、普通中等教育大纲、特殊中等教育大纲、智力障碍儿童特殊中等教育大纲、儿童和青少年补充教育大纲以及患病儿童教育大纲的特殊教学培育机构,按照对十一至十五周岁不同性别受教育者分别授课、教育和培育的原则建立,并为受教育者提供医疗帮助,包括那些有身心障碍和疾病的受教育者,帮助名单由白俄罗斯共和国卫生部批准。

(根据白俄罗斯共和国2016年7月18日颁布的第404-3号法律文件修订)

15.封闭式特殊职业技术学校是实施需接受特殊教育儿童教育大纲、普通中等教育大纲、确保能够获得工人(职员)技术等级的职业技术教育大纲、确保能够获得工人(职员)技术等级并接受普通中等教育的职业技术教育大纲、特殊中等教育大纲、智力障碍儿童特殊中等教育大纲、儿童和青少年补充教育大纲、工人（职员）职业培训教育大纲以及患病儿童教育大纲的特殊教育机构，按照对十一至十八周岁不同性别受教育者分别授课、教育和培育的原则建立，并为受教育者提供医疗帮助，包括那些有身心障碍和疾病的受教育者，帮助名单由白俄罗斯共和国卫生部批准。封闭式特殊职业技术学校分校为十一至十五周岁的受教育者设立。

（根据白俄罗斯共和国2012年5月26日颁布的第376-3号、2016年7月18日颁布的第404-3号法律文件修订）

16.特殊医疗培育机构是实施需接受特殊教育儿童教育大纲、普通中等教育大纲、确保能够获得工人（职员）技术等级的职业技术教育大纲、确保能够获得工人（职员）技术等级并接受普通中等教育的职业技术教育大纲、特殊中等教育大纲、智力障碍儿童特殊中等教育大纲、儿童和青少年补充教育大纲、工人（职员）职业培训教育大纲以及患病儿童教育大纲的教育机构，按照不同性别受教育者分别授课、教育和培育的原则建立，并为使用法律规定的麻醉药物、精神药物、其他类似药物、毒性药物、致幻药物、低酒精含量饮料或啤酒的受教育者提供综合康复治疗。

（根据白俄罗斯共和国2012年5月26日颁布的第376-3号、2016年7月18日颁布的第404-3号法律文件修订）

17.特殊医疗培育机构分为以下几种类型：

17.1　封闭式特殊医疗培育学校。

17.2　封闭式特殊医疗培育职业技术学校。

18.封闭式特殊医疗培育学校是实施需接受特殊教育儿童教育大纲、普通中等教育大纲、特殊中等教育大纲、智力障碍儿童特殊中等教育大纲、儿童和青少年补充教育大纲以及患病儿童教育大纲的特殊医疗培育机构，按照对十一至十五周岁不同性别受教育者分别授课、教育和培育的原则建立，并为使用法律规定的麻醉药物、精神药物、其他类似药物、毒性药物、致幻药物、低酒精含量饮料或啤酒的受教育者提供综合康复治疗。

（根据白俄罗斯共和国2012年5月26日颁布的第376-3号、2016年7月18日颁布的第404-3号法律文件修订）

19.封闭式特殊医疗培育职业技术学校是实施需接受特殊教育儿童教育大纲、普通中等教育大纲、确保能够获得工人（职员）技术等级的职业技术教育大纲、特殊中等教育大纲、智力障碍儿童特殊中等教育大纲、儿童和青少年补充教育大纲、工人（职员）职业培训教育大纲以及患病儿童教育大纲的特殊医疗培育机构，为使用法律规定的麻醉药物、精神药物、其他类似药物、毒性药物、致幻药物、低酒精含量饮料或啤酒的受教育者提供综合康复治疗，按照对十一至十八周岁不同性别受教育者分别授课、教育和培育的原则建立，封闭式特殊医疗培育职业技术学校分校为十一至十五周岁的受教育者设立。

20.特殊医疗培育机构不得安置患有可能干扰机构正常授课秩序和教育过程开展的疾病的未成年人，疾病名单由白俄罗斯共和国卫生部确定。

（根据白俄罗斯共和国2012年5月26日颁布的第376-3号法律文件修订）

21. 其他实施培养大纲的教学机构,包括学前教育机构、普通中等教育机构、特殊教育机构、职业技术教育机构、中等专业教育机构和高等教育机构。

22. 依法有权实施患病儿童培养大纲的其他组织,可实施患病儿童培养大纲。

第二百八十五条　教育机构及依法有权实施患病儿童培养大纲的其他组织关于实施培养大纲的权利和义务

1. 实施培养大纲的过程中,教育机构及依法有权实施患病儿童培养大纲的其他组织,可在法律规定范围内,自主决定培养大纲科学教学方法保障以及人员的选拔和安置工作。

2. 实施培养大纲的过程中,教育机构及依法有权实施患病儿童培养大纲的其他组织拥有以下权利:

2.1 实施培养大纲。

2.2 参加科研活动和培养大纲科学教学方法保障活动。

2.3 开展国际合作,包括对外贸易活动。

3. 教育机构及依法有权实施患病儿童培养大纲的其他组织,在实施培养大纲过程中的其他权利,由本法、其他法规、该类教育机构和组织的创立文件规定。

4. 教育机构及依法有权实施患病儿童培养大纲的其他组织,在实施培养大纲过程中,应保障履行以下义务:

4.1 改进培养大纲科学教学方法保障。

4.2 按照规定的程序,制定和批准培养大纲科学教学方法保障的结构要素。

4.3 按照卫生规定、条例和标准,为教育过程提供后勤保障。

4.4 选拔、招聘、安置工作人员,提高其技能。

4.5 给予受教育者和教学工作者精神和物质奖励。

4.6 制定和通过关于受教育者的内部规章。

4.7 为教育过程营造安全的环境。

4.8 为受教育者提供餐饮,在本法有规定的情况下应为受教育者提供住所。

5. 教育机构及依法有权实施患病儿童培养大纲的其他组织的义务,由本法、其他法规、该类教育机构和组织的创立文件规定。

第二百八十六条　培育康复机构、社会教育机构、特殊教学培育机构和特殊医疗培育机构的管理工作

1. 培育康复机构、社会教育机构、特殊教学培育机构和特殊医疗培育机构由其负责人直接管理。

2. 培育康复机构、社会教育机构、特殊教学培育机构和特殊医疗培育机构的负责人,由其创办人任命或解聘。

3. 培育康复机构、社会教育机构、特殊教学培育机构和特殊医疗培育机构的自治机构,是以其负责人为首的理事会。

4.培育康复机构、社会教育机构、特殊教学培育机构和特殊医疗培育机构内应成立教务委员会和(未成年)监护人理事会。

第六十二章 培育康复机构、社会教育机构、特殊教学培育机构和特殊医疗培育机构的教育过程及科学教学方法保障，学习培养大纲的受教育者的权利和义务，培育过程，培养大纲科学教学方法保障

第二百八十七条 培育康复机构、社会教育机构、特殊教学培育机构和特殊医疗培育机构的教育过程

1.培育康复机构、社会教育机构、特殊教学培育机构和特殊医疗培育机构的教育过程，按照相应教育大纲对教育过程组织形式的要求开展，并应综合考虑本条规定的细则。

2.教育康复中心的教育过程分不同年级开展，年级划分应综合考虑年龄、教学语言和所学第二外语。同一年级受教育者人数不超过25人，年级划分时效为一学年。

3.经负责人与白俄罗斯共和国教育部协商，特殊教学培育机构和特殊医疗培育机构的最终考核期限可以调整。

4.特殊教学培育机构和特殊医疗培育机构的教育过程，旨在帮助受教育者接受矫正和社会康复训练，并综合考虑受教育者的个人特点和教育特殊条件。教育过程包括生产劳动。

开设普通中等教育大纲的特殊教学培育机构和特殊医疗培育机构，教育过程按照该类教育机构的教学计划进行。教学计划按照中学常规教学计划制订，按照常规教学计划，生产劳动学时数取决于选修课学时数。

5.特殊教学培育机构和特殊医疗培育机构每级(班)招收受教育者人数不超过14人。级(班)的划分要考虑受教育者基础教育水平，级(班)划分时效为一学年。

特殊教学培育机构和特殊医疗培育机构内的年级(教学班级)可划分为班(小组)，划分程序分别按照《对特殊教学培育机构及其形式的规定》和《对特殊医疗培育机构及其形式的规定》进行。

第二百八十八条 培育康复机构、社会教育机构、特殊教学培育机构和特殊医疗培育机构科学教学方法保障

培育康复机构、社会教育机构、特殊教学培育机构和特殊医疗培育机构科学教学方法保障，根据相应水平的基础教育和补充教育科学教学方法保障制定。

第二百八十九条 培养大纲学习者的权利和义务

1.培养大纲的学习者是受教育者。

2.培育康复机构的受教育者，同样享有本法为学习相应教育大纲的人员规定的权利。

3.本法为学习相应教育大纲的人员规定的权利除外,社会教育机构的受教育者还享有《预防未成年人无人监管犯罪法》中规定的权利。

4.根据本法和其他法律条例的规定,特殊教学培育机构和特殊治疗教育机构的受教育者享有以下权利:

4.1　按照教育大纲接受教育。

4.2　如身体条件不适合所学专业(专业方向、具体专业)的就业和相关职业技能,可转入其他特殊教学培育机构或特殊治疗教育机构。

4.3　在需完成的教育大纲内按照个人教学计划接受教育。

4.4　综合考虑其身心发育特殊性,为其创造接受特殊教育的条件。

4.5　在教育过程中保护其生命健康。

4.6　在国家矫正教学与康复中心接受免费的心理-医学-教育检查。

4.7　接受教育机构专家的社会教育和心理辅导。

4.8　享有医疗保障。

4.9　享有免费住宿保障。

4.10　免费使用教育机构的图书馆,教育、劳动、科学和文化体育基地。

4.11　免费使用教科书和教学参考书。

4.12　因在教育、大众体育、社会活动中取得的成绩获得嘉奖。

4.13　参与教育机构的管理。

4.14　知晓国家注册证书、章程、从事教学活动特别许可证、国家认证证书以及教育大纲文件。

4.15　在不违法的前提下参与青年社团和其他社团。

4.16　学业期满后,短期留在特殊教学培育机构、特殊医疗培育机构内。

5.特殊教学培育机构和特殊医疗培育机构的受教育者的其他权利,由本法、其他法律条例和章程及此类机构的其他基本规范性条例规定。

6.受教育者的义务,由本法为学习相应教育大纲的人员规定的义务、依法有权实施患病儿童培养大纲的教育机构或其他组织的创办文件及其他规范性条例规定。社会教育机构、特殊教学培育机构和特殊医疗培育机构的受教育者,应履行上述法律规章规定的义务除外,还应履行《预防未成年人无人监管犯罪法》中规定的义务。

第二百九十条　培育过程

1.培育过程是教育机构和依法有权实施患病儿童培养大纲的其他组织实施培养大纲的过程。

2.教育机构和依法有权实施患病儿童培养大纲的其他组织,应按照本法、其他法律法规、此类机构和组织的创办文件实施培养大纲。

3.培育过程的开展依据为:

3.1　国家扶助学业优秀儿童和患病儿童的政策。

3.2 国家扶助社会处境危险儿童和需接受特殊教育儿童的政策。

3.3 从教学角度合理选择培育形式、方法和手段。

3.4 白俄罗斯共和国人民的文化传统、价值观以及世界文化成就。

3.5 现代教育和信息技术。

3.6 对社会处境危险儿童和需接受特殊教育儿童未来生活的安排,优先考虑家庭生活形式。

3.7 为受教育者创造接近于其家庭环境的条件,以对其进行培育。

4. 培育过程开展的基本要求为:

4.1 确保实施培养大纲。

4.2 实施系统和统一的教学要求。

4.3 教育内容、形式和方法符合其目标和宗旨。

4.4 使用因材施教的方法。

4.5 为发展受教育者的创造力及吸引受教育者参与不同类型的具有社会意义的活动创造条件。

4.6 预防受教育者的违法行为。

4.7 为儿童和青少年和其他公共社团提供教育支持。

4.8 保护受教育者的生命健康。

4.9 遵守卫生规范、规章和标准。

5. 在特殊教学培育机构和特殊医疗培育机构,应创造特殊的培育环境。

特殊教学培育机构、特殊医疗培育机构的特殊培育环境,包括对以上机构所在区域的安保,限制未经授权的人员自由进入以上机构所在区域,限制受教育者自由离开机构,对受教育者进行24小时管理(包括睡眠时间),以及依法采取的其他措施,确保受教育者的人身安全和最大限度地免受负面影响。

6. 在康复夏令营开展的培育过程除外,培育过程在日历年内持续进行。康复夏令营的培育过程在假期进行,在此期间须学习普通中等教育大纲。

7. 在实施学业优秀儿童培养大纲和患病儿童培养大纲时,培育过程应在一个学习班次之内完成,一个学习班次的持续时间不应超过21个工作日。

8. 培育过程的开展形式,有座谈、教学活动、新闻时间、全体大会等。在特殊教学培育机构、特殊医疗培育机构内实施为需接受特殊教育儿童制定的培养大纲时,应组织劳动活动。

9. 培育康复机构内的培育过程,应按小队或单独进行,每小队人数不超过25名受教育者。社会教育机构、特殊教学培育机构、特殊医疗培育机构内的培育过程应分组或单独进行,每小组人数不超过12名受教育者。

10. 普通中等教育机构、特殊教育机构、中心(宫)、依法有权实施患病儿童培养大纲的其他组织,招生程序应按照《关于培育康复机构及其形式的规定》进行。

第二百九十一条　培养大纲科学教学方法保障体系

1.培养大纲科学教学方法保障体系包括：

1.1　培养大纲的规划性文件。

1.2　培养大纲的方法性文件。

1.3　教学方法参考书。

1.4　信息方法材料。

2.培养大纲的规划性文件包括：

2.1　发展学业优秀儿童智力、创造力和领导力的培育工作计划,增强儿童健康的培育工作计划。

2.2　针对患病儿童制订的培育工作计划。

2.3　为保护社会处境危险儿童的合法权益制订的培养工作计划。

2.4　为保护需接受特殊教育儿童的合法权益制订的培养工作计划。

2.5　为保护社会处境危险儿童的合法权益制订的个性化计划。

2.6　为保护需接受特殊教育儿童的合法权益制订的个性化计划。

3.培养大纲的方法性文件,包括教育方法、方法建议、示教说明书等。

4.教学方法参考书是一种出版物,其中包含实施培养大纲所必需的科学或应用性系统知识,并以便于组织教学活动的形式呈现,同时考虑了受教育者的年龄特点。

只有白俄罗斯共和国教育部推荐的教学方法参考书和其他出版物才允许在培育活动中使用。

5.信息方法材料是一种包含关于培养大纲实施情况和康复过程实施结果的统计分析材料,还包含关于组织教学活动的方法材料。

6.培养大纲科学教学方法保障由以下组织实施：

6.1　提供教育科学和方法保障的组织。

6.2　教育机构。

6.3　科学组织。

6.4　教育领域科学教学方法保障协会。

6.5　依法有权实施患病儿童培养大纲的其他组织。

6.6　隶属于白俄罗斯共和国政府的管理机构、其他国家机构、地方行政和管理机构,以及权力范围涉及该领域的组织和个人。

第二百九十二条　培养大纲的规划性文件

1.发展学业优秀儿童智力、创造力和领导力的培育工作计划和增强儿童健康的培育工作计划,规定针对学业优秀儿童开展工作的目标、任务、形式、方法和措施,该计划由教育康复中心依据学业优秀儿童培养大纲制订,并由其负责人批准。

2.针对患病儿童制订的培育工作计划,规定针对患病儿童开展工作的目标、任务、形式、方法和措施,该计划由教育机构依据患病儿童培养大纲制定,并由其负责人批准。

3.为保护社会处境危险儿童的合法权益制订的培育工作计划,规定针对社会处境危险儿童开展工作的目标、任务、形式、方法和措施,该计划由实施培养及保护社会处境危险儿童合法权益的大纲的教育机构制订,并由其负责人批准。

4.为保护需接受特殊教育儿童的合法权益制订的个性化计划,规定针对需接受特殊教育儿童开展工作的目标、任务、形式、方法和措施,该计划由特殊教学培育机构(特殊医疗培育机构)依据需接受特殊教育儿童培养大纲制订,并由其负责人批准。

5.为保护社会处境危险儿童的合法权益制订的个性化计划,规定旨在促进未成年人再社会化的跨部门措施体系。为保护社会处境危险儿童的合法权益制订的个性化计划依据《预防未成年人无人监管犯罪法》制订和批准。

6.为保护需接受特殊教育儿童的合法权益制订的个性化计划,规定一系列旨在使未成年人康复并再社会化的措施。为保护需接受特殊教育儿童的合法权益制订的个性化计划,由社会教育和心理服务机构(特殊医疗培育机构)制定,并由其负责人批准。

第十七编 结 语

第六十三章 结 语

第二百九十三条 一些无效法律条款及其个别项目

以下法律条款宣布无效:

1.1991年10月29日颁布的《白俄罗斯共和国教育法》

2.1995年3月22日颁布的《白俄罗斯共和国教育法修正和补充法案》

3.1996年5月3日颁布的《白俄罗斯共和国法律部分条款修正和补充法案》第四编

4.1999年11月9日颁布的《白俄罗斯共和国法律部分条款修正和补充法案》第二条

5.2002年3月19日颁布的《白俄罗斯共和国教育法修正和补充法案》

6.2003年6月29日颁布的《白俄罗斯共和国职业技术教育法》

7.2004年5月18日颁布的《白俄罗斯共和国身心障碍人士教育法》

8.2004年8月4日颁布的《白俄罗斯共和国教育法修正和补充法案》

9.2005年6月14日颁布的《白俄罗斯共和国教育法部分条款修正和补充法案》

10.2006年6月12日颁布的《关于对白俄罗斯共和国某些教育问题法律颁布的修正和补充法案》

11.2006年6月29日颁布的《关于准许某类活动和宣布白俄罗斯共和国某些立法行为失效问题的修正和补充法案》

12.2006年7月5日颁布的《白俄罗斯共和国普通中等教育法》

13.2006年10月20日颁布的《白俄罗斯共和国教育法修正和补充法案》

14. 2007 年 5 月 7 日颁布的《对关于证实教育文件真实性问题的部分白俄罗斯共和国法律条款的修正和补充法案》

15. 2007 年 6 月 11 日颁布的《白俄罗斯共和国高等教育法》

16. 2007 年 6 月 11 日颁布的《对关于教育机构招生问题的部分白俄罗斯共和国法律条款的修正和补充法案》

17. 2008 年 6 月 16 日颁布的《对关于居住地和居留地居民登记问题的部分白俄罗斯共和国法律条款的修正和补充法案》

18. 2009 年 5 月 12 日颁布的《对关于遭受切尔诺贝利核电站或其他核辐射公民进行社会保护问题的部分白俄罗斯共和国法律条款的修正和补充法案》

19. 2009 年 6 月 6 日颁布的《对关于劳动保护问题的部分白俄罗斯共和国法律条款的修正和补充法案》

20. 2009 年 1 月 9 日颁布的《对关于教育问题的部分白俄罗斯共和国法律条款的修正和补充法案》

21. 1991 年 10 月 29 日颁布的《白俄罗斯共和国法律规定》

第二百九十四条 按照本法进行立法

白俄罗斯共和国部长理事会在六个月之内：

按照既定程序编制并提交符合本法的法案；

按照本法做出白俄罗斯共和国政府决策；

确保隶属于白俄罗斯共和国政府的国家管理部门颁布的法规符合本法；

采取其他措施，以落实本法中的规定。

第二百九十五条 本法生效日期

本法自 2011 年 9 月 1 日起生效,本条及第二百九十四条自本法正式颁布之日起生效。

白俄罗斯共和国总统
卢卡申科

附 录

附录一

推动共建丝绸之路经济带
和 21 世纪海上丝绸之路的愿景与行动

国家发展改革委　外交部　商务部
（经国务院授权发布）
2015 年 3 月 28 日

前　言

2000 多年前，亚欧大陆上勤劳勇敢的人民，探索出多条连接亚欧非几大文明的贸易和人文交流通路，后人将其统称为"丝绸之路"。千百年来，"和平合作、开放包容、互学互鉴、互利共赢"的丝绸之路精神薪火相传，推进了人类文明进步，是促进沿线各国繁荣发展的重要纽带，是东西方交流合作的象征，是世界各国共有的历史文化遗产。

进入 21 世纪，在以和平、发展、合作、共赢为主题的新时代，面对复苏乏力的全球经济形势，纷繁复杂的国际和地区局面，传承和弘扬丝绸之路精神更显重要和珍贵。

2013 年 9 月和 10 月，中国国家主席习近平在出访中亚和东南亚国家期间，先后提出共建"丝绸之路经济带"和"21 世纪海上丝绸之路"（以下简称"一带一路"）的重大倡议，得到国际社会高度关注。中国国务院总理李克强参加 2013 年中国-东盟博览会时强调，铺就面向东盟的海上丝绸之路，打造带动腹地发展的战略支点。加快"一带一路"建设，有利于促进沿线各国经济繁荣与区域经济合作，加强不同文明交流互鉴，促进世界和平发展，是一项造福世界各国人民的伟大事业。

"一带一路"建设是一项系统工程，要坚持共商、共建、共享原则，积极推进沿线国家发展战略的相互对接。为推进实施"一带一路"重大倡议，让古丝绸之路焕发新的生机活力，以新的形式使亚欧非各国联系更加紧密，互利合作迈向新的历史高度，中国政府特制定并发布《推动共建丝绸之路经济带和 21 世纪海上丝绸之路的愿景与行动》。

一、时代背景

当今世界正发生复杂深刻的变化，国际金融危机深层次影响继续显现，世界经济缓慢复苏、发展分化，国际投资贸易格局和多边投资贸易规则酝酿深刻调整，各国面临的发展问题依然严峻。共建"一带一路"顺应世界多极化、经济全球化、文化多样化、社会信息化的潮流，秉持开放的区域合作精神，致力于维护全球自由贸易体系和开放型世界经济。共建"一带一路"旨在促进经济要素有序自由流动、资源高效配置和市场深度融合，推动沿线各国实现经济政策协调，开展更大范围、更高水平、更深层次的区域合作，共同打造开放、包容、均衡、普惠的区域经济合作架构。共建"一带一路"符合国际社会的根本利益，彰显人类社会共同理想和美好追求，是国际合作以及全球治理新模式的积极探索，将为世界和平发展增添新的正能量。

共建"一带一路"致力于亚欧非大陆及附近海洋的互联互通，建立和加强沿线各国互联互通伙伴关系，构建全方位、多层次、复合型的互联互通网络，实现沿线各国多元、自主、平衡、可持续的发展。"一带一路"的互联互通项目将推动沿线各国发展战略的对接与耦合，发掘区域内市场的潜力，促进投资和消费，创造需求和就业，增进沿线各国人民的人文交流与文明互鉴，让各国人民相逢相知、互信互敬，共享和谐、安宁、富裕的生活。

当前，中国经济和世界经济高度关联。中国将一以贯之地坚持对外开放的基本国策，构建全方位开放新格局，深度融入世界经济体系。推进"一带一路"建设既是中国扩大和深化对外开放的需要，也是加强和亚欧非及世界各国互利合作的需要，中国愿意在力所能及的范围内承担更多责任义务，为人类和平发展做出更大的贡献。

二、共建原则

恪守联合国宪章的宗旨和原则。遵守和平共处五项原则，即尊重各国主权和领土完整、互不侵犯、互不干涉内政、和平共处、平等互利。

坚持开放合作。"一带一路"相关的国家基于但不限于古代丝绸之路的范围，各国和国际、地区组织均可参与，让共建成果惠及更广泛的区域。

坚持和谐包容。倡导文明宽容，尊重各国发展道路和模式的选择，加强不同文明之间的对话，求同存异、兼容并蓄、和平共处、共生共荣。

坚持市场运作。遵循市场规律和国际通行规则，充分发挥市场在资源配置中的决定性作用和各类企业的主体作用，同时发挥好政府的作用。

坚持互利共赢。兼顾各方利益和关切，寻求利益契合点和合作最大公约数，体现各方智慧和创意，各施所长，各尽所能，把各方优势和潜力充分发挥出来。

三、框架思路

"一带一路"是促进共同发展、实现共同繁荣的合作共赢之路，是增进理解信任、加强全方位交流的和平友谊之路。中国政府倡议，秉持和平合作、开放包容、互学互鉴、互利共赢的理念，全方位推进务实合作，打造政治互信、经济融合、文化包容的利益共同体、命运共同体和责任共同体。

"一带一路"贯穿亚欧非大陆，一头是活跃的东亚经济圈，一头是发达的欧洲经济圈，中间广大腹地国家经济发展潜力巨大。丝绸之路经济带重点畅通中国经中亚、俄罗斯至欧洲(波罗的海);中国经中亚、西亚至波斯湾、地中海;中国至东南亚、南亚、印度洋。21世纪海上丝绸之路重点方向是从中国沿海港口过南海到印度洋,延伸至欧洲;从中国沿海港口过南海到南太平洋。

根据"一带一路"走向,陆上依托国际大通道,以沿线中心城市为支撑,以重点经贸产业园区为合作平台,共同打造新亚欧大陆桥、中蒙俄、中国-中亚-西亚、中国-中南半岛等国际经济合作走廊;海上以重点港口为节点,共同建设通畅安全高效的运输大通道。中巴、孟中印缅两个经济走廊与推进"一带一路"建设关联紧密,要进一步推动合作,取得更大进展。

"一带一路"建设是沿线各国开放合作的宏大经济愿景,需各国携手努力,朝着互利互惠、共同安全的目标相向而行。努力实现区域基础设施更加完善,安全高效的陆海空通道网络基本形成,互联互通达到新水平;投资贸易便利化水平进一步提升,高标准自由贸易区网络基本形成,经济联系更加紧密,政治互信更加深入;人文交流更加广泛深入,不同文明互鉴共荣,各国人民相知相交、和平友好。

四、合作重点

沿线各国资源禀赋各异,经济互补性较强,彼此合作潜力和空间很大。以政策沟通、设施联通、贸易畅通、资金融通、民心相通为主要内容,重点在以下方面加强合作。

政策沟通。加强政策沟通是"一带一路"建设的重要保障。加强政府间合作,积极构建多层次政府间宏观政策沟通交流机制,深化利益融合,促进政治互信,达成合作新共识。沿线各国可以就经济发展战略和对策进行充分交流对接,共同制定推进区域合作的规划和措施,协商解决合作中的问题,共同为务实合作及大型项目实施提供政策支持。

设施联通。基础设施互联互通是"一带一路"建设的优先领域。在尊重相关国家主权和安全关切的基础上,沿线国家宜加强基础设施建设规划、技术标准体系的对接,共同推进国际骨干通道建设,逐步形成连接亚洲各次区域以及亚欧非之间的基础设施网络。强化基础设施绿色低碳化建设和运营管理,在建设中充分考虑气候变化影响。

抓住交通基础设施的关键通道、关键节点和重点工程,优先打通缺失路段,畅通瓶颈路段,配套完善道路安全防护设施和交通管理设施设备,提升道路通达水平。推进建立统一的全程运输协调机制,促进国际通关、换装、多式联运有机衔接,逐步形成兼容规范的运输规则,实现国际运输便利化。推动口岸基础设施建设,畅通陆水联运通道,推进港口合作建设,增加海上航线和班次,加强海上物流信息化合作。拓展建立民航全面合作的平台和机制,加快提升航空基础设施水平。

加强能源基础设施互联互通合作,共同维护输油、输气管道等运输通道安全,推进跨境电力与输电通道建设,积极开展区域电网升级改造合作。

共同推进跨境光缆等通信干线网络建设,提高国际通信互联互通水平,畅通信息丝绸之路。加快推进双边跨境光缆等建设,规划建设洲际海底光缆项目,完善空中(卫星)

信息通道,扩大信息交流与合作。

贸易畅通。投资贸易合作是"一带一路"建设的重点内容。宜着力研究解决投资贸易便利化问题,消除投资和贸易壁垒,构建区域内和各国良好的营商环境,积极同沿线国家和地区共同商建自由贸易区,激发释放合作潜力,做大做好合作"蛋糕"。

沿线国家宜加强信息互换、监管互认、执法互助的海关合作,以及检验检疫、认证认可、标准计量、统计信息等方面的双多边合作,推动世界贸易组织《贸易便利化协定》生效和实施。改善边境口岸通关设施条件,加快边境口岸"单一窗口"建设,降低通关成本,提升通关能力。加强供应链安全与便利化合作,推进跨境监管程序协调,推动检验检疫证书国际互联网核查,开展"经认证的经营者"(AEO)互认。降低非关税壁垒,共同提高技术性贸易措施透明度,提高贸易自由化便利化水平。

拓宽贸易领域,优化贸易结构,挖掘贸易新增长点,促进贸易平衡。创新贸易方式,发展跨境电子商务等新的商业业态。建立健全服务贸易促进体系,巩固和扩大传统贸易,大力发展现代服务贸易。把投资和贸易有机结合起来,以投资带动贸易发展。

加快投资便利化进程,消除投资壁垒。加强双边投资保护协定、避免双重征税协定磋商,保护投资者的合法权益。

拓展相互投资领域,开展农林牧渔业、农机及农产品生产加工等领域深度合作,积极推进海水养殖、远洋渔业、水产品加工、海水淡化、海洋生物制药、海洋工程技术、环保产业和海上旅游等领域合作。加大煤炭、油气、金属矿产等传统能源资源勘探开发合作,积极推动水电、核电、风电、太阳能等清洁、可再生能源合作,推进能源资源就地就近加工转化合作,形成能源资源合作上下游一体化产业链。加强能源资源深加工技术、装备与工程服务合作。

推动新兴产业合作,按照优势互补、互利共赢的原则,促进沿线国家加强在新一代信息技术、生物、新能源、新材料等新兴产业领域的深入合作,推动建立创业投资合作机制。

优化产业链分工布局,推动上下游产业链和关联产业协同发展,鼓励建立研发、生产和营销体系,提升区域产业配套能力和综合竞争力。扩大服务业相互开放,推动区域服务业加快发展。探索投资合作新模式,鼓励合作建设境外经贸合作区、跨境经济合作区等各类产业园区,促进产业集群发展。在投资贸易中突出生态文明理念,加强生态环境、生物多样性和应对气候变化合作,共建绿色丝绸之路。

中国欢迎各国企业来华投资。鼓励本国企业参与沿线国家基础设施建设和产业投资。促进企业按属地化原则经营管理,积极帮助当地发展经济、增加就业、改善民生,主动承担社会责任,严格保护生物多样性和生态环境。

资金融通。资金融通是"一带一路"建设的重要支撑。深化金融合作,推进亚洲货币稳定体系、投融资体系和信用体系建设。扩大沿线国家双边本币互换、结算的范围和规模。推动亚洲债券市场的开放和发展。共同推进亚洲基础设施投资银行、金砖国家开发银行筹建,有关各方就建立上海合作组织融资机构开展磋商。加快丝路基金组建运营。深化中国-东盟银行联合体、上合组织银行联合体务实合作,以银团贷款、银行授信等方式开展多边金融合作。支持沿线国家政府和信用等级较高的企业以及金融机构在中国境内发行人民币债券。符合条件的中国境内金融机构和企业可以在境外发行人民币债券和外币债券,鼓励在沿线国家使用所筹资金。

加强金融监管合作,推动签署双边监管合作谅解备忘录,逐步在区域内建立高效监管协调机制。完善风险应对和危机处置制度安排,构建区域性金融风险预警系统,形成应对跨境风险和危机处置的交流合作机制。加强征信管理部门、征信机构和评级机构之间的跨境交流与合作。充分发挥丝路基金以及各国主权基金作用,引导商业性股权投资基金和社会资金共同参与"一带一路"重点项目建设。

民心相通。民心相通是"一带一路"建设的社会根基。传承和弘扬丝绸之路友好合作精神,广泛开展文化交流、学术往来、人才交流合作、媒体合作、青年和妇女交往、志愿者服务等,为深化双多边合作奠定坚实的民意基础。

扩大相互间留学生规模,开展合作办学,中国每年向沿线国家提供1万个政府奖学金名额。沿线国家间互办文化年、艺术节、电影节、电视周和图书展等活动,合作开展广播影视剧精品创作及翻译,联合申请世界文化遗产,共同开展世界遗产的联合保护工作。深化沿线国家间人才交流合作。

加强旅游合作,扩大旅游规模,互办旅游推广周、宣传月等活动,联合打造具有丝绸之路特色的国际精品旅游线路和旅游产品,提高沿线各国游客签证便利化水平。推动21世纪海上丝绸之路邮轮旅游合作。积极开展体育交流活动,支持沿线国家申办重大国际体育赛事。

强化与周边国家在传染病疫情信息沟通、防治技术交流、专业人才培养等方面的合作,提高合作处理突发公共卫生事件的能力。为有关国家提供医疗援助和应急医疗救助,在妇幼健康、残疾人康复以及艾滋病、结核、疟疾等主要传染病领域开展务实合作,扩大在传统医药领域的合作。

加强科技合作,共建联合实验室(研究中心)、国际技术转移中心、海上合作中心,促进科技人员交流,合作开展重大科技攻关,共同提升科技创新能力。

整合现有资源,积极开拓和推进与沿线国家在青年就业、创业培训、职业技能开发、社会保障管理服务、公共行政管理等共同关心领域的务实合作。

充分发挥政党、议会交往的桥梁作用,加强沿线国家之间立法机构、主要党派和政治组织的友好往来。开展城市交流合作,欢迎沿线国家重要城市之间互结友好城市,以人文交流为重点,突出务实合作,形成更多鲜活的合作范例。欢迎沿线国家智库之间开展联合研究、合作举办论坛等。

加强沿线国家民间组织的交流合作,重点面向基层民众,广泛开展教育医疗、减贫开发、生物多样性和生态环保等各类公益慈善活动,促进沿线贫困地区生产生活条件改善。加强文化传媒的国际交流合作,积极利用网络平台,运用新媒体工具,塑造和谐友好的文化生态和舆论环境。

五、合作机制

当前,世界经济融合加速发展,区域合作方兴未艾。积极利用现有双多边合作机制,推动"一带一路"建设,促进区域合作蓬勃发展。

加强双边合作,开展多层次、多渠道沟通磋商,推动双边关系全面发展。推动签署合作备忘录或合作规划,建设一批双边合作示范。建立完善双边联合工作机制,研究推进"一带一路"建设的实施方案、行动路线图。充分发挥现有联委会、混委会、协委会、指导委员会、管理委员会等双边机制作用,协调推动合作项目实施。

强化多边合作机制作用,发挥上海合作组织(SCO)、中国-东盟"10+1"、亚太经合组织(APEC)、亚欧会议(ASEM)、亚洲合作对话(ACD)、亚信会议(CICA)、中阿合作论坛、中国-海合会战略对话、大湄公河次区域(GMS)经济合作、中亚区域经济合作(CAREC)等现有多边合作机制作用,相关国家加强沟通,让更多国家和地区参与"一带一路"建设。

继续发挥沿线各国区域、次区域相关国际论坛、展会以及博鳌亚洲论坛、中国-东盟博览会、中国-亚欧博览会、欧亚经济论坛、中国国际投资贸易洽谈会,以及中国-南亚博览会、中国-阿拉伯博览会、中国西部国际博览会、中国-俄罗斯博览会、前海合作论坛等平台的建设性作用。支持沿线国家地方、民间挖掘"一带一路"历史文化遗产,联合举办专项投资、贸易、文化交流活动,办好丝绸之路(敦煌)国际文化博览会、丝绸之路国际电影节和图书展。倡议建立"一带一路"国际高峰论坛。

六、中国各地方开放态势

推进"一带一路"建设,中国将充分发挥国内各地区比较优势,实行更加积极主动的开放战略,加强东中西互动合作,全面提升开放型经济水平。

西北、东北地区。发挥新疆独特的区位优势和向西开放重要窗口作用,深化与中亚、南亚、西亚等国家交流合作,形成丝绸之路经济带上重要的交通枢纽、商贸物流和文化科教中心,打造丝绸之路经济带核心区。发挥陕西、甘肃综合经济文化和宁夏、青海民族人文优势,打造西安内陆型改革开放新高地,加快兰州、西宁开发开放,推进宁夏内陆开放型经济试验区建设,形成面向中亚、南亚、西亚国家的通道、商贸物流枢纽、重要产业和人文交流基地。发挥内蒙古联通俄蒙的区位优势,完善黑龙江对俄铁路通道和区域铁路网,以及黑龙江、吉林、辽宁与俄远东地区陆海联运合作,推进构建北京—莫斯科欧亚高速运输走廊,建设向北开放的重要窗口。

西南地区。发挥广西与东盟国家陆海相邻的独特优势,加快北部湾经济区和珠江—西江经济带开放发展,构建面向东盟区域的国际通道,打造西南、中南地区开放发展新的战略支点,形成21世纪海上丝绸之路与丝绸之路经济带有机衔接的重要门户。发挥云南区位优势,推进与周边国家的国际运输通道建设,打造大湄公河次区域经济合作新高地,建设成为面向南亚、东南亚的辐射中心。推进西藏与尼泊尔等国家边境贸易和旅游文化合作。

沿海和港澳台地区。利用长三角、珠三角、海峡西岸、环渤海等经济区开放程度高、经济实力强、辐射带动作用大的优势,加快推进中国(上海)自由贸易试验区建设,支持福建建设21世纪海上丝绸之路核心区。充分发挥深圳前海、广州南沙、珠海横琴、福建平潭等开放合作区作用,深化与港澳台合作,打造粤港澳大湾区。推进浙江海洋经济发展示范区、福建海峡蓝色经济试验区和舟山群岛新区建设,加大海南国际旅游岛开发开放力度。加强上海、天津、宁波-舟山、广州、深圳、湛江、汕头、青岛、烟台、大连、福州、厦门、泉州、海口、三亚等沿海城市港口建设,强化上海、广州等国际枢纽机场功能。以扩大开放倒逼深层次改革,创新开放型经济体制机制,加大科技创新力度,形成参与和引领国际合作竞争新优势,成为"一带一路"特别是21世纪海上丝绸之路建设的排头兵和主力军。发挥海外侨胞以及香港、澳门特别行政区独特优势作用,积极参与和助力"一带一路"建设。为台湾地区参与"一带一路"建设做出妥善安排。

内陆地区。利用内陆纵深广阔、人力资源丰富、产业基础较好优势,依托长江中游城市群、成渝城市群、中原城市群、呼包鄂榆城市群、哈长城市群等重点区域,推动区域互动合作和产业集聚发展,打造重庆西部开发开放重要支撑和成都、郑州、武汉、长沙、南昌、合肥等内陆开放型经济高地。加快推动长江中上游地区和俄罗斯伏尔加河沿岸联邦区的合作。建立中欧通道铁路运输、口岸通关协调机制,打造"中欧班列"品牌,建设沟通境内外、连接东中西的运输通道。支持郑州、西安等内陆城市建设航空港、国际陆港,加强内陆口岸与沿海、沿边口岸通关合作,开展跨境贸易电子商务服务试点。优化海关特殊监管区域布局,创新加工贸易模式,深化与沿线国家的产业合作。

七、中国积极行动

一年多来,中国政府积极推动"一带一路"建设,加强与沿线国家的沟通磋商,推动与沿线国家的务实合作,实施了一系列政策措施,努力收获早期成果。

高层引领推动。习近平主席、李克强总理等国家领导人先后出访20多个国家,出席加强互联互通伙伴关系对话会、中阿合作论坛第六届部长级会议,就双边关系和地区发展问题,多次与有关国家元首和政府首脑进行会晤,深入阐释"一带一路"的深刻内涵和积极意义,就共建"一带一路"达成广泛共识。

签署合作框架。与部分国家签署了共建"一带一路"合作备忘录,与一些毗邻国家签署了地区合作和边境合作的备忘录以及经贸合作中长期发展规划。研究编制与一些毗邻国家的地区合作规划纲要。

推动项目建设。加强与沿线有关国家的沟通磋商,在基础设施互联互通、产业投资、资源开发、经贸合作、金融合作、人文交流、生态保护、海上合作等领域,推进了一批条件成熟的重点合作项目。

完善政策措施。中国政府统筹国内各种资源,强化政策支持。推动亚洲基础设施投资银行筹建,发起设立丝路基金,强化中国-欧亚经济合作基金投资功能。推动银行卡清算机构开展跨境清算业务和支付机构开展跨境支付业务。积极推进投资贸易便利化,推进区域通关一体化改革。

发挥平台作用。各地成功举办了一系列以"一带一路"为主题的国际峰会、论坛、研讨会、博览会,对增进理解、凝聚共识、深化合作发挥了重要作用。

八、共创美好未来

共建"一带一路"是中国的倡议,也是中国与沿线国家的共同愿望。站在新的起点上,中国愿与沿线国家一道,以共建"一带一路"为契机,平等协商,兼顾各方利益,反映各方诉求,携手推动更大范围、更高水平、更深层次的大开放、大交流、大融合。"一带一路"建设是开放的、包容的,欢迎世界各国和国际、地区组织积极参与。

共建"一带一路"的途径是以目标协调、政策沟通为主,不刻意追求一致性,可高度灵活,富有弹性,是多元开放的合作进程。中国愿与沿线国家一道,不断充实完善"一带一路"的合作内容和方式,共同制定时间表、路线图,积极对接沿线国家发展和区域合作规划。

中国愿与沿线国家一道,在既有双多边和区域次区域合作机制框架下,通过合作研究、论坛展会、人员培训、交流访问等多种形式,促进沿线国家对共建"一带一路"内涵、目标、任务等方面的进一步理解和认同。

中国愿与沿线国家一道,稳步推进示范项目建设,共同确定一批能够照顾双多边利益的项目,对各方认可、条件成熟的项目抓紧启动实施,争取早日开花结果。

"一带一路"是一条互尊互信之路,一条合作共赢之路,一条文明互鉴之路。只要沿线各国和衷共济、相向而行,就一定能够谱写建设丝绸之路经济带和21世纪海上丝绸之路的新篇章,让沿线各国人民共享"一带一路"共建成果。

附录二

教育部关于印发
《推进共建"一带一路"教育行动》的通知

教外〔2016〕46号

各省、自治区、直辖市教育厅(教委),各计划单列市教育局,新疆生产建设兵团教育局,部属各高等学校,部内各司局、各直属单位:

为贯彻落实中办、国办《关于做好新时期教育对外开放工作的若干意见》和国家发展改革委、外交部、商务部经国务院授权发布的《推动共建丝绸之路经济带和21世纪海上丝绸之路的愿景与行动》,我部牵头制订了《推进共建"一带一路"教育行动》,并已经国家教育体制改革领导小组会议审议通过。现印发给你们,请结合实际认真贯彻执行。

教育部
2016年7月13日

推进共建"一带一路"教育行动

推进共建"丝绸之路经济带"和"21世纪海上丝绸之路"(以下简称"一带一路"),为推动区域教育大开放、大交流、大融合提供了大契机。"一带一路"沿线国家教育加强合作、共同行动,既是共建"一带一路"的重要组成部分,又为共建"一带一路"提供人才支撑。中国愿与沿线国家一道,扩大人文交流,加强人才培养,共同开创教育美好明天。

一、教育使命

教育为国家富强、民族繁荣、人民幸福之本,在共建"一带一路"中具有基础性和先导性作用。教育交流为沿线各国民心相通架设桥梁,人才培养为沿线各国政策沟通、设施联通、贸易畅通、资金融通提供支撑。沿线各国唇齿相依,教育交流源远流长,教育合作前景广阔,大家携手发展教育,合力推进共建"一带一路",是造福沿线各国人民的伟大事业。

中国将一以贯之地坚持教育对外开放,深度融入世界教育改革发展潮流。推进"一带一路"教育共同繁荣,既是加强与沿线各国教育互利合作的需要,也是推进中国教育改革发展的需要,中国愿意在力所能及的范围内承担更多责任义务,为区域教育大发展做出更大的贡献。

二、合作愿景

沿线各国携起手来,增进理解、扩大开放、加强合作、互学互鉴,谋求共同利益、直面共同命运、勇担共同责任,聚力构建"一带一路"教育共同体,形成平等、包容、互惠、活跃的教育合作态势,促进区域教育发展,全面支撑共建"一带一路",共同致力于:

推进民心相通。开展更大范围、更高水平、更深层次的人文交流,不断推进沿线各国人民相知相亲。

提供人才支撑。培养大批共建"一带一路"急需人才,支持沿线各国实现政策互通、设施联通、贸易畅通、资金融通。

实现共同发展。推动教育深度合作、互学互鉴,携手促进沿线各国教育发展,全面提升区域教育影响力。

三、合作原则

育人为本,人文先行。加强合作育人,提高区域人口素质,为共建"一带一路"提供人才支撑。坚持人文交流先行,建立区域人文交流机制,搭建民心相通桥梁。

政府引导,民间主体。沿线国家政府加强沟通协调,整合多种资源,引导教育融合发展。发挥学校、企业及其他社会力量的主体作用,活跃教育合作局面,丰富教育交流内涵。

共商共建,开放合作。坚持沿线国家共商、共建、共享,推进各国教育发展规划相互衔接,实现沿线各国教育融通发展、互动发展。

和谐包容,互利共赢。加强不同文明之间的对话,寻求教育发展最佳契合点和教育合作最大公约数,促进沿线各国在教育领域互利互惠。

四、合作重点

沿线各国教育特色鲜明、资源丰富、互补性强、合作空间巨大。中国将以基础性、支撑性、引领性三方面举措为建议框架,开展三方面重点合作,对接沿线各国意愿,互鉴先进教育经验,共享优质教育资源,全面推动各国教育提速发展。

(一)开展教育互联互通合作

加强教育政策沟通。开展"一带一路"教育法律、政策协同研究,构建沿线各国教育政策信息交流通报机制,为沿线各国政府推进教育政策互通提供决策建议,为沿线各国学校和社会力量开展教育合作交流提供政策咨询。积极签署双边、多边和次区域教育合作框架协议,制定沿线各国教育合作交流国际公约,逐步疏通教育合作交流政策性瓶颈,实现学分互认、学位互授联授,协力推进教育共同体建设。

助力教育合作渠道畅通。推进"一带一路"国家间签证便利化,扩大教育领域合作交流,形成往来频繁、合作众多、交流活跃、关系密切的携手发展局面。鼓励有合作基础、相同研究课题和发展目标的学校缔结姊妹关系,逐步深化拓展教育合作交流。举办沿线国家校长论坛,推进学校间开展多层次多领域的务实合作。支持高等学校依托学科优势专业,建立产学研用结合的国际合作联合实验室(研究中心)、国际技术转移中心,共同应对经济发展、资源利用、生态保护等沿线各国面临的重大挑战与机遇。打造"一带一路"学术交流平台,吸引各国专家学者、青年学生开展研究和学术交流。推进"一带一路"优质教育资源共享。

促进沿线国家语言互通。研究构建语言互通协调机制,共同开发语言互通开放课程,逐步将沿线国家语言课程纳入各国学校教育课程体系。拓展政府间语言学习交换项目,联合培养、相互培养高层次语言人才。发挥外国语院校人才培养优势,推进基础教育多语种师资队伍建设和外语教育教学工作。扩大语言学习国家公派留学人员规模,倡导沿线各国与中国院校合作在华开办本国语言专业。支持更多社会力量助力孔子学院和孔子课堂建设,加强汉语教师和汉语教学志愿者队伍建设,全力满足沿线国家汉语学习需求。

推进沿线国家民心相通。鼓励沿线国家学者开展或合作开展中国课题研究,增进沿线各国对中国发展模式、国家政策、教育文化等各方面的理解。建设国别和区域研究基地,与对象国合作开展经济、政治、教育、文化等领域研究。逐步将理解教育课程、丝路文化遗产保护纳入沿线各国中小学教育课程体系,加强青少年对不同国家文化的理解。加强"丝绸之路"青少年交流,注重利用社会实践和志愿服务、文化体验、体育竞赛、创新创业活动和新媒体社交等途径,增进不同国家青少年对其他国家文化的理解。

推动学历学位认证标准连通。推动落实联合国教科文组织《亚太地区承认高等教育资历公约》,支持教科文组织建立世界范围学历互认机制,实现区域内双边多边学历学位关联互认。呼吁各国完善教育质量保障体系和认证机制,加快推进本国教育资历框架开发,助力各国学习者在不同种类和不同阶段教育之间进行转换,促进终身学习社会建设。共商共建区域性职业教育资历框架,逐步实现就业市场的从业标准一体化。探索建立沿线各国教师专业发展标准,促进教师流动。

(二)开展人才培养培训合作

实施"丝绸之路"留学推进计划。设立"丝绸之路"中国政府奖学金,为沿线各国专项培养行业领军人才和优秀技能人才。全面提升来华留学人才培养质量,把中国打造成为深受沿线各国学子欢迎的留学目的地国。以国家公派留学为引领,推动更多中国学生到沿线国家留学。坚持"出国留学和来华留学并重、公费留学和自费留学并重、扩大规模和提高质量并重、依法管理和完善服务并重、人才培养和发挥作用并重",完善全链条的留学人员管理服务体系,保障平安留学、健康留学、成功留学。

实施"丝绸之路"合作办学推进计划。有条件的中国高等学校开展境外办学要集中优势学科,选好合作契合点,做好前期论证工作,构建人才培养模式、运行管理模式、服务当地模式、公共关系模式,使学校顺利落地生根、开花结果。发挥政府引领、行业主导作用,促进高等学校、职业院校与行业企业深化产教融合。鼓励中国优质职业教育配合高铁、电信运营等行业企业走出去,探索开展多种形式的境外合作办学,合作设立职业院校、培训中心,合作开发教学资源和项目,开展多层次职业教育和培训,培养当地急需的各类"一带一路"建设者。整合资源,积极推进与沿线各国在青年就业培训等共同关心领域的务实合作。倡议沿线国家之间开展高水平合作办学。

实施"丝绸之路"师资培训推进计划。开展"丝绸之路"教师培训,加强先进教育经验交流,提升区域教育质量。加强"丝绸之路"教师交流,推动沿线各国校长交流访问、教师及管理人员交流研修,推进优质教育模式在沿线各国互学互鉴。大力推进沿线各国优质教学仪器设备、教材课件和整体教学解决方案输出,跟进教师培训工作,促进沿线各国教育资源和教学水平均衡发展。

实施"丝绸之路"人才联合培养推进计划。推进沿线国家间的研修访学活动。鼓励沿线各国高等学校在语言、交通运输、建筑、医学、能源、环境工程、水利工程、生物科学、海洋科学、生态保护、文化遗产保护等沿线国家发展急需的专业领域联合培养学生,推动联盟内或校际教育资源共享。

(三)共建丝路合作机制

加强"丝绸之路"人文交流高层磋商。开展沿线国家双边多边人文交流高层磋商,商定"一带一路"教育合作交流总体布局,协调推动沿线各国建立教育双边多边合作机制、教育质量保障协作机制和跨境教育市场监管协作机制,统筹推进"一带一路"教育共同行动。

充分发挥国际合作平台作用。发挥上海合作组织、东亚峰会、亚太经合组织、亚欧会议、亚洲相互协作与信任措施会议、中阿合作论坛、东南亚教育部长组织、中非合作论坛、中巴经济走廊、孟中印缅经济走廊、中蒙俄经济走廊等现有双边多边合作机制作用,增加教育合作的新内涵。借助联合国教科文组织等国际组织力量,推动沿线各国围绕实现世界教育发展目标形成协作机制。充分利用中国-东盟教育交流周、中日韩大学交流合作促进委员会、中阿大学校长论坛、中非高校20+20合作计划、中日大学校长论坛、中韩大学校长论坛、中俄大学联盟等已有平台,开展务实教育合作交流。支持在共同区域、有合作基础、具备相同专业背景的学校组建联盟,不断延展教育务实合作平台。

实施"丝绸之路"教育援助计划。发挥教育援助在"一带一路"教育共同行动中的重要作用,逐步加大教育援助力度,重点投资于人、援助于人、惠及于人。发挥教育援助在"南南合作"中的重要作用,加大对沿线国家尤其是最不发达国家的支持力度。统筹利用国家、教育系统和民间资源,为沿线国家培养培训教师、学者和各类技能人才。积极开展优质教学仪器设备、整体教学方案、配套师资培训一体化援助。加强中国教育培训中心和教育援外基地建设。倡议各国建立政府引导、社会参与的多元化经费筹措机制，通过国家资助、社会融资、民间捐赠等渠道，拓宽教育经费来源，做大教育援助格局，实现教育共同发展。

开展"丝路金驼金帆"表彰工作。对于在"一带一路"教育合作交流和区域教育共同发展中做出杰出贡献、产生重要影响的国际人士、团队和组织给予表彰。

五、中国教育行动起来

中国倡导沿线各国建立教育共同体，聚力推进共建"一带一路"，首先需要中国教育领域和社会各界率先垂范、积极行动。

加强协调推动。加强国内各部门各地方的统筹协调工作，有序开展"一带一路"教育合作交流。推动中国教育治理体系完善、相关法律法规修订和教育综合改革，提升中国开展"一带一路"教育行动的质量和水平。教育部与国家发展改革委、外交部、商务部等部门和全国性行业组织紧密配合，围绕共建"一带一路"大局，寻找合作重点、建立运行保障机制，畅通教育国际合作交流渠道，对接沿线各国教育发展战略规划。

地方重点推进。突出地方推进共建"一带一路"的主体性、支撑性和落地性，要求各地发挥区位优势和地方特色，抓紧制订本地教育和经济携手走出去行动计划，紧密对接国家总体布局。有序与沿线国家地方政府建立"友好省州""姊妹城市"关系，做好做实彼此间人文交流。充分利用地方调配资源优势，积极搭建海内外平台，促进校企优势互补、良性合作、共同发展。多措并举，支持指导本地教育系统与"一带一路"沿线国家广泛开展合作交流，打造教育合作交流区域高地，助力做强本地教育。

各级学校有序前行。各级各类学校秉承"己欲立而立人"的中国传统，有序与沿线各国学校扩大合作交流，整合优质资源走出去，选择优质资源引进来，兼容并包、互学互鉴，共同提升教育国际化水平和服务共建"一带一路"能力。中小学校要广泛建立校际合作交流关系，重点开展师生交流、教师培训和国际理解教育。高等学校、职业院校要立足各自发展战略和本地区参与共建"一带一路"规划，与沿线各国开展形式多样的合作交流，重点做好完善现代大学制度、创新人才培养模式、提升来华留学质量、优化境外合作办学、助推企业成长等各项工作的协同发展。

社会力量顺势而行。开展更大范围、更深层次、更高水平的"一带一路"教育民间合作交流，吸纳更多民间智慧、民间力量、民间方案、民间行动。大力培育和发展我国非营利组织，通过购买服务、市场调配等举措，大力支持社会机构和专业组织投身教育对外开放事业，活跃民间教育国际合作交流。加快推动教学仪器和中医诊疗服务走出去步伐，支持企业和个人按照市场规则依法参与中外合作办学、合作科研、涉外服务等教育对外开放活动。企业要积极与学校合作走出去，联合开展人才培养、科技创新和成果转化，积极服务"一带一路"国家经贸发展。

助力形成早期成果。实施高度灵活、富有弹性的合作机制，优先启动各方认可度高、条件成熟的项目,明确时间节点,争取短期内开花结果。2016年,各省市制订并呈报本地"一带一路"教育行动计划,有序推进教育互联互通、人才培养培训及丝路合作机制建设。2017年,基于三方面重点合作的沿线各国教育共同行动深入开展。未来3年,中国每年面向沿线国家公派留学生2500人;未来5年,建成10个海外科教基地,每年资助1万名沿线国家新生来华学习或研修。

六、共创教育美好明天

独行快,众行远。合作交流是沿线各国共建"一带一路"教育共同体的主要方式。通过教育合作交流,培养高素质人才,推进经济社会发展,提高沿线各国人民生活福祉,是我们共同的愿望。通过教育合作交流,扩大人文往来,筑牢地区和平基础,是我们共同的责任。

中国愿与沿线各国一道,秉持开放合作、互利共赢理念,共同构建多元化教育合作机制,制订时间表和路线图,推动弹性化合作进程,打造示范性合作项目,满足各方发展需要,促进共同发展。

中国教育部倡议沿线各国积极行动起来,加强战略规划对接和政策磋商,探索教育合作交流的机制与模式,增进教育合作交流的广度和深度,追求教育合作交流的质量和效益,互知互信、互帮互助、互学互鉴,携手推动教育发展,促进民心相通,构建"一带一路"教育共同体,共创人类美好生活新篇章。

后 记

本书是张德祥教授主持的中国高等教育学会高等教育科学研究"十三五"规划重大攻关课题"'一带一路'国家高等教育政策法规研究"(16ZG003)的研究成果。

本书由张德祥教授和李枭鹰教授负责总体规划、设计和架构,确定编译的主旨与核心,组织人员搜集、选取、翻译和整理这些国家的相关教育政策法规,最后审阅书稿。其中,《乌克兰教育法》由大连理工大学高等教育研究院的李枭鹰教授翻译;《白俄罗斯共和国教育法》由大连外国语大学2017级俄语口译专业苗荟、孙媛媛、李淑涵、高振平、安琪和2017级俄语语言文学专业邱雯翻译。《乌克兰教育法》的原有语言为英语,《白俄罗斯共和国教育法》的原有语言为俄语。全书由苗荟校译,由李枭鹰、甘孝波统稿。

本书的出版得到了中国高等教育学会、大连理工大学出版社的大力支持,课题组在此深表感谢!

课题组